Sabine Behrendt

Evangelische Unternehmensethik

Theologische, kirchliche und ökonomische Impulse
für eine explorative Ethik geschöpflichen Lebens

D1664265

Verlag W. Kohlhammer

Für meine Großmutter Emmi

Zugl.: Erlangen-Nürnberg, Univ., Diss., 2013 u.d.T. „Grundzüge evangelischer Unternehmensethik. Auf der Suche nach Impulsen für eine Unternehmensethik als explorative Ethik des geschöpflichen Lebens."

1. Auflage 2014

Print:
ISBN 978-3-17-026295-9

E-Book-Formate:
pdf: ISBN 978-3-17-026296-6
epub: ISBN 978-3-17-026297-3
mobi: ISBN 978-3-17-026298-0

Vorwort

Die Wurzeln dieses Buchs liegen dort, wo sich Unternehmensethik täglich aufs Neue erweisen muss — in der Praxis des Unternehmensalltags.

Meine erste Begegnung mit Fragestellungen der Wirtschafts- und insbesondere der Unternehmensethik machte ich noch während des Theologietudiums im Rahmen eines vierwöchigen Industriepraktikums.[1] Nach dem zweiten Examen entschied ich mich dafür, die Möglichkeit des kirchlich geförderten Spezialvikariats im Arbeitsfeld Wirtschaft wahrzunehmen. Für zwölf Monate arbeitete ich 2007/2008 in verschiedenen Bereichen eines großen Industrieunternehmens mit Sitz in Nürnberg. Hier begegneten mir die Menschen stets als aufgeschlossene Gesprächspartner mit vielfältigem Interesse an religiösen Themen und Fragestellungen. Umgekehrt erhielt ich als Pfarrerin aber auch tiefergehende Einblicke in unternehmensrelevante Topoi, wie betriebsinterne Abläufe, personalpolitische Konflike oder konzernweite Strategieplanungen. Ich merkte, dass für die betroffenen Menschen bei alledem immer wieder die Suche nach einem tragfähigen Ethos im Unternehmensalltag von Bedeutung war. Mitarbeiter, Vorgesetzte oder Betriebsrat rangen gerade in Konfliktsituationen um eine ethisch vertretbare Entscheidung. So begann ich mich eingehender mit den Fragestellungen der Unternehmensethik auseinanderzusetzen und sie unter theologischer Perspektive zu betrachten. Ich wollte mich auf die Suche manchen nach einer Ethik, die gerade in der gelebten Praxis dem von Gott geschenkten geschöpflichen Leben entspricht.

Dass aus den persönlichen Erfahrungen meiner Arbeit in der Wirtschaft schließlich ein Forschungsprojekt wurde, verdanke ich der Unterstützung ganz unterschiedlicher Menschen, denen ich an dieser Stelle meinen Dank aussprechen möchte. Meinem Doktorvater Prof. em. Dr. Hans G. Ulrich danke ich dafür, dass er dieses Forschungsprojekt von Anbeginn an mit großem Interesse begleitete und mir stets den nötigen Freiraum und das nötige Vertrauen schenkte, um es zum Abschluss zu bringen. Meinem Zweitkorrektor Prof. apl. Dr. Johannes Rehm bin ich für die stets offenen und weiterführenden Gespräche sowie seine Hilfe bei der Veröffentlichung dieses Buches sehr dankbar. Ebenso danke ich den drei Firmen und ihren Vertretern, die sich bereit erklärt haben, dieses Projekt zu unterstützen und mir meine zahlreichen Fragen zu beantworten.

---

[1] Eine wissenschaftliche Betrachtung dazu findet sich bei PELIKAN (2009).

Die Evangelisch-Lutherische Kirche in Bayern hat durch ein gewährtes Promotionsstipendium während der Zeit des Schreibens sowie durch einen Druckkostenzuschuss am Ende dieses Projekt in finanzieller Hinsicht entscheidend unterstützt, und so gilt an dieser Stelle auch ihr mein besonderer Dank. Für einen Beitrag zu den Druckkosten bin ich außerdem der Vereinigten Evangelisch-Lutherischen Kirche in Deutschland, dem Pfarrer- und Pfarrerinnenverein in der Evang.-Luth. Kirche in Bayern, der Ilse und Dr. Alexander Mayer-Stiftung sowie der Dorothea und Dr. Richard Zantner-Busch-Stiftung zu Dank verpflichtet. Herrn Jürgen Schneider, Herrn Florian Specker und Frau Janina Schüle vom Kohlhammer-Verlag danke ich für die angenehme verlegerische Betreuung.

Zu danken habe ich auch vielen Personen aus meinem privaten und kirchengemeindlichen Umfeld, die mich bei der Entstehung der Dissertation auf unterschiedliche Weise unterstützt haben. Den Menschen der Kirchengemeinden Altenthann und Röthenbach an der Pegnitz, in denen ich während der Doktoratszeit als Gemeindepfarrerin tätig war, bin ich dankbar für ihr interessiertes Nachfragen und ihr Verständnis in arbeitsintensiven Wochen. Danken möchte ich aber auch meinen Freunden, insbesondere Steffi Krauß, Anja Klein, Martina Huber und Norbert Ehrensperger mit Familie, sowie meinem ehemaligen Mentor Günter Kohler. Sie alle waren mir nicht nur wertvolle fachliche Gesprächspartner, sondern fanden gerade auch in Durststrecken die richtigen Worte. Nicht zuletzt gilt mein Dank meiner Familie. Meinen Eltern Irmtraud und Wolfgang Weingärtner danke ich dafür, dass sie meinen Lebens- und Ausbildungsweg die ganze Zeit über uneingeschränkt förderten und liebevoll begleiteten. Ebenso gilt mein Dank meinem Paten Gerhard Moritz für sein Interesse und seine Unterstützung. Mein Bruder Christian war mir immer ein zuverlässiger Gesprächspartner in allen Lebenslagen, und so bin ich ihm nicht nur für manch guten Gedanken dankbar, sondern auch dafür, dass er mich im rechten Moment an das Leben außerhalb von Arbeit und Dissertation erinnerte. Ganz besonderer Dank gilt meinem Mann Michael, der die Entstehung dieses Forschungsprojekts vorbehaltlos mittrug und dafür immer wieder seine eigenen Interessen hintanstellte. Durch seine stete Geduld und seine vielfältige Unterstützung, nicht zuletzt in technischer Hinsicht, war es möglich, die Dissertation zu einem guten Abschluss zu bringen.

Sabine Behrendt
Rückersdorf, im Mai 2014

Inhaltsverzeichnis

Kapitel 1

Einleitung

1.1 (Unternehmens-)Ethik als explorative Ethik geschöpflichen Lebens

1.1.1 Konzept der explorativen (Unternehmens-)Ethik

Bevor hier irgendwelche Aussagen über das Handeln von Unternehmen, über unternehmensethische Leitsätze oder Wirtschafts- und Unternehmensethik getroffen werden können, ist dort zu beginnen, worauf all dies immer nur Antwort sein kann. Ausgangspunkt aller folgenden Aussagen ist das Wort, das in Jesus Christus lebendig wurde und an das der göttliche Geist gebunden bleibt.[1] Gerade die protestantische Theologie hat stets die Bedeutung des Wortes Gottes betont und ihm Vorrang vor allem anderen gegeben.[2] Erst aufgrund des göttlichen Angesprochenseins kann der Mensch antworten. Es geht dem Glauben, also dem Eintreten in die Geschichte Gottes und dem darin stattfindenden Handeln, voraus. Das menschliche Leben ist immer schon geschöpfliches Leben.

Dies hat nicht zuletzt Konsequenzen für das Verständnis einer christlichen Ethik. Wie im Ansatz des Erlanger Theologen Hans G. ULRICH deutlich wird, geht es in ihr darum, zu erkennen und zu verstehen, was dem Menschen von seinem Schöpfer mitgeteilt ist.[3] Sie gibt Zeugnis von der Hoffnung, die in

---

[1] Dementsprechend kommen im Aufbau dieser Arbeit vor allem anderen die biblischen Aussagen zu Wort.

[2] Hier sei nicht nur auf die Betonung des *sola scriptura* bei LUTHER verwiesen, sondern auch auf die vielfache Auseinandersetzung mit dem Thema, wie beispielsweise jüngst die Aufsatzsammlung in EBNER (2011).

[3] Vgl. ULRICH (1990a) und insbes. ULRICH (2007). Damit gibt es keinen Ort außerhalb des Ethos, von dem aus eine Handlung als moralisch gut oder böse zu beurteilen wäre, wie beispielsweise in der Systemtheorie LUHMANNs, der Moral keinen eigenen systemischen Kontext unterstellt. Vgl. ULRICH (2010a), S. 212–216; vgl. auch 3.3.

Jesus Christus erschienen und im Geist lebendig ist,[4] und ist damit selbst
Praxis geschöpflichen Lebens. Sie ist kein Akt des Auswählens oder Recht-
fertigens menschlicher Handlungen und darf auch „nicht darauf reduziert
werden, Vorstellungen oder Theorien von den für Christen gültigen Lebens-
verhältnissen zu entwickeln. Vielmehr stellt die christliche Ethik ein Urteilen
und Erkennen dar, das immer zugleich Hören und Wahrnehmen ist."[5]. Es
geht in ihr darum, die menschliche Existenzform des geschöpflichen Lebens
in allen Bereichen, in denen sie sich zu bewähren hat, zu reflektieren und
darin zu bezeugen. Denn das menschliche Leben ist davon gekennzeichnet, in
seinem Verlauf erkundet zu werden, wobei es schon immer im Handeln Gottes
und seiner Geschichte mit den Menschen beschlossenes Leben ist.[6] Der erfahrbare und erkennbare Lebenskontext des einzelnen Menschen als Geschöpf
Gottes steht im Fokus. Die Frage lautet deshalb nicht, wie man leben solle,
sondern: „Wie leben Geschöpfe, als die wir uns entdecken dürfen?"[7] Und:
„Wie bleiben wir in der Existenzform der Geschöpfe, wie ist zu erproben,
zu erkunden und mitzuteilen, was es heißt, Geschöpf zu sein?"[8] Christlicher
Ethik kommt demzufolge eine explorative Aufgabe zu, innerhalb der *conditio
humana* nach Unterscheidungen zu suchen, was den Menschen Mensch sein
lässt und was nicht.[9] Sie ist „explorative Rechenschaft vom geschöpflichen
Leben".[10] In ihr werden die Dialektik des Empfangens und Handelns sowie
die damit verbundene, fortwährende Suche und das Verstehen geschöpflicher
Existenz sichtbar.

In der Lebenswirklichkeit zum Tragen kommt dies in Auseinandersetzung
mit den unterschiedlichen Medien menschlicher Existenz, wie beispielsweise der Technik oder eben auch der Wirtschaft. Dabei darf jedes Medium
menschlicher Existenz immer nur als Medium, nie aber als deren Verwirklichung verstanden werden.[11]

---

[4]   ULRICH verweist in diesem Zusammenhang auf 1 Petr 3,15: „Heiligt aber den Herrn
      Christus in euren Herzen. Seid allezeit bereit zur Verantwortung vor jedermann, der
      von euch Rechenschaft fordert über die Hoffnung, die in euch ist."
[5]   ULRICH (1990a), S. 408.
[6]   ULRICH verweist in diesem Zusammenhang auf Röm 12,2.: „Und stellt euch nicht
      dieser Welt gleich, sondern ändert euch durch Erneuerung eures Sinnes." Es geht also
      nicht um die Begründung eines Ethos, sondern die theoretische Ausrichtung ist auf die
      „in seiner (zu beschreibenden und erzählenden) Genese gerichtet." (ULRICH (2010a),
      S. 221.)
[7]   ULRICH (2007), S. 171.
[8]   Ders. (2007), S. 41. Zur geschöpflichen Existenz gehören im Anschluss an die theologi-
      sche Tradition laut ULRICH die drei „Orte der bestimmten und begründeten Hoffnung
      in der Erwartung des Wirkens Gottes: Die Kirche ist der Ort der Erwartung des
      rettenden und urteilenden Wortes Gottes, die Oeconomia ist der Ort der Erwartung
      des menschlichen Werdens, die Politia ist der Ort der Erwartung des von Gott ge-
      setzten Friedens in der Gerechtigkeit." (Ders. (2007), S. 243. Im Original teilw. kursiv
      gedruckt.) Alle drei Orte oder Existenzformen sind in der Frage, wie das menschliche
      Leben als geschöpfliches erscheint, stets eingeschlossen.
[9]   Vgl. ULRICH (2010a), S. 215f.
[10] ULRICH (2007), S. 40.
[11] Vgl. Ders. (2007), S. 474; 526. Dies widerspricht einem systemtheoretischen Ansatz
      (vgl. 3.3.1.2), wie ihn beispielsweise Eilert HERMS vertritt (vgl. HERMS (2008b)). Wolf-

Es geht nicht darum, „der Wirtschaft sozusagen humanitäre Zielsetzungen von außen zur Realisierung zuzuweisen, sondern ihre impliziten Voraussetzungen so zu denken, daß darin der Mensch derjenige bleiben kann, den Gottes Ökonomie hervorbringt und trägt".[12] Dementsprechend kann wirtschaftliches Handeln dem Menschen nicht als Mittel zum „guten Leben" oder anderen teleologischen Utopien dienen, da hierdurch die menschliche Existenz den ökonomischen Rationalitäten unterworfen wäre. Vielmehr kommt der Wirtschaft die Aufgabe zu, für bestimmte Güter zu sorgen und damit im Sinne der geschöpflichen Existenz Ort der gemeinsamen Sorge für das Leben zu sein.[13] Das christliche Ethos tritt hier der ökonomischen Logik gegenüber.[14]

Folglich hat die Wirtschaftsethik eben diese kategorialen Differenzen festzuhalten und „die kritische Kraft zu gebrauchen, um zu erproben, was Wirtschaften für den Menschen heißt".[15] Von ihr ist also nicht die Frage nach dem ethischen Sinn von Ökonomie zu beantworten, und sie dient auch nicht dazu, die ökonomischen Ziele „gut" zu erreichen, sondern sie hat aufzuzeigen, wie die menschliche Existenz im Medium der Ökonomie erprobt werden kann.

Soll dieser explorative Ansatz der (Wirtschafts-)Ethik auf die Unternehmensethik hin konkretisiert werden,[16] so darf im Folgenden nicht nach der ethischen Legitimierung oder Verwirklichung ökonomischer Realitäten eines Unternehmens gefragt werden. Vielmehr zielt eine explorative Unternehmensethik darauf, dass das Handeln von, in und durch Unternehmen als gemeinsame Sorge für das Leben in dem Geschaffen-Werden bleibt, das Menschen als Geschöpfe an der göttlichen Geschichte teilhaben lässt.[17] Dies umfasst die Frage, wie menschliches Leben im Kontext unternehmerischen Handelns als geschöpfliches erscheint. Damit kann Unternehmensethik im Anschluss an den Ansatz ULRICHs hier als „explorative Rechenschaft vom geschöpflichen Leben"[18] *im Medium des Unternehmens (und im Gegenüber dazu)* verstanden werden.

---

gang LEYK hingegen spricht von einer transdifferenten Kooperation von Ethik und Wirtschaft und grenzt sich wie ULRICH von einem systemtheoretischen Verständnis ab. (Vgl. LEYK (2009). Zum Konzept der Transdifferenz vgl. dort insbes. S. 20-22.)

[12] ULRICH (1991), S. 57. Zum Unterschied von Gottes Ökonomie und menschlicher Ökonomie vgl. ULRICH (2007), S. 390.

[13] Es geht in der Ökonomie also immer um die gemeinsame Sorge *für*, nicht aber um die Sorge *um* das Leben.

[14] Die häufig problematisierten Spannungen im Verhältnis von ökonomischer und ethischer Logik sind somit nicht auf deren Gegensatz zurückzuführen, sondern liegen in einer undifferenzierten Vermischung der beiden begründet.

[15] Ders. (2007), S. 523. Im Original teilw. kursiv gedruckt.

[16] Vgl. auch ULRICH (2010b). Zum Verhältnis von Wirtschafts-, Unternehmens- und Individualethik vgl. 1.2.

[17] Voraussetzung hierfür ist, dass sich Unternehmen als (kollektive) Akteure verstehen und als solche ansprechen lassen. Zu Unternehmen als kollektive Akteure vgl. den Ansatz Josef WIELANDs (3.3.1.5).

[18] ULRICH (2007), S. 40.

1.1.2 Konsequenzen

ULRICH mahnt jedoch an, dass in der Diskussion um die Wirtschaftsethik zwar häufig „eine allgemeine oder universelle Moral oder auch eine entsprechende Frage nach dem guten Leben thematisiert wird, nicht aber die nach der menschlichen Existenzform."[19] Dies scheint auch auf die Unternehmensethik zuzutreffen. Dementsprechend soll hier der Versuch unternommen werden, die menschliche Existenzform der Geschöpflichkeit in den Fokus der Aufmerksamkeit zu stellen und im Sinne der explorativen Ethik zur Basis jeglicher Überlegungen zur Unternehmensethik zu machen. Es geht darum, in der spannungsvollen Auseinandersetzung mit der Wirklichkeit Antworten auf die Frage zu suchen, wie wir im Medium von Unternehmen oder im Gegenüber dazu in der Existenzform der Geschöpfe bleiben und als solche leben können.[20] Dazu ist es, wie oben bereits festgestellt, nicht nur notwendig zu urteilen, sondern immer auch zu hören und wahrzunehmen. Da das Hören und Wahrnehmen des Wortes Gottes sich auf ganz unterschiedliche Quellen beziehen kann, ist zunächst nach diesen zu fragen und eine Auswahl festzulegen.

Hier liegt wohl zunächst nichts näher als die biblischen Aussagen zu befragen. Sie geben auf verschiedene Weise Zeugnis von unserer geschöpflichen Existenz. Darüber hinaus äußern sie sich zum erfahrbaren und erkennbaren Lebenskontext des einzelnen Menschen als Geschöpf Gottes und somit auch zu den Themen, die in Bezug auf unternehmerisches Handeln relevant sind. Ähnlich verhält es sich mit den Aussagen der protestantischen[21] Theologiegeschichte und Kirche zu unternehmerischem Handeln und zur Unternehmensethik. Die hier behandelten Ansätze argumentieren zwar nicht immer explizit im Sinne einer explorativen Ethik geschöpflichen Lebens, doch ist es ihnen allen eigen, dass sie in ihren Überlegungen über die reine Festlegung moralischer Regeln hinausgehen.[22] Stattdessen stellen sie gerade die biblischen Aussagen und die geschöpfliche Existenz des Menschen in den Mittelpunkt ihrer Ausführungen und versuchen der Frage nachzugehen, was es heißt, daraus zu leben. Somit sind sie Beispiele für die Suche danach, die menschliche Lebenswirklichkeit im Medium des Unternehmens als geschöpfliche kenntlich werden zu lassen, und können hier wichtige Impulse geben.

Doch darüber hinaus muss auch nach den institutionellen Formen des Mediums Unternehmen gefragt werden, denn christliche Ethik ist eine Ethik der guten Werke, die in der christlichen Hoffnung gründen und den Nächsten erreichen sollen. Doch eben diese guten Werke brauchen einen Ort, der sie trägt und an dem sie konkret werden können. „Mit den Institutionen

---

[19] Ders. (2007), S. 503.

[20] Dabei zielt die Suche hier nicht auf absolute Antworten ab. Vielmehr sollen eben die Antworten festgehalten werden, die sich im Rahmen *dieser* Suche ergeben. Die Suche selbst muss jedoch immer wieder aufs Neue beginnen.

[21] Der katholische Kontext soll hier nicht explizit aufgegriffen werden, ist aber an verschiedenen Stellen im Folgenden doch implizit präsent.

[22] Es geht ihnen um „mehr" als beispielsweise eine reine Tugendethik.

geht es um [solche] adressierbare Orte des guten und gerechten Tuns."[23] Die institutionellen Formen unternehmerischen Handelns dienen also dazu, das, was Unternehmen für die beteiligten Menschen und mit ihnen leisten, wahrzunehmen und zu artikulieren. „Die institutionelle Form des Wirtschaftens schließt ein, dass es ein gemeinsames Sorgen um etwas Bestimmtes, um die Lebensmittel gibt und dass sich das Wirtschaften nicht als bloßer ‚Kultus' verselbständigt, der sich um nichts mehr dreht"[24] als um sich selbst.

Eine wissenschaftliche Auseinandersetzung mit eben diesen institutionellen Formen unternehmerischen Handelns findet sich insbesondere in Überlegungen und Theorien aus dem Kontext der Ökonomik. Deshalb darf im Folgenden nicht darauf verzichtet werden, auch diese bei der Suche nach Impulsen für ein geschöpfliches Leben im Medium von Unternehmen einzubeziehen. Ziel soll dabei nicht die Herausarbeitung allgemeiner moralischer Aussagen und Standpunkte zu unternehmerischem Handeln sein. Vielmehr geht es darum, auch in ökonomischen Aussagen über institutionelle Formen unternehmerischen Handelns Impulse für eine Unternehmensethik im Sinne dessen, was es heißt, als Geschöpfe zu leben, zu entdecken. Die Ansätze sollen also durch die Brille einer Ethik geschöpflichen Lebens betrachtet werden.

Schließlich erscheint es unerlässlich, auch die unternehmerische Praxis selbst zu erkunden. Hierfür können vor allem die von einzelnen Unternehmen verfassten Texte in Form von ethischen Leitlinien oder Kodizes als Anknüpfungspunkt dienen. Die Frage, inwiefern die Geschöpflichkeit des Menschen darin mitgeteilt wird, steht genauso im Mittelpunkt wie die Erprobung dieses Ethos. Auf intersubjektiv-nachvollziehbare Weise sollen die unternehmensethischen Profile der analysierten Unternehmen betrachtet und daraus weitere Impulse für eine Unternehmensethik im Sinne einer Ethik geschöpflichen Lebens gewonnen werden. Die in den vorhergehenden Kapiteln festgehaltenen Aspekte können jeweils als „Hör-Hilfe" dienen und gegebenenfalls an der einen oder anderen Stelle auch darüber hinausweisen.

1.1.3 Ziele

Ziel ist also grundlegend die Reflexion der menschlichen Existenzform des geschöpflichen Lebens im Bereich von Unternehmen anhand verschiedener Quellen. Es soll der Versuch unternommen werden, verschiedene Impulse herauszuarbeiten, die deutlich machen, wie wir im Medium Unternehmen und im Gegenüber dazu in der Existenzform der Geschöpfe bleiben. Dies umfasst sowohl die Frage, wie die mit unternehmerischem Handeln verbundenen Aspekte, wie Arbeit, Freiheit oder Eigentum, im Sinne einer geschöpflichen Existenz gelebt werden können. Aber auch die Frage, welche institutionellen Formen dafür möglich oder notwendig sind, ist von Bedeutung. Ein Blick auf die Versuche von Unternehmen, dies vor Ort zu erproben, erscheint dar-

---

[23] Ders. (2007), S. 32. Als Ethik der guten Werke grenzt sich christliche Ethik von jeder Form des Utopismus, der nach dem immer Besseren strebt, ab.

[24] Ders. (2007), S. 526.

über hinaus ebenso unerlässlich. Allerdings kann dieses grundlegende Ziel nur mithilfe eines umfassenden Überblicks erreicht werden. Dafür sollen die wichtigsten aktuellen theologischen und ökonomischen Beiträge für eine heutige Unternehmensethik jeweils zusammengefasst dargestellt werden.[25] Der Fokus liegt dabei auf deren Aussagen zum Thema Unternehmensethik. Die Überblickstexte bilden schließlich die Basis für die Suche nach Impulsen für eine Unternehmensethik im Sinne einer Ethik des geschöpflichen Lebens.

1.2   Begriff der Unternehmensethik

Zum besseren Verständnis und zur genaueren Abgrenzung sei hier kurz auf den Begriff der Unternehmensethik eingegangen. Generell lässt sich sagen, dass sie in Bezug auf den Gesamtbereich der Wirtschaftsethik die Mesoebene markiert.[26] Die übergeordnete Ebene ist die der Ordnungsethik. Hier geht es vor allem um Fragen, die das Wirtschaftssystem als eigene Größe betreffen, also die Gestaltung einer marktwirtschaftlichen Rahmenordnung. Ihre Akteure sind dementsprechend der Staat und die Politik, die mittels Gesetze die Wirtschaftsordnung eines Landes gestalten. Moralische Ansprüche kommen aber auch auf einer der Unternehmensethik untergeordneten Ebene, nämlich der Individualethik, zum Tragen. Hier geht es um das Handeln jedes Wirtschaftsakteurs „gegenüber sich selbst sowie gegenüber den Mitmenschen und der natürlichen Umwelt".[27] Dieses orientiert sich in erster Linie an den je individuellen Wertvorstellungen. Zwischen den beiden Ebenen der Ordnungs- und der Individualethik liegt die Unternehmensethik. Sie behandelt Fragen, die Unternehmen als eigenständige moralische Akteure[28] betreffen. Dabei kann sie einerseits Ansatzpunkt sein, um gewährte Freiheiten oder mögliche Defizite einer Rahmenordnung zu füllen. Andererseits bietet sie aber auch Raum für individuelle Entscheidungen des Einzelnen im Rahmen ihrer organisatorischen Strukturvorgaben. Bereits daran wird deutlich, dass diese drei Ebenen nie gänzlich getrennt voneinander betrachtet werden können, sondern sich immer wieder berühren, überschneiden und beeinflussen. In den folgenden Ausführungen dürfen deshalb weder die Meta- noch die Mikroebenen der Ordnungs- und Individualethik ausgeblendet werden. Dennoch liegt der Fokus in erster Linie auf der Unternehmensethik, denn im Unternehmen treffen strukturelle Vorgaben wie auch individuelles Verhalten konkret aufeinander. Hier wird die Suche nach einer Ethik, die die menschliche Existenz in ihrer Geschöpflichkeit ernst nimmt, konkret.

---

[25]   Es handelt sich allerdings nicht um einen umfassenden historischen Abriss aller unternehmensethischen Ansätze. Für einen historischen Überblick der Wirtschaftsethik allgemein sei auf das Buch von Bernd NOLL verwiesen: NOLL (2010).

[26]   Vgl. NOLL (2002), S. 35—38, ähnlich auch DIETZFELBINGER (2008), S. 28-31.

[27]   NOLL (2002), S. 36.

[28]   Zum Verständnis des Unternehmens als kollektiven Akteur vgl. den Ansatz von Josef WIELAND in 3.3.2.2.

Kapitel 2

Unternehmensethik in Theologie und Kirche

Wie eingangs festgehalten, sollen zunächst verschiedene unternehmensethische Aspekte aus Theologie und Kirche näher betrachtet werden. Dabei erhebt die Darstellung keinen Anspruch auf Vollständigkeit. Vielmehr will sie auf die wichtigsten Aspekte und Impulse aufmerksam machen, die aus evangelisch-lutherischer Tradition[1] stammen und direkt oder indirekt für die heutige unternehmensethische Diskussion aus Sicht einer Ethik geschöpflichen Lebens relevant sind.[2]

Grundsätzlich gehen alle diese Impulse in ihren Ursprüngen auf verschiedene biblische Aussagen zurück. Manche davon wurden, wie sich zeigen wird, durch Martin LUTHER aufgenommen und in der Folge wiederum von Arthur RICH in die eigenen Überlegungen integriert. Schließlich nahm auch die neuere theologische Diskussion in der (protestantischen) Kirche darauf Bezug.

Zwar argumentieren die hier berücksichtigten theologischen Standpunkte nicht immer explizit aus der Sicht der geschöpflichen Existenz unseres Daseins. Doch liefern sie allesamt wichtige Beiträge für den Versuch, die Lebenswirklichkeit im Unternehmenskontext als dezidiert christliche kenntlich werden zu lassen. Der Aspekt der Geschöpflichkeit ist also zumindest implizit gegeben. Deshalb sollen die Aussagen von Theologie und Kirche im Folgenden je eigene Orte der Suche nach Impulsen sein, wie Menschen im Medium des Unternehmens als Geschöpfe leben können.

---

[1]   Der katholische Kontext soll hier zwar nicht explizit aufgegriffen werden, ist aber im Folgenden an verschiedenen Stellen präsent.

[2]   Eine ausführliche Darstellung des Ansatzes einer explorativen Unternehmensethik findet sich zu Beginn in 1.1.

2.1   Biblische Aspekte

Wie schon eingangs erwähnt, ist die Bibel Grundlage des Glaubens und dient insbesondere dem protestantischen Christentum als Autorität. Ihre Aussagen geben nicht nur auf verschiedene Weise Zeugnis von unserer geschöpflichen Existenz. Sie äußert sich darüber hinaus auch zum erfahrbaren und erkennbaren Lebenskontext des einzelnen Menschen als Geschöpf Gottes, also auch zu Themen, die in Bezug auf unternehmerisches Handeln relevant sind. Mittels der erzählten Geschichten und Glaubenserfahrungen zeigen die biblischen Passagen immer wieder implizit Aspekte auf, die für unternehmerisches Handeln von Bedeutung sein und dafür entsprechende Impulse geben können. Dies macht nicht zuletzt ihre Wirkungsgeschichte deutlich.[3] Auch wenn aufgrund der geschichtlichen Unterschiede in Staats- und Gesellschaftsform die „unternehmensethische Landkarte" der Bibel Lücken aufweist, so lässt sich doch sagen, dass die Bibel „ökonomisch und sozial höchst beachtenswerte Weisungen zu einer Ökonomie, die dem Leben dient"[4] enthält, und *die* Quelle auf der Suche nach einer Unternehmensethik geschöpflichen Lebens ist.

Zu den Texten, die eine allgemeine Lebensorientierung bieten, gehören beispielsweise der Dekalog, das Doppelgebot der Liebe oder die Goldene Regel.[5] Darüber hinaus geben die biblischen Aussagen aber auch Zeugnis von ethischen Fragestellungen, die einen konkreten Kontext oder eine bestimmtes Thema vor Augen haben. Insbesondere die zentralen biblischen Aussagen, die explizit für die Unternehmensethik von Bedeutung sind, sollen hier aufgegriffen werden.[6] Basierend auf einigen exegetischen Überlegungen werden die Bibelstellen erörtert und die wichtigsten Impulse für eine Unternehmensethik geschöpflichen Lebens hervorgehoben. Es geht im Folgenden also um die Rezeption der biblischen Texte in ihrem Wirkungskontext der Unternehmensethik und nicht um deren genetische Entstehung und Rekonstruierbarkeit.

2.1.1   Schöpfung

2.1.1.1   Biblische Aussagen

Die mit einer explorativen Unternehmensethik geschöpflichen Lebens verbundene Grunddifferenz ist die zwischen menschlichem Sein und menschlichem

---

3   Dies hat in jüngster Zeit aus ökonomischer Perspektive Tomáš SEDLÁČEK gezeigt, der im Sinne einer Metaökonomie versucht, „die wesentlichen Einflüsse und die revolutionären Konzepte herauszugreifen, aus denen der ökonomische Modus Vivendi unserer heutigen Zeit erwachsen ist" (SEDLÁČEK (2012), S. 24). Dazu hat er sich auch eingehend mit dem Alten Testament und daran anknüpfend mit dem Neuen Testament sowie dem Christentum beschäftigt. Auffallend ist, dass er immer wieder unumwunden auf die biblischen Texte in ihrer heutigen Fassung zurückgreift, ohne deren Aussagekraft und Gültigkeit in Frage zu stellen, sondern ihnen vielmehr eine direkte Relevanz für die heutige Ökonomie zuspricht. (Vgl. Ders. (2012), insbes. S. 65–122; 169–214.)

4   SEGBERS (2004), S. 30.

5   Vgl. Ex 20,1–17; Dtn 5,6–21 und Mk 12,28–31; Mt22,35–40; Lk 10,25–28 und Mt 7,12; Lk 6,31.

6   Ein Anspruch auf Vollständigkeit besteht allerdings nicht.

Handeln. Vom Menschen ist theologisch so zu reden, dass sein Mensch-Sein stets unterschieden bleibt von dem, was er tut und wie er lebt: seine Existenz ist also zu differenzieren von seinem unternehmerischen Handeln. Die Bibel beantwortet die Frage danach, wie dieses Mensch-Sein zu fassen sei, in der Schöpfungsthematik.[7] Ihre besondere inhaltliche Relevanz spiegelt sich formal sowohl in der großen Anzahl an unterschiedlichen Textbelegen[8] des Alten und des Neuen Testaments, als auch im schöpfungstheologischen Rahmen[9] des Buches wider.

Der erste Teil des Rahmens, die beiden alttestamentlichen Schöpfungsberichte der priesterlichen und nichtpriesterlichen Urgeschichte, ist den übrigen biblischen Texten vorangestellt und bildet dementsprechend die Basis all dessen, was folgt. Dabei geht die nichtpriesterliche Schöpfungsgeschichte[10] in ihren Aussagen vor allem auf die Geschöpflichkeit des Menschen, also sein Geschaffen-Sein durch Gott, ein.[11] Sie beschreibt aber auch den Zusammenhang von „Erkenntnisfähigkeit/Freiheit des Menschen sowie der Gerechtigkeit Gottes und der Fehlbarkeit des Menschen"[12]. Demgegenüber weist der priesterliche Text[13] in erster Linie auf die raumzeitliche Ordnung, die Gott dem Chaos[14] entgegensetzt, hin. So ist in ihm beispielsweise die Schöpfungserzählung in das bekannte Sieben-Tage-Schema gegliedert und immer wieder hervorgehoben, dass Gottes Schöpfung und Ordnung (sehr) gut sei.[15] Außerdem betont er die Stellung des Menschen als Ebenbild Gottes,[16] die sein ganzes Dasein bestimmt und ihn zur Herrschaft über die ebenfalls von Gott erschaffenen Tiere[17] qualifiziert.[18]

Dass Gott als Schöpfer bei alledem immer klar von seiner Schöpfung zu differenzieren ist, zeigt sich nicht zuletzt an der exklusiven Verwendung des hebräischen Wortes *bar'*, das allein für göttliches Schaffen verwendet wird.

---

[7]   Eine ausführliche Behandlung dieses Themas aus biblischer bzw. biblischer und systematisch-theologischer Perspektive findet sich in neuerer Zeit beispielsweise bei JANOWSKI (2008), EVANG (1997), oder SCHMID (2012).

[8]   Allerdings variieren diese Textstellen immer wieder in ihrer Akzentuierung: Insgesamt machen die Schöpfungserzählungen im AT eine Entwicklung durch. Der vorexilischen Hymnus mit der Vorstellung vom Königsgott und Schöpfer JHWH wird aufgrund der Erfahrung des babylonischen Exils abgelöst durch die Verbindung der Vorstellungen von Schöpferwirken und Welterhaltung durch JHWH und der Erwählung Israels. In spätpersischer und hellenistischer Zeit gerieten diese Vorstellungen wiederum in eine Krise und wurden kritisch hinterfragt, um ab dem 2. Jh v.Chr. mit der Ausrichtung auf das Kommende überwunden zu werden. Vgl. dazu z. B. KRATZ/SPIECKERMANN (1999).

[9]   Vgl. Gen 1—3 und Offb 21f.

[10] Vgl. Gen 2,4b—8,22*.

[11] Vgl. Gen 2,7 oder die Erschaffung der Frau Gen 2,21—25.

[12] JANOWSKI (2004), Sp. 970.

[13] Vgl. Gen 1,1—9,29*.

[14] Vgl. z. B. die Beschreibung des ursprünglichen Chaos in Gen 1,2.

[15] Vgl. Gen 1,10.12.18.21.25.31.

[16] Vgl. Gen 1,27; 9,6.

[17] Vg. Gen 1,20—25.

[18] Vgl. Gen 1,26.

Insbesondere in den Psalmen[19] wird im Motiv vom Königsgott JHWH deutlich, dass dieser nicht nur die Welt geschaffen hat, sondern auch ihren Bestand garantiert und sie erhält. In diesem Zusammenhang ist darauf hinzuweisen, dass im Alten Testament „JHWHs Schöpfungshandeln immer als Einheit begriffen wird, weil es sich auf Natur *und* Geschichte bezieht"[20], so dass sowohl die Erscheinung der Welt an sich als auch der Faktor Zeit als sein Schöpfungswerk zu verstehen sind. Somit werden beide zum Rahmen menschlicher Handlungsmöglichkeiten, bleiben aber letztlich für den Menschen unverfügbar.

Vieles von dem, was bereits in den alttestamentlichen Texten zu finden ist, wird im Neuen Testament übernommen. Auch wenn hier außer Frage steht, dass Gott der Schöpfer ist und an seiner Schöpfungstat nicht gezweifelt wird, kommt sein Handeln als Schöpfer eher selten in den Blick. In erster Linie werden die Geschlechtlichkeit des Menschen als Mann und Frau[21] und ihre Bezogenheit aufeinander sowie der Aspekt der Zeit aufgegriffen. Zudem finden sich vielfältige allgemeine Aussagen und Wendungen zum Thema, wie beispielsweise die Rede vom „Beginn der Schöpfung"[22] oder vom „Kosmos"[23] als (Menschen-)Welt. Der Kosmos unterliegt laut neutestamentlichen Aussagen der Dynamik der Zeit, die von Gott allein eingeteilt wird. So betont Paulus als Konsequenz dessen in seinem Römerbrief die Begrenztheit der Schöpfung, denn die „Schöpfung ist ja unterworfen der Vergänglichkeit — ohne ihren Willen, sondern durch den, der sie unterworfen hat".[24] Darüber hinaus wird, wie bereits im Alten Testament bei Deuterojesaja[25] zu erkennen ist, der Schöpfungsgedanke in der Bibel gerade auch im Neuen Testament von einer soteriologischen Perspektive bestimmt, die auf eine Neuschöpfung ausgerichtet ist. Paulus greift diese ursprünglich apokalyptische Vorstellung auf[26] und „gewinnt ihr eine anthropologische Bedeutung ab".[27] So hat die neue Schöpfung mit der Auferstehung Jesu Christi bereits begonnen, ihre Vollendung steht jedoch noch aus.

2.1.1.2 Impulse

Auch wenn die hier genannten biblischen Belege verschiedene Schwerpunkte in ihren Aussagen enthalten, so wird doch deutlich, dass sie die menschliche Existenz eindeutig als eine geschöpfliche betonen. Der Mensch kann aus theologischer Sicht immer nur als Geschöpf verstanden werden, das sich grundlegend von Gott als seinem Schöpfer unterschiedet und dem das Han-

---

[19] So z. B. Ps 74,12; 104,1a—4 u. ö.
[20] Ders. (2004), Sp. 970.
[21] Im Anschluss an Gen 1,27 vgl. Mt 19,4; Mk 10,6; Apg 17,29; Röm 8,29 u. ö. Im Anschluss an Gen 2,24 vgl. Mt 19,5; Mk 10,7; 1 Kor 6,16 und Eph 5,31.
[22] Mk 10,6 par.
[23] Häufig bei Johannes und Paulus, z. B. Röm 1,20.
[24] Röm 8,20. Übersetzung nach LUTHER.
[25] Vgl. Jes 41,20; 45,8; 48,7.
[26] Vgl. 2 Kor 5,17; Gal 6,15; Röm 8,18—25 u. ö.
[27] WISCHMEYER (2004), Sp. 974.

deln Gottes, seine „Ökonomie",[28] zugrunde liegt. Daraus erhält er seine Lebensgrundlage und ist deshalb nicht nur Handelnder, sondern immer schon Empfangender.

Folglich kann und muss sich der Mensch nicht alles selbst erschaffen und erwerben. Dies widerspricht jedoch einer ökonomischen Leitmaxime, die die Beseitigung von Knappheit als zentrale wirtschaftliche Aufgabe in den Fokus stellt. Mit ihrer defizitären Sicht auf den Menschen geht sie davon aus, dass der Mensch fortwährend und unbegrenzt Bedürfnisse hat, die durch die Ökonomie befriedigt werden (müssen), und endet letztlich in einer „Nimmersatt-Mentalität" und unendlichem Wachstumszwang. Doch dies ist, wie Franz SEGBERS zu Recht kritisiert, „nicht mehr nützlich für das Leben".[29] Demgegenüber tritt der biblisch begründete „Glaube an den Gott der Fülle[. Er] rettet von den Sorgen, die der kapitalistische Glaube ins Zentrum hebt".[30] Letztlich führt er im unternehmerischen Handeln zu Zufriedenheit und einem Genug, das in der „Ökonomie" Gottes begründet ist.

Mit der menschlichen Existenz als Geschöpf Gottes geht laut den Schöpfungsberichten der Bibel darüber hinaus seine Bestimmung als dessen Ebenbild einher. Diese ist nicht nur Ausdruck einer allgemeinen Menschenwürde, sondern sie kommt dem Menschen in seinem Werden zu. Das bedeutet, sofern und wenn er sich von Gott bilden lässt, findet er eben darin als Geschöpf seine Würde.[31] Würde lässt sich also nicht durch andere zuschreiben und ist auch nicht an menschliche Arbeit oder Leistung geknüpft. Für die wirtschaftlichen Prozesse im Unternehmen hat dies zur Konsequenz, dass Menschen nicht als Mittel zum Produktionszweck verstanden werden dürfen, sondern den Mitarbeitenden stets unabhängig von jeglicher Leistung und Beurteilung aufgrund ihres Werdens als Geschöpf ihre Würde zukommt. Dies muss nicht zuletzt bei der Gestaltung von Arbeitsbedingungen oder Lohnzahlungen konkret sichtbar werden. Damit ist implizit auch die Frage nach Gerechtigkeit in den wirtschaftlichen Strukturen angesprochen, die von den Unternehmen adäquat beantwortet werden muss.[32]

Dies gilt auch für die Sicht auf die beiden Geschlechter, denn der Mensch, der als Ebenbild Gottes geschaffen ist, ist laut biblischen Aussagen immer schon in seiner Geschlechtlichkeit als Mann oder Frau beziehungsweise in ihrer Bezogenheit aufeinander geschaffen.[33] Er kann also auch als Mitarbeiter

---

[28] Während der Begriff der „Ökonomie" Gottes bei den meisten theologischen Aussagen zur Ökonomie des Menschen fehlt, wird er vor allem von H. G. ULRICH betont: „Die ‚Ökonomie' Gottes, das heißt: Gott in seinem heilvollen Handeln, in seinem die Welt regierenden Handeln, aber vor allem in seinem Heil schaffenden, rettenden Handeln (...). Gott ist nicht nur ‚irgendwie' hinter allem Geschehen da, sondern er handelt in bestimmter beschreibbarer Weise – das ist seine Ökonomie." (ULRICH (1991), S. 47.) Die menschliche Ökonomie ist also immer Antwort auf Gottes „Ökonomie".

[29] SEGBERS (2004), S. 30.

[30] Ders. (2004), S. 31.

[31] Vgl. ULRICH (2007), S. 224f.

[32] Zur Frage der Gerechtigkeit vgl. vor allem auch 2.4.2 und 4.4.3.

[33] Allerdings sind in diesem Zusammenhang manche Bibelstellen, die von der Unterordnung der Frau ausgehen (z. B. 1 Kor 11,3.7; Eph 5,22–24), sowohl aus exegetischer

eines Unternehmens nicht anders verstanden werden als in seiner Unterschiedlichkeit und gleichzeitigen Bezogenheit. Eine Unternehmensethik geschöpflichen Lebens darf dies in ihrer Erprobung nicht unberücksichtigt lassen.

Mit der Existenz des Menschen als Geschöpf kommen ihm allerdings auch die Möglichkeit und der Auftrag zu, zu handeln. Im Anschluss an die biblischen Texte kann es als menschliche Aufgabe gesehen werden, in der Rolle des Haushalters für ein gutes und gerechtes Zusammenleben im Haus der Schöpfung Sorge zu tragen.

Doch die Macht des Menschen in Bezug auf den Umgang mit der übrigen Schöpfung und der von Gott geschenkten Zeit ist begrenzt. Dies wird insbesondere dort relevant, wo unternehmerisches Handeln, beispielsweise in der gängigen Annahme von „time is money", Existenzbedingungen in Anspruch nimmt, über die es nicht verfügt. Hier relativiert der biblische Schöpfungsgedanke unternehmerisches Handeln und erinnert daran, dass die menschliche Ökonomie ihre Grenzen hat. Die von Gott geschenkten Ressourcen können Menschen nur annehmen, sie bleiben aber in der alleinigen Verfügungsmacht Gottes. Unternehmen *müssen* sich dieser Grenzen bewusst werden, um ihre eigenen Ziele zu relativieren; sie *dürfen* sich dieser Grenzen bewusst werden, um von überzogenen Wettbewerbsansprüchen und immer knapperen Zeitvorgaben befreit zu werden. Darüber hinaus ist der Mensch in seinen gesamten Handlungsentscheidungen stets zur Verantwortung gegenüber Gott aufgerufen.[34] Dies beinhaltet die Verantwortung gegenüber der nicht-menschlichen Schöpfung genauso wie gegenüber dem Menschen selbst, also gegenüber seinen eigenen Bedürfnissen und seiner Gesundheit wie auch von Anderen.

Gleichzeitig ist der Mensch innerhalb dieser Grenzen aber stets frei in seinem Handeln und Entscheiden. Deshalb muss daran anschließend grundlegend gefragt werden, welchen Zweck unternehmerisches Handeln erfüllen und wie es gestaltet werden soll, um der geschöpflichen Existenz zu entsprechen, ohne die darin gewährte Freiheit zu missbrauchen. Nachhaltigkeit ist dabei eines der zentralen Stichworte heutiger Zeit.[35]

---

wie auch aus heutiger gesellschaftlicher Sicht kritisch zu hinterfragen.

[34] Zur Übernahme von Verantwortung aufgrund der Prämisse der Geschöpflichkeit vgl. ausführlich KRAMER (2009).

SEDLÁČEK sieht im Menschen unter Berufung darauf, dass Gott ihm in Gen 2,19f. die Namensgebung der Tiere überträgt, sogar den Vollender der Schöpfung. „[D]er Mensch ist an der *Schöpfung* beteiligt. (...) Nicht bloß in dem Sinn, dass er die Natur umgestaltet (Steigerung der Effizienz oder Fruchtbarkeit durch das Pflügen der Felder, die Zucht von Pflanzen, die Anlegung von Be- oder Entwässerungsgräben), sondern auch auf eine tiefere, ontologische Weise. (...) Als würde Gott dem Menschen durch die noch nicht ganz fertige Schöpfung der Welt die Aufgabe übertragen, den Garten von Eden zu bebauen und zu hüten, und der Mensch würde die Kulturlandschaft dadurch tatsächlich *miterschaffen*." (SEDLÁČEK (2012), S. 82f.)

Dieses Verständnis birgt jedoch die Gefahr, dass dem Menschen nicht nur eine besondere Form der Verantwortung und Würde zugesprochen werden, sondern es zu einer, wenn auch sicherlich geringen Deifizierung des Menschen kommen könnte, was die biblischen Texte definitiv verneinen.

[35] Zum Stichwort Nachhaltigkeit vgl. unten 4.4.3. Ausführungen aus theologischer Per-

Ein weiterer Impuls, der vor allem aus dem Neuen Testament kommt, liegt in der soteriologischen Perspektive einer neuen Schöpfung, wie sie sich beispielsweise bei Paulus findet. Auch hier klingt wieder das Werden des Menschen als Geschöpf unabhängig von jeglicher (Arbeits-)Leistung an. Zudem macht die Spannung des „schon jetzt – noch nicht" der neuen Schöpfung deutlich, dass das Leben auf dieser Welt im Hier und Jetzt noch immer auf seine Vollendung wartet und so lange im Vorläufigen mit einer gewissen Brüchigkeit verbleibt. Dies gilt auch für die Ökonomie als eine Form menschlichen Lebensvollzugs, die sich stets dieser Brüchigkeit bewusst sein sollte. Unternehmen und ihre Mitarbeiter sind deshalb aufgefordert, die eigenen Defizite zu benennen beziehungsweise darauf ansprechbar zu sein und einen angemessenen Umgang damit zu finden.

2.1.2 Arbeit und Sabbat

2.1.2.1 *Biblische Aussagen*

Wie gerade ausgeführt, spricht die Bibel nicht nur immer wieder von der Ökonomie Gottes, also von seinem Handeln und seiner „Arbeit"[36], die sich in der Geschichte vollziehen, sondern auch der Mensch ist durch Gott in eine tätige Geschöpflichkeit, zur Arbeit berufen.[37] Auffallend ist dabei, dass Arbeit laut den beiden Schöpfungsberichten nicht erst seit dem Sündenfall zum menschlichen Leben in dieser Welt dazugehört,[38] sondern im Alten Testament bereits davor als selbstverständlicher Teil seines Daseins erachtet wird.[39] Demzufolge darf Arbeit an sich, auch wenn sie dem Menschen Mühe bereitet,[40] also nicht als Übel, als Folge von Sünde oder gar als Strafe Gottes missverstanden werden.[41] Das „Werk von Menschenhand" wird in den biblischen Texten in der Regel positiv bewertet.[42] Was jedoch kritisiert wird, ist die Verehrung der Ergebnisse der eigenen Arbeit. Diese wird als Götzendienst ebenso verurteilt[43] wie die schlechten Arbeitsbedingungen, durch die Menschen aus-

---

[36] spektive zur Nachhaltigkeit finden sich beispielsweise auch in EKD (2009) oder VOGT (2009).

[36] Es ist sogar immer wieder von (handwerklichen) Tätigkeiten JHWHs die Rede. (Vgl. Ex 36,36 u. ö. Siehe auch Ps 147,15–18.)

[37] Umfassendere Ausführungen zur menschlichen Arbeit finden sich vor allem bei MEIREIS (2008) oder auch bei SCHOTTROFF/SCHOTTROFF (1983) sowie SEGBERS (2009). Insbesondere mit dem Sabbatgebot bzw. dem Sonntag beschäftigt sich die katholische VERLAUTBARUNG (1998).

[38] Vgl. Gen 3,23; Ps 104,23.

[39] Vgl. Gen 1,28. 2,15.

[40] Vgl. Gen 3,17–19.

[41] Vgl. KOCH (2011), S. 62. Im Gegensatz zu verschiedenen anderen altorientalischen Berichten wird zudem nirgends erwähnt, dass der Mensch für oder anstelle von Gott arbeitet.

[42] Vgl. Dtn 2,7; 15,10; Ps 90,17 u. ö. Tomáš Sedláček verweist darauf, dass dieses positive Verständnis der atl. Tradition, die Arbeit sogar mit Würde verbindet, eine historische Ausnahme in der damaligen Umwelt darstellt. (Vgl. SEDLÁČEK (2012), S. 117.)

[43] Vgl. Jes 44,9–20.

gebeutet und unterdrückt werden.[44] „Ziel menschlicher A[rbeit] ist der Erwerb des Lebensunterhalts und die Gestaltung von Welt und Leben"[45], wobei der Segen JHWHs eine unerlässliche Voraussetzung ist, damit dies gelingen kann. Er bleibt aber für den Menschen unverfügbar.[46] Zusätzlich mahnen weisheitliche Texte den Menschen immer wieder zum Fleiß und warnen vor Faulheit,[47] wobei „[e]ine Abwertung körperlicher Arbeit im Gegensatz zur ‚geistigen‘ (...) dem A[lten] T[estament] unbekannt"[48] ist.

Neben diesen Aussagen zur Arbeit finden sich aber auch Belege über das Nicht-Arbeiten, das laut biblischem Zeugnis ebenfalls zentral für das Dasein des Menschen ist. So berichtet die priesterschriftliche Schöpfungserzählung im Rahmen ihres Sieben-Tage-Schemas vom Ruhen Gottes am letzten Tag.[49] Dieses Ruhen „unterstreicht die Fülle der vollendeten Ausführung und drückt gleichsam das Innehalten Gottes vor dem ‚sehr guten‘ Werk seiner Hände aus".[50] Durch die Segnung und Heiligung des siebten Tags[51] wird die besondere Bedeutung dieses Tages und seiner Ruhe noch betont. An anderer Stelle im Alten Testament, im sogenannten Sabbatgebot des Dekalogs,[52] wird dieses Modell der Abfolge von göttlichem Arbeiten und Ruhen auf die Gestaltung menschlichen Lebens übertragen. Der Mensch ist aufgefordert, seine Arbeit zu unterbrechen, denn „am siebten Tag ist der Sabbat des Herrn, deines Gottes. Da sollst du keine Arbeit tun".[53] Begründet wird diese Aufforderung auf zwei unterschiedliche Weisen. Exodus 20 verweist auf die Erzählung des priesterschriftlichen Schöpfungsberichts,[54] wohingegen die zweite Dekalogfassung in Deuteronomium 5 mit der Erinnerung an die Befreiung Israels aus der ägyptischen Knechtschaft argumentiert.[55] So bringen die alttestamentlichen Autoren im Sabbatgebot des Dekalogs nicht nur Schöpfungs- und Heilsordnung miteinander in Verbindung, sondern machen auch die eindeutige Ausrichtung des Menschen auf Gott deutlich.

---

[44]　Das AT unterscheidet deshalb zwischen positiven bzw. neutralen Begriffen für Arbeit und solchen, die Mühsal oder Zwang von Arbeit ausdrücken. (Vgl. EBACH (1998), Sp. 679.) Gegen Lohnbetrug richtet sich Jer 22,13 (vgl. Jak 5,4). Aufgrund der Erfahrung in Ägypten (vgl. Ex 1,14, 2,23–25 u. ö.) will Israel keinen Frondienst mehr tun (vgl. 1 Kön 4,6; 9,15–19 u. ö.).

[45]　Ders. (1998), Sp. 679.

[46]　Vgl. Lev 25,20f.; Dtn 15,10; Ps 127,1 Hi 1,10 u. ö.

[47]　Vgl. Spr 6,6–11; 11,16 u. ö.

[48]　PREUSS (1978), S. 616.

[49]　Vgl. Gen 2,2.

[50]　VERLAUTBARUNG (1998), S. 14, Ziffer 11.

[51]　Vgl. Gen 2,3.

[52]　Vgl. Ex 20,8–11; Dtn 5,12–15. Auffällig ist hier, dass das Sabbatgebot im zentralen Text des Dekalogs verortet ist und nicht im Zusammenhang von kultischen Verordnungen. Es hat also ganz offensichtlich nicht nur kultische Relevanz, sondern bezieht sich auf die gesamte Lebenswirklichkeit des Menschen, wie die anderen Gebote auch.

[53]　Ex 20,10; Dtn 5,14. Übersetzung nach LUTHER.

[54]　Vgl. Ex 20,11.

[55]　Vgl. Dtn 5,15. Wörtlich ist die Rede vom Auszug aus dem „Arbeitshaus" (vgl. auch Ex 20,2; Dtn 5,6). Dementsprechend wird immerwährendes Arbeiten als Zeichen der Sklaverei verstanden. Vgl. Ex 1,8–14.

Das Neue Testament gibt im Gegensatz zum Alten Testament insgesamt nur wenige Bewertungen über die Arbeitswelt ab und stützt sich gegebenenfalls auf dessen Traditionen. Arbeit wird hier vor allem in ihren unterschiedlichen Formen und Berufen erwähnt, so zum Beispiel in den Gleichniserzählungen oder in der Nennung der Berufe Jesu und seiner Anhänger.[56] Der Epheserbrief weist zudem darauf hin, dass durch Arbeit „das nötige Gut, damit man dem Bedürftigen abgeben kann",[57] erwirtschaftet werden kann, und auch der Jakobusbrief rückt die Armen in den Blick und spricht sich für eine gerechte Lohnzahlung aus.[58] An anderer Stelle wird darüber hinaus noch die (wirtschaftliche) Unabhängigkeit erwähnt, die durch Erwerbsarbeit in Verbindung mit persönlicher Freiheit möglich wird.[59] Insgesamt kommt es im Neuen Testament zu einer Ausweitung des Arbeitsbegriffes, so dass er nun sowohl die berufliche Arbeit wie auch die Arbeit in der Gemeinde umfasst.[60]

Die alttestamentliche Beziehung von Arbeit und Sabbat wird als gelebte Tradition ebenfalls in den neutestamentlichen Texten erwähnt. Allerdings geschieht dies in Reflexion des Verhältnisses von traditionellen Vorschriften und befreiendem Evangelium. So wird beispielsweise von verschiedenen Heilungen Jesu am Sabbat berichtet und darauf hingewiesen, dass der Sabbat um des Menschen willen gemacht ist und nicht umgekehrt.[61] Die christliche Tradition des Sonntags als „Tag des Herrn" und der Ruhe entwickelte sich schließlich aus der jüdischen Sabbattradition in terminlicher Orientierung an den Osterereignissen.[62]

2.1.2.2 Impulse

Zunächst kann im Anschluss an die biblischen Aussagen festgehalten werden, dass der göttliche Auftrag des Menschen zur Arbeit ein zentraler und positiver Bestandteil seines Daseins als Geschöpf ist,[63] der sogar mit Fleiß erfüllt werden sollte. Wirtschaftliches Handeln ist als das Ergebnis dieses Auftrags zu verstehen.[64] Dabei ist ausdrücklich zu betonen, dass sich der Mensch nicht seine eigene Wirklichkeit zu erarbeiten hat und auch nicht erst durch Arbeit zum Menschen wird. Seine Existenz ist allein aufgrund seines Geschaffenseins durch Gott qualifiziert. Als solcher wird er zum Haushalter der göttlichen Schöpfung beauftragt.[65] Unternehmen beziehungsweise Unter-

---

[56] Vgl. EBACH (1998), Sp. 679f.
[57] Eph 4,28. Übersetzung nach LUTHER.
[58] Vgl. Jak 5,4; ganz ähnlich auch Jer 22,13.
[59] Vgl. 1 Thess 4,11f.
[60] Vgl. z. B. Mt 9,37f; Lk 10,2.7; 1 Thess 2,9.
[61] Vgl. Mk 2,27 par.
[62] Vgl. Mk 16,2, wo berichtet wird, dass die Frauen am Tag *nach* dem Sabbat zum Grab kommen und dieses leer vorfinden.
[63] So fasst Dorothee SÖLLE zusammen: „Arbeit ist nicht nur ein Mittel, in der feindlichen Umwelt zu überleben. Sie ist Leben, Ausdruck dessen, was es bedeutet, ein Mensch zu sein, nämlich ein schöpferisches Wesen." (SÖLLE (1983), S. 41.)
[64] So findet sich sogar ein Recht auf Arbeit in der Bayerischen Verfassung (Art. 166 d) und der Allgemeinen Erklärung der Menschenrechte der UNO (Artikel 23).
[65] Vgl. dazu auch 2.1.1.

nehmer, die sich und anderen Personen Arbeitsplätze zur Verfügung stellen, haben dies zu bedenken. Sie schaffen weder Wirklichkeit noch geben sie dem Menschen sein Mensch-Sein. Aber sie entsprechen in ihrem Handeln zunächst grundlegend dem existenzialen Lebensvollzug des Menschen. Sie können ihm, entsprechend der biblischen Kontur von Arbeit, helfen, den eigenen Lebensunterhalt beziehungsweise den der gesamten Familie zu sichern sowie Leben und Welt zu gestalten.

Besondere Aufmerksamkeit verdient deshalb der Fall, dass Menschen Arbeit als zentraler Bestandteil ihres Daseins nicht (mehr) ermöglicht werden kann. Firmen haben sich im Rahmen einer Unternehmensethik, die die Geschöpflichkeit des Menschen in den Mittelpunkt rückt, immer wieder Gedanken dazu zu machen. Wie wird beispielsweise damit umgegangen, wenn Arbeitsplätze reduziert werden (müssen)? Oder welche Maßnahmen sind hilfreich, um Menschen ohne Arbeit eine (Wieder-)Beschäftigung zu ermöglichen? Sicherlich können solche Fragen nicht ohne Zusammenarbeit mit verschiedenen anderen gesellschaftlichen Institutionen, wie zum Beispiel der Politik, beantwortet werden. Andererseits ist Franz SEGBERS zuzustimmen, wenn er darauf hinweist, dass aufgrund des hohen Produktionsfortschritts mit immer weniger Erwerbsarbeit immer mehr Güter produziert werden. Ziel sei es deshalb nicht, zu versuchen wieder mehr Erwerbsarbeit zu schaffen, sondern „[d]er Sinn ökonomischer Rationalisierung und der Erhöhung der Produktivität besteht in der Freisetzung von Zeit für jene Tätigkeit und für jene Lebensäußerung, die als Entfaltung des guten und des gerechten Lebens in sich selbst ihren Zweck haben".[66] So lässt sich zwar sagen, dass der Mensch die Erwerbsarbeit zur Sicherung seines Lebensunterhalts und als Möglichkeit, sein Leben zu gestalten, braucht.

Andererseits hat die Logik der Ökonomie bereits zur Freiheit geführt, Leben als gutes und gerechtes auch auf andere Weise als durch bezahlte Arbeit zu realisieren. Diese Betonung anderer Formen von Arbeit neben der klassischen Erwerbsarbeit entspricht einer Ethik geschöpflichen Lebens, die nicht zuerst nach dem monetären Wert von Arbeit fragt. Vielmehr geht sie davon aus, dass jeder Mensch als Geschöpf grundsätzlich etwas zum gemeinsamen Wirtschaften beitragen, also arbeiten kann. Deshalb ist die Leitfrage, „wie Menschen ermöglicht wird, das in das gemeinsame Wirtschaften und Zusammenarbeiten einzubringen, was sie einzubringen haben".[67] In der Konsequenz sind Unternehmen aus Sicht einer Ethik geschöpflichen Lebens deshalb aufgefordert, neben der klassischen Erwerbsarbeit auch diese anderen Möglichkeiten der sinnvollen Lebensgestaltung zu erkennen und zu unterstützen. So haben sie beispielsweise flexible und familienkompatible Arbeitszeitregelungen für ihre Mitarbeiter[68] oder ähnliches zu bedenken. Darüber hinaus ist derzeit noch immer die Frage des informellen Arbeitssektors ungeklärt.

---

[66]   SEGBERS (2004), S. 37.
[67]   ULRICH (2010b), S. 185.
[68]   Dabei ist u. a. dringend darauf zu achten, dass es nicht zu Ungerechtigkeiten zwischen Mitarbeitern in Deutschland und an ausländischen Standorten kommt.

Welcher Stellenwert der ehrenamtlichen Tätigkeit oder der Arbeit im Rahmen von Erziehung und Pflege in Gesellschaft und Unternehmen zukommt und wie mit dem Bereich der Schattenwirtschaft[69] umgegangen werden soll, wartet beispielsweise noch immer auf eine Antwort.[70]

Ein weiterer Punkt, der im Rahmen einer christlichen Unternehmensethik in den Blick kommen muss, ist die Bedeutung, die von Unternehmen und in wechselseitiger Beziehung auch von der gesamten Gesellschaft den Ergebnissen der Arbeit zugerechnet wird. Hier ist insbesondere kritisch nach dem Wert der Menschen zu fragen, die die Produkte fertigen, in Relation zum Wert der Produkte selbst. Wo die Produkte wichtiger sind als die Menschen, also zu „Göttern" gemacht werden, handeln Betriebe nicht mehr im Rahmen eines biblischen Ethos, das die Verehrung der Ergebnisse der eigenen Arbeit als Götzendienst verurteilt. In diesen Zusammenhang passt auch der entschiedene Verweis der biblischen Texte auf den Segen JHWHs als unverfügbare Voraussetzung für das Gelingen von Arbeit. Somit hängen Erfolg oder Misserfolg menschlicher Arbeit letztlich nicht allein an der Wirkmächtigkeit und Arbeitskraft von Menschen und Unternehmen, sondern erfahren durch Gottes segensreiches Handeln Freiheit.

Dennoch dürfen sich Firmen nicht aus der Verantwortung stehlen, wenn es um die im Jeremiabuch und Jakobusbrief deutlich benannte und mit dem Thema Arbeit eng verbundene Frage nach Gerechtigkeit geht.[71] Im betrieblichen Alltag und seinen Strukturen müssen immer wieder Entscheidungen getroffen werden, die Gerechtigkeitsentscheidungen sind. So sollte sich beispielsweise jedes Unternehmen Gedanken dazu machen, wie Lohngerechtigkeit aussehen kann oder welche Wertigkeit körperlicher im Verhältnis zu geistiger Arbeit zukommt beziehungsweise wie sich dies alles in den betriebseigenen Strukturen widerspiegeln kann.

Trotz der besonderen Bedeutung von Arbeit für das Dasein des Menschen wird in den biblischen Texten explizit auch die Notwendigkeit der Nicht-Arbeit, beziehungsweise des heilvollen Rhythmus von Arbeit und Sabbat[72] betont. Die Ruhe des Sabbats ist, wie Erich FROMM festhält, „ein Zustand des Friedens zwischen Mensch und Natur. Der Mensch muß die Natur unberührt lassen, er darf sie in keiner Weise verändern, indem er etwas darin neu errichtet oder auch zerstört. Selbst die kleinste Veränderung, die der Mensch im Naturgeschehen vornimmt, stellt eine Verletzung der Ruhe dar. Der Sabbat ist der Tag vollkommener Harmonie zwischen Mensch und Natur. ‚Arbeit' ist jede Art von Störung des Gleichgewichts zwischen Mensch und

---

[69] Damit sind alle wirtschaftlichen Vorgänge gemeint, die in der volkswirtschaftlichen Gesamtrechnung nicht erfasst werden (können), wie z. B. Nachbarschaftshilfe oder Schwarzarbeit.

[70] Hier sei auf die Diskussion und Kritik der Ökonomisierung des Sozialen verwiesen. Vgl. dazu beispielsweise die Aufsätze in STOLZ-WILLIG/CHRISTOFORIDIS (2011).

[71] Zur Frage der Gerechtigkeit vgl. auch 2.4.2 und 4.4.3.

[72] PREUSS weist darauf hin, dass laut biblischem Befund als semantische Opposition zu „Arbeit" nicht der Begriff der „Ruhe", sondern allein der des „Sabbats" dienen kann. Vgl. PREUSS (1978), S. 613. Sabbat beinhaltet also eine umfassendere Vorstellung des Ruhens als im herkömmlichen Sinn.

Natur. (...) Indem man nicht arbeitet – d. h. indem man an dem Prozess
von Veränderungen in der Natur und in der Gesellschaft nicht teilnimmt –,
ist man frei von den Fesseln der Zeit, wenn auch nur an einem Tag der Woche."[73] Dies bedeutet, dass der Sabbat in erster Linie als Partizipation an der
Ruhe der göttlichen Schöpfung zu verstehen ist und eine Zeit jenseits aller
ökonomischen Zwecke für den Menschen ermöglicht.[74] Durch ihn wird zudem
deutlich, dass das, was an sechs Tagen erwirtschaftet worden ist, ausreichend
ist, um sieben Tage davon leben zu können. Oder anders gesagt: „Das Volk
Israel legt den Mehrertrag seiner Arbeit nicht Zins bringend und Wachstum
fördernd an. Es benutzt ihn, um einen Tag freier Lebenszeit zu finanzieren."[75]
Die Arbeit ist nicht alles für den Menschen, sondern ist durch den Sabbat
heilsam umgrenzt.

In Form der Sonntagsruhe steht in Deutschland auch heute noch ein freier
Tag in der Woche unter besonderem staatlichem Schutz und muss in der Regel von Unternehmen bei ihren Produktionsprozessen berücksichtigt werden.
Jedoch stellt sich im Rahmen einer explorativen Ethik geschöpflichen Lebens
die Frage, ob er in seinem aktuellen Verständnis noch immer in der Tradition
des Sabbats steht. Ruhe wird heute oftmals als Ruhe der Schwachen gesehen,
als ein Bedürfnis und eine Notwendigkeit für die, die das Tempo nicht mehr
halten können und „fertig" sind. So verwundert es nicht, dass es über gewis-
se sinnvolle Ausnahmeregelungen hinaus, wie beispielsweise im medizinischen
Bereich, starke Bestrebungen gibt, die Sonntagsruhe aus ökonomischen Gründen immer weiter aufzuweichen beziehungsweise ganz abzuschaffen.[76] Hierbei
wird jedoch übersehen, dass die Tradition des Sabbats und auch des Sonntags
darauf hinweisen, dass Ruhen im biblischen Sinn eigentlich ganz anders zu
verstehen ist, nämlich als Aufruf, die göttliche Schöpfung nicht zu verändern
und dadurch an eben dieser bereits fertigen Schöpfung Gottes zu partizipie-
ren. Unternehmen sind deshalb aus Sicht eines christlichen Ethos aufgefordert
zu überlegen, wie sie ihre wirtschaftlichen Abläufe so gestalten, dass sie diesem Verständnis der biblischen Sabbattradition gerecht werden können und
Ruhe für die Menschen im Betrieb mehr sein kann als nur eine kurze Pause,
sondern ein Zustand umfassenden Friedens. Auch ist darüber nachzudenken,
wie in Firmen mit den Menschen umgegangen wird, die in den Augen der

---

73   FROMM (1982), S. 168f. Im Original teilw. kursiv gedruckt.
74   Ähnlich auch SEGBERS (2004), S. 32–35. Deshalb stellt für H. G. ULRICH die Un-
     terscheidung von Arbeit und Sabbat den theologischen Ort für die Begrenzung der
     Ökonomie dar. Vgl. ULRICH (2007), S. 480.
     Diese Zeit ist als Partizipation an der Schöpfung und zweckfreier Lebenszeit eine
     echte „Vorwegnahme der messianischen Zeit" (FROMM (1982), S. 169). Sie darf nicht
     verwechselt werden mit dem modernen Verständnis von Wochenende und Freizeit, die
     zwar für viele ohne Erwerbsarbeit, aber nicht jenseits aller ökonomischen Zwecke sind.
     Vgl. dazu auch VERLAUTBARUNG (1998), S. 8, Ziffer 4.
75   KOCH (2011), S. 62.
76   Eine Analyse der Sonntagsarbeit unter ökonomischer, aber auch ethischer Perspektive
     findet sich bei SUTHAUS (1997).

Gesellschaft aus ganz unterschiedlichen Gründen weniger leistungsfähig oder völlig „fertig" sind, also im Zustand des sogenannten Burnouts.[77]

2.1.3 Arm und Reich

2.1.3.1 Biblische Aussagen

Wie bereits oben festgehalten, wird nach biblischem Verständnis bei der Schöpfung des Menschen allein zwischen Mann und Frau unterschieden, nicht jedoch zwischen Arm und Reich. In der Lebenswirklichkeit ist diese Differenz für Menschen jedoch immer wieder erfahrbar. Damit stellt sie nicht nur ein gesellschaftspolitisches Problem dar, sondern auch eine ethische Frage.[78] In den Aussagen der Bibel wird Reichtum nicht grundsätzlich abgewertet, sondern als Ausdruck göttlichen Segens verstanden, und insofern er rechtmäßig erworben und karitativ eingesetzt wird, stehen ihm gerade die alttestamentlichen Texte durchaus positiv gegenüber.[79] Er ist eine „Gottesgabe mit Schattenseiten"[80]. Eine Auseinandersetzung mit der Arm-Reich-Problematik findet im Alten Testament vor allem in der Weisheitsliteratur, in den prophetischen Büchern, den Gesetzestexten des Pentateuch und den Psalmen statt, wobei sich die Weisheitstexte in ihren Aussagen klar von den übrigen Stellen unterscheiden. Hier wird Armut vorwiegend nicht als Konsequenz von Unterdrückung oder ähnlichem verstanden, sondern ist aufgrund fehlenden Sachverstands und mangelnder Weisheit in aller Regel selbstverschuldet und faktisch gegeben.[81] Zum Reichtum nimmt die Weisheit wiederum eine ambivalente Stellung ein.[82] Einerseits wird er in ihren Texten als Gabe Gottes[83] und Folge der redlichen Aktivität des Menschen[84] gesehen, ist also erstrebenswert.[85] Andererseits bietet auch Reichtum keine Garantie für Sicherheiten,[86] sondern ist vielmehr vergänglich,[87] so dass er im Verhältnis zu anderen Werten, wie beispielsweise Gesundheit,[88] Gerechtigkeit,[89] Friede[90] oder Weisheit[91], ein-

---

[77] Unter der Vielzahl der derzeit erscheinenden Literatur zu diesem Thema sei insbesondere auf das Buch des Psychologen Markus VÄTH verwiesen, der die Ursachen von Burnout v. a. in den strukturellen Gegebenheiten in Firmen sieht. Vgl. VÄTH (2011).

[78] Ausführlich wird die Thematik aus alt- und neutestamentlicher Perspektive in neuerer Zeit beispielsweise bei BERGES/HOPPE (2009) behandelt.

[79] SEDLÁČEK weist in diesem Zusammenhang darauf hin, dass der Grund dafür u. a. darin liegt, dass es im AT kein Konzept einer besseren Welt bzw. eines Himmels gibt, der Ort der göttlichen Belohnung sein könnte. Vgl. SEDLÁČEK (2012), S. 70–73.

[80] LIWAK (2004), Sp. 231.

[81] Vgl. Spr 10,4; 20,13; 22,2.7; 24,30–34.

[82] Vgl. Ders. (2004).

[83] Vgl. Spr 10,22.

[84] Vgl. Spr 10,4; 13,11.

[85] Vgl. Spr 10,15.

[86] Vgl. Spr 11,4.28; 18,11.

[87] Vgl. Pred 5,12–16.

[88] Vgl. Sir 30,14.

[89] Vgl. Spr 16,8.

[90] Vgl. Spr 17,1.

[91] Vgl. Pred 4,13.

deutig geringer einzuschätzen ist. An manchen Stellen im Buch der Sprüche werden die Reichen zudem aufgefordert, ihrer sozialen Verantwortung gerecht zu werden.[92]

Solche Appelle finden sich insbesondere auch in der Sozialkritik der Propheten, die die Armutsproblematik als eines der zentralen Probleme anprangern und sie im Gegensatz zur Weisheitsliteratur auf Unterdrückung und Ausbeutung durch Reiche zurückführen.[93] Die Texte der Prophetenbücher verurteilen dabei nicht nur das mangelnde solidar-ethische Verhalten reicher Grundbesitzer oder Beamter[94], sondern sie setzen sich auch mit unrechtmäßig erworbenem Reichtum durch Pfand- und Zinsforderungen[95] oder Betrug[96] und Rechtsbeugung[97] sowie der Problematik der Schuldknechtschaft[98] auseinander. Vor allem im Amosbuch werden die Aussagen zur Armut schließlich explizit mit der Frage nach der Gerechtigkeit verbunden.[99]

Ähnlich den prophetischen Aussagen rufen auch die Rechtstexte des Pentateuch zur Solidarität mit den Armen auf, denn auf dem Hintergrund der rettenden Erfahrung der Befreiung aus Ägypten durch JHWH soll das Volk ein Verbund aus Brüdern und Schwestern sein. Darin soll sich die gemeinschaftsbezogene Gerechtigkeit, die durch die Gemeinschaftstreue aller zueinander geprägt ist, so auswirken, dass auch die Armen zu ihrem Recht kommen.[100] Im Rahmen des sogenannten Bundesbuches in Exodus 20,22−23,33 werden neben Fremden, Witwen und Waisen explizit die Armen erwähnt.[101] Dasselbe gilt für das Deuteronomium, das als eines seiner Hauptanliegen „ein Aktionsprogramm zur Bekämpfung akuter und struktureller Armut"[102] aufweist.[103] Auch im sogenannten Heiligkeitsgesetz in Leviticus 17−26 geht es in erster Linie um „ein Programm des sozialen Ausgleichs, das die für unabwendbar erachtete Trennung in arm und reich zumindest zu mildern sucht".[104]

Besonders häufig findet sich die Armenterminologie in den Texten des Psalters, wobei sowohl materielle als auch spirituelle Armut gemeint sein kann.[105] Auffällig ist hier, dass die Armen nicht mehr nur als Objekt vorkommen, über das gesprochen wird, sondern dass sie in Bitte und Klage selbst das

---

[92]   Vgl. Spr 14,31; 19,17; 22,16; 28,8; 31,9.

[93]   Vgl. Am 2,6−8; 4,1−3; Jes 5,8−10 u. ö.

[94]   Vgl. Jes 3,12−15; Jer 5,26−28; 34,8−22.

[95]   Vgl. Am 2,6; 8,4−6.

[96]   Vgl. Mi 6,9−15 u. ö.

[97]   Vgl. Jes 1,10−17 u. ö.

[98]   Vgl. Jer 5,26−28; Am 2,6 u. ö.

[99]   So treten die Begriffe für gerecht (*saddīq*) und arm (*äbjōn*) bei Amos sogar als Parallelismus membrorum auf. Vgl. Am 2,6; 5,12.

[100] Vgl. SEGBERS (2002), S. 96.

[101] Vgl. Ex 22,20−26; 23,9.

[102] BERGES/HOPPE (2009), S. 24.

[103] So z. B. die Anweisung, jedes dritte Jahr den Jahreszehnten der Ernte für Fremde, Witwen und Waisen einzubehalten (vgl. Dtn 14,28f; 26,12−15) oder die Maßnahmen im Bereich der Geldwirtschaft (vgl. Dtn 15,1−18; 24,10−15).

[104] Ders. (2009), S. 26. Vgl. die sozialrechtlichen Bestimmungen in Lev 25.

[105] Vgl. Ders. (2009), S. 49.

Wort ergreifen, im festen Glauben, dass Gott besonders ihnen nahe steht.[106] Zudem wird in den Psalmen deutlich, dass Armut über materielle Armut hinausgeht und immer wieder auch andere Formen von Not oder Anfeindungen einschließen kann.

Die bereits im Alten Testament deutlich hervortretende „Option für die Armen"[107] setzt sich schließlich in den Texten des Neuen Testaments fort. Auch hier wird absolute Armut[108] häufig mit weiteren Nöten, wie zum Beispiel Krankheit, Hunger oder mangelnde Bekleidung,[109] in Verbindung gebracht. Gerade im Handeln und der Verkündigung Jesu, die an diese Menschen gerichtet sind,[110] zeigt sich aber auch eine Radikalisierung der Arm-Reich-Thematik, wie beispielsweise in der Seligpreisung der Armen.[111] Damit stehen Jesus selbst, seine Aussagen sowie auch seine Anhänger und Adressaten im Gegensatz zu den Reichen. Ihr Reichtum ist häufig nicht nur materiell sichtbar, sondern macht sich auch in einer gesellschaftlich gehobenen Stellung, verbunden mit Einfluss und Macht, bemerkbar. Dementsprechend wird in den neutestamentlichen Texten immer wieder übermäßiges Bezogensein auf Reichtum kritisiert,[112] vor seiner korrumpierenden Macht gewarnt[113] und gleichzeitig die positive Bedeutung des Gebens[114] betont. Diese Kritik des Reichtums ist jedoch nicht als reine Gesellschafts- und Sozialkritik zu verstehen, sondern ihr kommt immer auch eine theologische Dimension zu. Diese wird beispielsweise in Jesu Forderung nach einer klaren Entscheidung zwischen Gott und dem Mammon zum Ausdruck gebracht.[115] An anderer Stelle bezeichnet er Reichtum sogar als Hindernis, um in das Reich Gottes zu gelangen.[116]

2.1.3.2 Impulse

Im Anschluss an diese Aspekte lässt sich festhalten, dass Reichtum für die biblischen Texte nicht grundlegend verwerflich ist, sondern sogar als Segen

---

[106] So z. B. Ps 9; 10; 12; 14 u. ö.

[107] Dieser Ausdruck wurde v. a. von der Befreiungstheologie als biblischer Grundzug hervorgehoben und betont, dass die Rechte und Bedürfnisse der Armen Priorität haben müssen. Dabei wird nicht nur an konkrete Hilfsmaßnahmen gedacht, sondern vielmehr soll die Perspektive der Armen als kritisches Korrektiv für alle sozialen und politischen Entscheidungen dienen. Vgl. LOHFINK (1985). Von den Kirchen wurde die Option für die Armen erstmals offiziell gefordert in EKD/ÖRK (1997), S. 136, Nr. 105. Vgl. dazu auch 2.4.4.

[108] Das NT differenziert zwar terminologisch zwischen absoluter und relativer Armut, beschreibt den Zustand der Armut aber in der Regel mit dem Adjektiv *ptōchós* und meint damit die Situation absolut armer Menschen. (Vgl. STEGEMANN (1998).)

[109] Vgl. Mt 11,5; Lk 6,21; Offb 3,17.

[110] Vgl. Mk 10,46−52; Lk 6,20.

[111] Vgl. Lk 6,20. Dies entspricht vermutlich Jesu eigener Armutserfahrung während seiner Zeit als Wanderprediger (vgl. Mk 2,23−28; 11,12−14).

[112] Vgl. 1 Kor 5,11; 6,10; Eph 4,19; 5,5.

[113] Vgl. Jak 1,9−11.

[114] Vgl. Mk 12,41−44.

[115] Vgl. Mt 6,19−21.24.

[116] Vgl. Mk 10,24f.

verstanden werden kann, sofern er rechtmäßig erworben wurde und karitativer Verwendung dient. Diese beiden Bedingungen sind umso bedeutsamer, als die Geschichte Israels von der rettenden Erfahrung der Befreiung aus der ägyptischen Gefangenschaft durch JHWH und der daran anknüpfenden gemeinschaftsbezogenen Gerechtigkeit geprägt ist. Auffällig ist, dass diese Form der Gerechtigkeit nicht teleologisch gefasst ist, in dem Sinn, dass sie mehr Teilhabe oder mehr Chancengleichheit etc. fordert,[117] sondern sich reflexiv am Ursprung orientiert. Die gemeinschaftsbezogene Gerechtigkeit ist rückgebunden an die Gerechtigkeit Gottes, also seine Bundestreue zum Volk Israel beziehungsweise in Jesus Christus zu allen Menschen, und ist als Konsequenz dessen von der Gemeinschaftstreue aller zueinander geprägt. So wird die durch die Realität begründete Einsicht, dass es immer relative, aber auch absolute Armut in dieser Welt geben wird, in den biblischen Texten nicht schöngeredet. Vielmehr macht gerade die Sozialkritik Jesu und der Propheten die Forderung solcher Gerechtigkeit deutlich. Armut muss immer wieder benannt und aufgezeigt werden, damit schließlich durch die Verbundenheit aller zueinander und im Rahmen der Verantwortungsübernahme jedes Einzelnen in konkreten Maßnahmen mehr Gerechtigkeit entstehen kann. Darin drückt sich nicht zuletzt wieder die Tatsache aus, dass der Mensch als Geschöpf Gottes auf die Kooperation mit anderen verwiesen ist.

Gerade Unternehmen, die als Eigentümer[118] von verschiedenen Finanz- und Produktionsmitteln zu „den Reichen" zählen,[119] müssen demzufolge auf ihre Verantwortung für „die Armen" ansprechbar sein und für eine biblisch begründete gemeinschaftsbezogene Gerechtigkeit eintreten. Dafür ist es unerlässlich, dass sie die mit ihrem Reichtum einhergehende Macht verantwortungsbewusst einsetzen, um nicht Formen einer modernen Schuldknechtschaft zu etablieren. Wer die Option für die Armen ernst nimmt, sieht in ihren Bedürfnissen ein stets gültiges Handlungskorrektiv und gestaltet seine wirtschaftlichen Ziele und unternehmensinternen Strukturen so, dass die Rechte der Ärmsten, seien es Mitarbeiter im Niedriglohnsektor oder in ausländischen Produktionsstätten, geachtet werden. Innerbetriebliche Strukturen und Entscheidungen dürfen nicht dazu beitragen, dass Armut erhalten oder gar verschärft wird. Vielmehr müssen sie in Bezug auf die Gemeinschaft innerhalb des Unternehmens wie auch die gesellschaftliche Gesamtsituation stets zu mehr Gerechtigkeit beitragen.[120] Darüber hinaus bieten Projekte im Bereich der Corporate Social Responsibility [121] Betrieben die Möglichkeit, akute Ar-

---

[117] Vgl. dazu die Aussagen der Denkschrift *Gerechte Teilhabe* in 2.4.2.

[118] Zu den biblischen Aussagen über Eigentum vgl. 2.1.4.

[119] Dies gilt natürlich nur, insofern Unternehmen nicht insolvent sind.

[120] H. G. ULRICH verweist in diesem Zusammenhang u. a. auf den Begriff der Fairness-Gerechtigkeit, die stets den größtmöglichen Vorteil für den Schwächeren im Blick hat und damit auch für den wirtschaftlichen Bereich eine Bedeutung hat. (Vgl. ULRICH (2010b), S. 184.) Zur Fairness-Gerechtigkeit vgl. auch 4.2.3.

[121] Corporate Social Responsibility (CSR) umfasst alle freiwilligen und über die Einhaltung gesetzlicher Vorschriften hinausgehenden Initiativen und Beiträge, die Unternehmen in ihrem gesellschaftlichen Umfeld leisten. Da der CSR insgesamt kein einheitliches Konzept zugrunde liegt, sondern sie vielmehr eine Vielzahl von Maßnahmen

mut in der Gesellschaft zu lindern.[122] Gerade die weisheitlichen Texte des Alten Testaments, die Armut mit fehlender Weisheit verbinden und sie als selbstverschuldet verstehen, können zudem Anstoß geben, die Aus- und Weiterbildungsangebote eines Unternehmens zu überdenken und hierin gegebenenfalls verstärkt zu investieren. Außerdem implizieren diese Texte den Hinweis, dass mit Armut häufig ein Mangel an grundlegender Lebens-Weisheit verbunden ist, also ein Fehlen umfassender Bildung, die zum selbstständigen und eigenverantwortlichen Leben innerhalb des gegebenen Gesellschaftsgefüges befähigt. Bei alledem darf aber nicht vergessen werden, dass Arme keine Objekte sind, sondern unabhängig von ihrer finanziellen Stellung Mitgeschöpfe. Um ähnlich wie im Psalter selbst zu Wort kommen zu können, brauchen sie Raum und Möglichkeit dazu; dies gilt gesamtgesellschaftlich wie innerbetrieblich.

Zur Bekämpfung beziehungsweise Eindämmung von Armut sind, wie in den biblischen Aussagen deutlich wird, grundsätzlich vielfältige Maßnahmen notwendig. Armut meint in der Regel nicht nur materielle Armut, sondern schließt auch andere Formen von Not und Anfeindung mit ein. Umso wichtiger ist es deshalb für Unternehmen, die im Rahmen eines christlichen Ethos des geschöpflichen Lebens agieren wollen, sich mit dieser Vielfalt auseinanderzusetzen und wie im Deuteronomium oder Heiligkeitsgesetz entsprechende Programme gegen akute und strukturelle Armut zu entwickeln, denn „[s]oziale Verantwotung für die Armen gehört von Anfang an zur Identität christl[ichen] Glaubens".[123]

2.1.4   Eigentum

2.1.4.1   Biblische Aussagen

Eng verbunden mit der Problematik von Armut und Reichtum ist die Frage nach dem Eigentum, die von den biblischen Texten häufig implizit beantwortet wird.[124] So weist das Alte Testament keinen eigenen Begriff für Eigentum auf, sondern „die [h]ebräische[n] Worte für Eigentum, Besitz bezeichnen sowohl die Art der Aneignung als auch die Beziehung zwischen Besitzer und Besitz mit".[125] Vielfach handeln die Textstellen nach der Sesshaftwerdung

---

umfasst, kann sie sowohl als Wohltätigkeitszweck, als Instrument der Gewinnmaximierung oder als Möglichkeit der Nicht-Schädigungsverantwortung verstanden werden.

In jüngster Zeit ist eine große Zahl an Literatur zu diesem Thema erschienen. Für ausführliche Informationen vgl. deshalb z. B. IDOWU (2011) oder RAUPP (2011).

[122] SEDLÁČEK weist darauf hin, dass das Hauptmerkmal von Gaben darin besteht, dass sie analog zu anderen wichtigen Dingen im Leben (z. B. Liebe, Freundschaft etc.) nicht gekauft werden (können); sie haben keinen Preis. (Vgl. SEDLÁČEK (2012), S. 176.) Im Anschluss an diesen Hinweis kann deshalb explizit die Frage gestellt werden, wie sich Unternehmen durch bestimmte Gaben, also auch *ohne* monetäre Gegenleistung, in die Gesellschaft einbringen könnten.

[123] STEGEMANN (1998), Sp. 780. Vgl. Mt 25,31–46; Jak 2,14–17.

[124] Ausführlich wird das Thema Eigentum beispielsweise bei HORST (1961a), KÜMMEL (1965a) oder SCHWEIKER/MATHEWES (2004) (insbes. Teil I) behandelt.

[125] EBACH (1982), S. 405.

Israels von Aneignung, Übereignung und Besitz von Land, das dem Lebensunterhalt der Familie und der Sippe dient. Dementsprechend ist die mit dem
Eigentum einhergehende soziale Verpflichtung im israelitischen Recht ebenso
verankert wie der Schutz des Eigentums vor Übergriffen durch Außenstehen-
de. Zu den zentralen Textstellen gehören neben den verschiedenen Bestimmungen zum Eigentumsrecht im Bundesbuch,[126] im Heiligkeitsgesetz[127] oder
in erzählenden Passagen[128], die Formulierungen der beiden Dekalogfassungen
im zweiten und fünften Mosebuch. Während sich das siebte Gebot, „Du sollst
nicht stehlen."[129], vermutlich ursprünglich auf den Diebstahl von Menschen
bezogen hat, zielt gerade das Verbot des Begehrens[130] am Ende des Dekalogs
darauf, geplante Übergriffe auf Eigentum zu verhindern.[131] Wo Eigentum,
das eigentlich als Folge von redlicher Arbeit und Zeichen des Segens JHWHs
gilt, unrechtmäßig erworben oder angehäuft wird, wird es insbesondere von
den Propheten stark kritisiert.[132] Auch darin wird die soziale Verpflichtung
und Verantwortung, die laut alttestamentlichem Verständnis mit Eigentum
einhergeht, deutlich.

Das Neue Testament hebt an einigen Stellen ebenfalls dieses positive Verständnis von Eigentum und seine Nützlichkeit hervor.[133] Daneben finden
sich aber auch abwertende Aussagen, die Eigentum als Götze[134] oder als
hinderlich für die Nachfolge Jesu Christi verstehen, beziehungsweise als etwas, das für diese Nachfolge aufgegeben werden muss.[135] Damit kritisieren
sie nicht nur den Besitz von Eigentum, sondern implizieren darin gleichzeitig
eine theologische Dimension. Schließlich gibt es einige Texte, die den Besitz
von Eigentum in ihren Äußerungen weder positiv noch negativ bewerten.[136]

2.1.4.2 Impulse

Ähnlich wie bereits bei der Arm-Reich-Thematik kann auch hier festgehalten
werden, dass Eigentum an sich aus biblischer Sicht nicht verwerflich ist, so-

---

[126] So z. B. das Gesetz zur Schuldknechtschaft gleich zu Beginn in Ex 21,2–11.
[127] So z. B. die mit dem sog. Jobeljahr verbundenen Restitutionsbestimmungen. Allerdings ist davon auszugehen, dass das Jobeljahr niemals praktiziert worden war. Vgl.
u. a. FRICK (1999), Sp. 1145.
[128] Vgl. z. B. Natans Erzählung (2 Sam 12,1ff.), die Erzählung von Nabots Weinberg (1
Kö 21) oder das Buch Rut.
[129] Ex 20,15; Dtn 5,19. Übersetzung und Zählung nach LUTHER.
[130] Vgl. Ex 20,17; Dtn 5,21. Zu beachten ist in diesem Zusammenhang: „Obwohl Ehefrauen, gemeinsam mit Kindern, Sklaven und Vieh, zur Habe eines Mannes gerechnet wurden (...), verstand man doch weder Ehefrauen noch Kinder als E[igentum]."
(Ders. (1999), Sp. 1146.)
[131] Vgl. EBACH (1982), S. 406 u. a.
[132] Vgl. die Aussagen zum Reichtum in 2.1.3.
[133] So wird von der Unterstützung der urchristlichen Bewegung durch das Eigentum
Einzelner (vgl. Lk 8,3; Mk 6,7–13 par) und von funktionierender Gütergemeinschaft
(vgl. Apg 2,44f; 4,32–35) berichtet.
[134] Vgl. Mt 6,24 par.
[135] Vgl. Mt 4,18–22 par; Mk 10,28; Lk 9,57f u. ö. Vgl. in diesem Zusammenhang auch
die Aussagen zum Reichtum in 2.1.3.
[136] Vgl. Mt 5,40–42; Phil 4,10–13 u. ö.

lange das Eigentum ordentlich angeeignet wurde und mit ihm entsprechend umgegangen wird. Dies umfasst den rechtmäßigen Erwerb genauso wie die Erfüllung der mit dem Eigentum einhergehenden Verpflichtungen.

Für Unternehmen bedeutet dies einerseits, dass sie sich über die rechtmäßige[137] Herkunft sowie die Art und Weise des Erwerbs ihrer Produktionsmittel Gedanken machen müssen, und zwar nicht nur bezogen auf ihr Eigentum innerhalb Deutschlands, sondern als Global Player auch international. Allerdings sollte die Vermehrung von Eigentum nicht zum obersten oder alleinigen Ziel unternehmerischen Handelns werden. Dies würde einem Götzendienst gleichkommen.

Vielmehr ist der sorgsame Umgang mit vorhandenem Eigentum zu bedenken. Hierbei muss insbesondere die biblisch betonte Nützlichkeit für die Gemeinschaft berücksichtigt werden. Im Sinne einer christlichen Ethik der Geschöpflichkeit drückt Eigentum das aus, was jemandem anvertraut ist, woraus jedoch alle gemeinsam leben, und meint nicht Ermächtigung zu willkürlicher Freiheit. Somit kann der Umgang mit Eigentum aus biblischer Sicht nur dann positiv bewertet werden, wenn es dem gemeinsam Leben aller dient. Er muss im Unternehmensalltag immer wieder neu in diesem Sinne erprobt werden, will er einem christlichen Ethos entsprechen.

2.1.5 Freiheit von Sorge und Übermacht des Ökonomischen

2.1.5.1 Biblische Aussagen

Als letzter biblischer Impuls sei die Freiheit von Sorge und der Übermacht des Ökonomischen aufgegriffen, die weiter oben bei der Geschöpflichkeit des Menschen bereits implizit angesprochen wurde.[138] Eine Unternehmensethik geschöpflichen Lebens wird nämlich nicht umhinkommen, sich mit der Relativität des Ökonomischen in Bezug auf die Bedingungen und Ziele der Gesamtexistenz des Menschen, wie sie in den biblischen Texten vorkommt, auseinanderzusetzen.[139] Im Alten Testament findet sich der Freiheitsbegriff allgemein nur selten und wenn, dann vor allem als Freiheit von Schuldenhaft oder im Zusammenhang des Sklavenrechts und der Befreiung Israels aus der Sklaverei durch JHWH. Freiheit als individuelle Handlungsfreiheit findet erst in nachexilischer Zeit Eingang in die Texte.[140] Gerade die deuteronomistische Handlungsethik geht davon aus, dass der Mensch eine Wahlmöglichkeit zwischen Gut und Böse besitzt.[141] Bei Jesus Sirach wird dann erstmals auf die

---

[137] „Rechtmäßig" kann hier verstanden werden als legal, kann aber auch darüber hinausgehen im Sinne von „moralisch rechtmäßig". Gerade bei global operierenden Unternehmen ist außerdem zu fragen, in welchem Land sie bei ihren Interaktionen den entsprechenden Gesetzen unterliegen.

[138] Zum Aspekt der Geschöpflichkeit vgl. 2.1.1.

[139] Vgl. ULRICH (2010b) oder auch HERMS (2008a), insbes. S. 150–153.

[140] Vgl. KAISER (2000).

[141] Vgl. z. B. Dtn 30.

Entscheidungsfreiheit und damit auch auf die Verantwortung eingegangen, die Gott dem Menschen bei der Schöpfung zugedacht hat.[142]

Eine dezidierte Auseinandersetzung mit eben dieser Entscheidungs- und Handlungsfreiheit des Menschen begegnet schließlich durch den Einfluss hellenistischer Gedanken zu neutestamentlicher Zeit. „Mit dem Stichwort F[reiheit] verbinden sich in der Antike zahlreiche polit[ische], soziale, rel[igiöse] und weltanschauliche Hoffnungen und Ideale, die sowohl Gestalt wie Rezeption der universal ausgerichteten christl[ichen] Freiheitsverkündigung erheblich bestimmen."[143] So bezeugt die synoptische Jesustradition eine Vielzahl von existenziellen Freiheitserfahrungen, wie beispielsweise Heilungen, Exorzismen oder die vorbehaltlose Tischgemeinschaft Jesu mit Zöllnern und Prostituierten. Paulus rückt schließlich in verschiedener Hinsicht den Freiheitsbegriff in den Mittelpunkt seiner Ausführungen und macht insbesondere im Brief an die Galater[144] und Römer[145] die Bedeutung von Freiheit als umfassend neues Sein der Gläubigen deutlich, das sich in Tod und Auferstehung Jesu Christi begründet. Eine solche existenzial-grundlegende Freiheitsidee spiegelt sich auch in den Aussagen zum alltäglichen Lebenserhalt des Menschen, seinem Wirtschaften dafür und seiner Sorge darum wider. Insbesondere der Jakobusbrief bringt die Relativierung dieses Wirtschaftens drastisch zum Ausdruck: „Und nun ihr, die ihr sagt: Heute oder morgen wollen wir in die oder die Stadt gehen und wollen ein Jahr dort zubringen und Handel treiben und Gewinn machen — und wisst nicht, was morgen sein wird." Statt dessen wird Gott in den Mittelpunkt gerückt, und der Mensch soll sagen: „Wenn der Herr will, werden wir leben und dies oder das tun."[146] Ähnliche Aussagen, die die wirtschaftlichen Interaktionen zum Lebenserhalt des Menschen relativieren und gleichzeitig den Menschen in seiner Existenz auf Gott verweisen, finden sich nicht nur in der Versuchungsgeschichte[147] oder im Zusammenhang mit der Aufforderung zur Nachfolge[148]. Insbesondere im Gleichnis vom reichen Kornbauern[149] und in der Bergpredigt mit ihren Ausführungen zum Schätzesammeln und Sorgen wird dies deutlich betont.[150] Zudem wird darauf hingewiesen, „daß gerade die wirtschaftliche Interaktion und der wirtschaftliche Gewinn in der besonderen Gefahr steht, sich fälschlich zur Hauptsache des Lebens aufzuspreizen"[151]. Demgegenüber heben diese Texte die Exklusivität des Lebensbezugs hervor: Der Mensch kann in seinem Leben nur einem Herrn

---

[142]   Vgl. Sir 15,11—20.
[143]   VOLLENWEIDER (2000), Sp. 306.
[144]   Vgl. Gal 4f.
[145]   Vgl. Röm 8,1—11.
[146]   Jak 4,13—16*. Übersetzung nach LUTHER.
[147]   Vgl. Mt 4,4 unter Verweis auf Dtn 8,3.
[148]   Vgl. Mt 16,26.
[149]   Vgl. Lk 12,13—21.
[150]   Vgl. Mt 6,19—33. Hier weist Jesus explizit darauf hin: „Sorgt nicht um euer Leben, was ihr essen und trinken werdet; auch nicht um euren Leib, was ihr anziehen werdet. (...) Trachtet zuerst nach dem Reich Gottes und nach seiner Gerechtigkeit, so wird euch das alles zufallen ... ."
[151]   HERMS (2008a), S. 151. Vgl. Mt 19,23f.

dienen, nämlich Gott, dem Ursprung seines menschlichen Daseins, und nicht dem Mammon.[152]

2.1.5.2 Impulse

Gerade die neutestamentlichen Aussagen rufen den Menschen also zur Freiheit von Sorge und der Übermacht des Ökonomischen auf. Darüber hinaus erinnern sie aber auch und zuallererst an seine schon im Alten Testament betonte Geschöpflichkeit und die darin begründete Lebensausrichtung auf Gott hin. Ihm kommt als Schöpfer oberste Priorität im Leben zu. Aufgrund dieses geschöpflichen Ethos ist der Stellenwert der wirtschaftlichen Interaktionen von Unternehmen, also deren Maß und Ziel sowie die Gestalt ihrer Ordnung, zu relativieren.

So darf die Erfüllung betriebswirtschaftlicher Vorgaben, seien es angestrebte Verkaufszahlen, Gewinne oder andere ökonomische Vorsätze, nicht zum obersten Ziel menschlichen Lebens werden. Vielmehr bleiben ihr Maß und Ziel stets bezogen auf die Erprobung der geschöpflichen Existenz des Menschen. Gerade auch die Bergpredigt mahnt zu einer angemessenen Verhältnisbestimmung von ökonomischen Interaktionen und Dasein als Geschöpf Gottes. Sie unterstreicht die bereits weiter oben genannte Forderung nach einer „Ökonomie des Genug"[153] und macht deutlich, dass es Gott ist, der zum Leben einlädt. Die menschliche Existenz gründet sich also letztlich nicht in irgendwelchen selbstgeschaffenen Lebensbedingungen und darf auch nicht allein auf ihr Produktionsvermögen reduziert werden. Betriebliches Handeln stellt lediglich einen Ausdruck menschlichen Lebensvollzugs neben anderen dar. Deutlich wird dies nicht zuletzt daran, dass es „Güter" gibt, die über das hinausgehen, was betriebliches Wirtschaften zu leisten vermag. So können und dürfen beispielsweise Hoffnung oder Liebe nicht als ökonomisch machbar suggeriert werden.

In alledem wird deutlich, dass dem Menschen laut biblischem Zeugnis eine Freiheit zukommt, die unabhängig vom betrieblichen Handeln und seinem Einfluss auf die menschliche Lebensgestaltung ist. Diese Freiheit ist dem Menschen mit seiner Geschöpflichkeit gegeben und befreit ihn von seiner Sorge *um* das Leben. Wo Menschen dennoch das Gefühl haben, in ihrer gesamten Existenz von der Arbeitswelt bestimmt zu werden, dürfen sie immer wieder an ihre geschöpfliche Freiheit erinnert werden. Betriebe haben ebenso auf diese Grenze zu achten.

Allerdings darf die biblisch geforderte Freiheit von der Sorge und Übermacht des Ökonomischen nicht missverstanden werden als Aufruf zur beruflichen und ökonomischen Untätigkeit, schließlich wird wirtschaftliches Handeln in der Bibel nicht grundlegend abgelehnt. Vielmehr kommt unternehmerischem Wirtschaften immer auch die Aufgabe zu, dazu beizutragen, dass niemand in Sorge *für* die dem Leben eigene Bedürftigkeit sein muss.[154] Auch

---

[152] Vgl. Mt 6,24.
[153] Vgl. 2.1.1 in Anschluss an SEGBERS (2004), S. 35.
[154] So auch ULRICH (2010b), insbes. S. 191.

dies stellt für den einzelnen Menschen eine Form von sorgenfreiem Leben dar.
So müssen sich also alle an unternehmerischem Handeln beteiligten Akteure
immer wieder beide Aspekte in Erinnerung rufen, wollen sie im Rahmen einer
Ethik geschöpflichen Lebens bleiben.

2.2 Martin Luther und die Rezeption seiner wirtschaftsethischen Aussagen

2.2.1 Luther als ökonomischer Gesprächspartner

Die mittelalterliche Reformation bringt als theologisch-kirchliche Reformbe-
wegung auch vielfältige politisch-soziale Umwälzungen mit sich, und so gibt es
wohl kaum ein Thema, zu dem der Reformator Martin LUTHER als Theologe,
Seelsorger und Ratgeber nicht um eine Stellungnahme gebeten wurde. Er ist
nicht nur für die theologischen, sondern auch für die ethischen Probleme und
Fragestellungen seiner Zeit ein wichtiger Gesprächspartner. Seine ethischen
Ausführungen, auch die zur Ökonomie, bleiben dabei stets untrennbar mit
seiner Theologie verbunden, sind also „nichts anderes als Beispielsammlungen
für den evangelischen Neuansatz seiner Theologie"[155] und keine eigenständige
Disziplin.

Die wirtschaftsethischen Aussagen LUTHERs werden in den darauffolgenden Jahrhunderten in unterschiedlichen Ansätzen der Forschung aufgenommen. So greifen im 19. Jahrhundert nicht nur Gustav SCHMOLLER oder Wilhelm ROSCHER auf LUTHER zurück, sondern auch Karl MARX, Max WEBER
oder Ernst TROELTSCH nehmen auf ihn Bezug.[156] In neuerer Zeit setzten sich
vor allem Hans-Jürgen PRIEN und Andreas PAWLAS mit den wirtschaftsethischen Überlegungen des Reformators auseinander. Letztere stimmen in ihren
Ergebnissen weitgehend überein und sollen im Folgenden aus Aktualitäts-
gründen besondere Beachtung finden.[157]

Die Relevanz LUTHERS als Gesprächspartner für ökonomische Fragestellungen scheint also nach wie vor gegeben zu sein — wenn auch unter Berücksichtigung des historischen Abstands. Dieser darf jedoch nicht als Argument
gegen einen Beitrag LUTHERS zu aktuellen unternehmensethischen Fragen
verwendet werden. Vielmehr müssen die konkreten inhaltlichen Ratschläge
LUTHERS im Verhältnis zu ihren damaligen ökonomischen Verhältnissen geprüft werden. Doch seine Überlegungen sowie die daran anschließende lutherische Tradition können als geprägtes Ethos, „as a lens through which we can
see the contours of human life in different cultural contexts and historical

---

[155] THIELICKE (1951), S. 31f. (Nr. 88f.). Vgl. auch WEBER (1962), Sp. 1742.
[156] Ein umfassender Überblick über die Forschung findet sich z. B. bei PRIEN (1992),
    S. 13—24. Auf die Theorien des 19. Jh.s geht v. a. FISCHER (2010) ausführlich ein.
[157] Darüber hinaus hat Theodor STROHM den Versuch einer Darstellung der Sozialethik
    LUTHERs unternommen (vgl. STROHM (1983)), und Joachim FISCHER setzt sich mit
    der Rezeption LUTHERs in der deutschsprachigen Nationalökonomie seit dem 19. Jahr-
    hundert unter dem Aspekt des Grenznutzens auseinander (vgl. FISCHER (2010).)

situations"[158], verstanden werden. Die Aussagen des Reformators stellen also nach wie vor einen zentralen Bestandteil protestantischer Ethik dar, die versucht, „zu erproben, zu erkunden und mitzuteilen, was es heißt, Geschöpf zu sein"[159], wenn auch in einem anderen Jahrhundert. Sie dürfen deshalb als wichtiger Anhaltspunkt bei dem Versuch, die Lebenswirklichkeit im Unternehmenskontext als geschöpfliche kenntlich werden zu lassen, nicht unberücksichtigt bleiben.

2.2.2 Luthers ökonomisches Umfeld

Die historische Situation, in der LUTHER lebt und in die hinein er seine Aussagen trifft, ist vor allem von zwei Kennzeichen geprägt: einer allgemeinen gesellschaftlichen Umbruchsituation und dem Einsetzen des Frühkapitalismus.[160]

Ab der Zeit um 1500 kommt es in Europa zu verschiedenen gesellschaftlichen Veränderungen, die von der Festigung des Territiorialstaates, der Ausbildung des Welthandels durch die Entdeckung Amerikas durch COLUMBUS bei gleichzeitiger Krise des Geld- und Währungssystems geprägt ist. Urbaner und ländlicher Raum sind häufig noch ungetrennt, so dass viele Menschen in Ackerbürgerstädten leben. Wirtschaftlich sind vor allem das Verlagswesen mit seiner dezentralen Produktion sowie die in Manufakturen zentralisierte handwerkliche Produktion von Bedeutung.

Zeitgleich erlangen mit dem Aufkommen des Frühkapitalismus die großen Handelsgesellschaften und Bergbauunternehmen große Relevanz, die nicht selten auf deren Monopolgewinnung und Kartellabsprachen beruht. Weitere Merkmale des neuen Wirtschaftssystems sind die wachsende Technisierung sowie ein neuer wirtschaftlicher Geist, bei dem die Maximierung des Profits im Mittelpunkt steht und Arbeit und Kapital immer mehr voneinander getrennt werden. Geld ist also nicht mehr nur Tauschmittel, sondern erlangt zunehmend einen eigenständigen Wert.

Dass LUTHER diese wirtschaftlichen Umbrüche und Neuerungen in ihrer gesamten Komplexität erfasst hat beziehungsweise als Zeitzeuge erfassen konnte, erscheint unwahrscheinlich,[161] zumal er „ein durch und durch städtisch geprägter Mensch"[162] war mit nur sehr begrenztem Zugang zum Bauerntum. Seine wirtschaftlichen Überlegungen sind vermutlich in erster Linie durch den Aufstieg seines Vaters vom Bergbauern zum Hüttenmeister, seine Freundschaft zur wohlhabenden und ebenfalls im Bergbau tätigen Familie

---

[158] ULRICH (2005), S. 28.

[159] ULRICH (2007), S. 41.

[160] Eine ausführliche Darstellung der Situation unter besonderer Berücksichtigung der wirtschaftlichen Gesichtspunkte findet sich bei PRIEN (1992), S. 31ff. Einen allgemeingeschichtlichen Überblick der Situation der Reformationszeit geben z. B. MOELLER (1999) oder BOOCKMANN (2007).

[161] Darauf, dass „seine Situationsanalyse nicht ausreichend ist", weist z. B. auch PRIEN (1992), S. 213 hin.

[162] PRIEN (2004), S. 48.

REINICKE sowie die umfangreichen wirtschaftlichen Geschäfte seiner Frau Katharina beeinflusst.

2.2.3 Luthers wirtschaftsethischer Ansatz

LUTHER hält seine wirtschaftsethischen Gedanken und Standpunkte im Rahmen verschiedener Schriften fest, wie der folgende kurze Überblick zeigt.[163] Bevor auf diese jedoch näher eingegangen werden kann, sind zuerst noch ihre zentralen theologischen Bezugspunkte zu skizzieren. Erst auf diesem Hintergrund lassen sich die für eine Unternehmensethik relevanten Aspekte von LUTHERs wirtschaftsethischem Ansatz, sein Verständnis von Arbeit, Handel und Geld, darstellen und richtig einordnen. Zuletzt sollen die davon ausgehenden Impulse für eine aktuelle Unternehmensethik im Sinne einer Ethik geschöpflichen Lebens erörtert werden.

2.2.3.1 *Kurzübersicht der wirtschaftsethisch relevanten Texte*

LUTHER setzt sich im Rahmen seiner sozio-ökonomischen Überlegungen vor allem mit der Zins- und Wucherthematik auseinander und hält diese in eigens dazu verfassten Schriften fest.[164] Zudem finden sich auch in vielen seiner sonstigen Texte, Tischreden oder Predigten immer wieder Aussagen, die dem wirtschaftsethischen Kontext zugeordnet werden können.[165]

Die erste ausführliche Stellungnahme des Reformators zum Zinsproblem findet sich als Reaktion auf Missernten in der Landwirtschaft sowie in Folge einer Diskussion über die wirtschaftsethischen Normen des Kanonischen Rechts[166] im *Kleinen Sermon vom Wucher* aus dem Jahr 1519.[167] Bereits im

---

[163] Eine explizite Differenzierung in wirtschafts-, unternehmens- und individualethische Fragen findet sich bei LUTHER noch nicht, da es zu seiner Zeit noch keine Trennung von privatem und öffentlichem Bereich gibt (vgl. PRIEN (1992), S. 28). Deshalb wird im Folgenden allgemein von seinen wirtschaftsethischen Überlegungen gesprochen, die beiden anderen Aspekte jedoch immer mit eingeschlossen. Zur Unterscheidung von Wirtschafts- Unternehmens- und Individualethik allgemein vgl. oben 1.2.

[164] Die im Folgenden genannten Texte führen sowohl PAWLAS als auch PRIEN an (vgl. insbes. PAWLAS (1994), S. 287, Anm. 31 oder PRIEN (1992), S. 69ff). Letzterer bietet auch einige historische Hintergrundinformationen zu den Schriften und verweist zudem darauf, dass LUTHER in seiner Schrift *An den Christlichen Adel Deutscher Nation von des Christlichen Standes Besserung* (1520) den Kleiderluxus und den Zinskauf als Quelle der Verarmung kritisiert (vgl. WA 6, 465ff.).

Im Folgenden wird zitiert nach der Weimarer Ausgabe der Schriften LUTHERs: WA = LUTHER (1883ff.); WA TR = LUTHER (1912ff.); WA BR = LUTHER (1930ff.). Zitate sind gegebenenfalls übersetzt.

[165] Auf sie wird später an entsprechender Stelle verwiesen, ohne die Schriften hier im Einzelnen zu nennen.

[166] Im Mittelalter war es durch die kirchliche Gesetzgebung als Wucher verboten, Geld zu einem festen Zinssatz zu verleihen. Diese Regelung des kanonischen Rechts wurde in der Spätscholastik aufgeweicht (vgl. BOOCKMANN (2007), S. 71—74). Luther hingegen kehrt zur rigorosen Ablehnung von Zinsgeschäften zurück, wie in 2.2.3.5 noch näher erläutert wird.

[167] Vgl. WA 6, 1—8.

nachfolgenden Jahr gibt er eine erweiterte Neuauflage, den *Großen Sermon vom Wucher*, heraus.[168] Zwei Jahre später äußert sich LUTHER unter Bezug auf das Gleichnis vom ungerechten Verwalter in Lukas 16 in seinem *Sermon von dem ungerechten Mammon* zur Antithese von Gott und Mammon.[169] Als Reaktion auf den durch den Prediger Jakob STRAUSS entfachten Streit zur Zinsfrage und die bis in den Reichstag wirkende Antimonopolbewegung verfasste der Reformator 1524 seine Stellungnahme *Von Kaufshandlung und Wucher*.[170] Ebenfalls um die Wucherthematik geht es schließlich in seiner Vermahnung *An die Pfarrherrn wider den Wucher zu predigen* (1539/40)[171], die sich in erster Linie an die Obrigkeit richtet und wirtschaftsethische Fragen ausdrücklich in den Kontext des kirchlichen Wächteramtes stellt.

2.2.3.2 Theologische Bezugspunkte

Wie bereits erwähnt, sind auch in den wirtschaftsethischen Texten „Evangelium und Ethik [bei LUTHER] untrennbar miteinander verbunden"[172]. Deshalb sollen im Folgenden die wichtigsten theologischen Bezugspunkte[173] für die wirtschaftsethischen Überlegungen des Reformators skizziert werden, ohne eine ausführlichere Darstellung seiner Theologie geben zu wollen.[174]

Die zentrale Frage LUTHERs nach dem gerechten Gott stellt auch den Ausgangspunkt für seine wirtschaftsethischen Überlegungen dar. Er setzt beim Verhältnis Gottes zu den Menschen, also der Zusage von Heil und Erlösung durch Jesus Christus, an und fragt erst davon ausgehend nach dem Handeln des Menschen als Antwort auf das Widerfahrnis der Rechtfertigung im rechten Glauben und betont die Freiheit von den Werken.[175] „Die ‚lex christi', d.h. der Glaube, legt die irdischen Rechtsordnungen neu aus und begründet sie ‚geistlich'. Richtschnur sind das Liebesgebot und die Goldene Regel[176], die sich dabei sowohl als eine Regel der Vernunft wie des Evangeliums erweist."[177] Der Wirtschaft kann demzufolge für LUTHER keine Eigengesetzlichkeit zukommen, sondern sie ist stets an die biblischen Maßstäbe wirtschaftlichen

---

[168]   Vgl. WA 6, 36—60.

[169]   Vgl. WA 10III, 273—292.

[170]   Vgl. WA 15, 293—332.

[171]   Vgl. WA 51, 331—424.

[172]   PRIEN (1992), S. 231.

[173]   Vgl. insbes. PAWLAS (2000), S. 85ff und PRIEN (1992), S. 141ff.

[174]   Zur Theologie LUTHERs vgl. in neuerer Zeit z. B. BARTH (2009) oder die Aufsätze in KORSCH (2010).

[175]   Als grundlegende Schrift hierfür gilt LUTHERs Sermon *Von den guten Werken* aus dem Jahr 1520, der den „Beginn der Verankerung seiner Ethik in der Rechtfertigungslehre" (PAWLAS (2000), S. 112ff; ähnlich auch PRIEN (1992), S. 26f) bezeichnet. Vgl. auch oben 1.1.

[176]   Vgl. Mt 7,12. Den Begriff „Goldene Regel" kennt und verwendet LUTHER allerdings nicht, da dieser erst seit dem 18. Jh. belegbar ist (vgl. SCHREY (1985), S. 575). Neu ist bei ihm, dass er die Goldene Regel „nicht, wie in der Tradition üblich, als geistliches Gesetz" auslegt, sondern „als Ausdruck des Naturrechts" (PRIEN (1992), S. 93).

[177]   STROHM (1983), S. 207. Vgl. PRIEN (1992), S. 84—96 und PAWLAS (2000), S. 110f.

Handelns gebunden.[178] Unter Rückgriff auf die Bergpredigt sieht LUTHER bereits in seinen beiden Sermonen vom Wucher die Liebespflicht[179] des christlichen Handels in drei Aspekten zusammengefasst: umsonst zu geben,[180] ohne Verzinsung zu leihen[181] und „mit frid faren lassen, was mit gewalt genommen wirt"[182]. Diese erweitert er an anderer Stelle um einen vierten Aspekt, nämlich die Empfehlung, beim Handeln immer „mit bargelt odder wahr mit wahr bezahlen".[183]

Entsprechend der untrennbaren Verbundenheit von Ethik und Evangelium ist LUTHERs Kritik an den wirtschaftlichen Praktiken und Missständen seiner Zeit „ohne seinen Sündenbegriff nicht zu verstehen"[184]. Zum einen mahnt er nicht die Missstände an sich als verwerflich an, sondern erkennt in ihnen stets die dahinterstehende Sünde. Daran wird deutlich, dass für ihn „die wirtschaftsethischen Fragen auch die eigene Seligkeit berühren".[185] Zum anderen kritisiert er gerade die Verhaftung des Menschen bei materiellen Gütern im Zuge seines eschatologischen Ansatzes als Zeichen der Endzeit. Dabei macht „das Geld niemand recht fröhlich, sondern macht einen viel mehr betrübt und voller Sorgen; denn es sind Dornen, so die Leute stechen, wie Christus den Reichthum nennet. Noch ist die Welt so thöricht, und will alle ihre Freude darinnen suchen."[186] Gerade dies verurteilt LUTHER, denn wo sich der Mensch mittels Geld oder anderer materieller Güter der wirklichen Unverfügbarkeit seiner Existenz zu entziehen versucht, unternimmt er damit den Versuch, sich auch der Verfügungsgewalt Gottes, seines Schöpfers, zu entheben. Von dieser Ursünde, die die menschliche Kreatürlichkeit verkennt und Gott leugnet, kann wiederum nur die Annahme der Erlösung durch Jesus Christus befreien.[187]

Die Aufforderung, gegen den kapitalistischen Geist in dieser Welt vorzugehen und dies konkret umzusetzen, basiert auf LUTHERs Zwei-Regimenten-Lehre.[188] Darin weist er der Obrigkeit als weltlichem Stand die Verantwortung zu, die wirtschaftlichen Strukturen und sozio-ökonomischen Probleme

---

178 Vgl. PRIEN (1992), S. 220. Allerdings weist PRIEN an anderer Stele darauf hin, dass LUTHER in den wirtschaftlichen „Usancen ein ‚sachliches Drittes', modern gesprochen Eigengesetzlichkeiten, erkennt, die sich ethisch unangreifbar zwischen die handelnden Personen schieben und auf die menschliche Gemeinschaft schädigend wirken." (Ders. (1992), S. 230.)

179 Prien geht davon aus, dass die Liebespflicht nach LUTHER unumschränkt für jeden Nächsten gilt (vgl. Ders. (1992), S. 218), wohingegen PAWLAS unter Verweis auf WA 15, 302 betont, dass „Luther mit diesem Ratschlag zum christlichen Leben (...) einen Warenaustausch und ein sich gegenseitig Helfen der christlichen Brüder vor Augen" (PAWLAS (1994), S. 292f.) hat.

180 Vgl. WA 6, 3.

181 Vgl. WA 6, 3.

182 WA 6, 51. Vgl. WA 6,3 und 51, 377f.

183 WA 15, 303. Diese vierte Weise wird ausschließlich bei PAWLAS erwähnt (vgl. Ders. (1994), S. 303), Prien nennt immer nur drei Grade (vgl. PRIEN (2004), S. 49).

184 Ders. (2004), S. 51.

185 PRIEN (1992), S. 222.

186 WA TR 3, 192 (3145c), 26. bis 31. Mai 1532.

187 Vgl. Ders. (1992), S. 220−222 und PRIEN (2004), S. 51.

188 Vgl. insbes. PRIEN (1992), S. 145−162 und PAWLAS (2000), S. 92−101.

wie Armut im Anschluss an die Bergpredigt gemäß dem allgemein einsichtigen Prinzip der Billigkeit zu regeln.[189] Dies umfasst sowohl den Schutz der Schwachen als auch marktregulierende Maßnahmen zur Sicherung des Lebensunterhalts sowie gesetzliche Regelungen.[190] Demgegenüber kommt der Kirche die Aufgabe des Wächteramts zu, das ausgehend vom ersten und siebten Gebot[191] sowie den Weisungen der Bergpredigt für die Befolgung ethischer Maßstäbe im Umgang mit den weltlichen Gütern einzutreten hat. „Das Predigtamt, das seine unvergleichbare Würde aus seiner Bezogenheit auf das ewige Leben erhält, trägt zugleich die Mitverantwortung dafür, daß das weltliche Regiment seinen spezifischen Auftrag von Gott für das zeitliche Leben im Vorletzten wahrnimmt."[192] Die Bedeutung des Wächteramts, gerade in Krisensituationen wirtschaftsethische Fragen von der Kanzel zu behandeln, macht LUTHER insbesondere in seiner Vermahnung an die Pfarrherren aus dem Jahr 1539/40 deutlich. Dabei dürfen grundsätzlich die biblischen Weisungen der Bergpredigt beziehungsweise des gesamten Evangeliums nicht einfach zu weltlichen Gesetzen werden, sondern gelten für alle Christen im Sinne des *usus theologicus legis*.[193]

2.2.3.3 Arbeit und Beruf

In seinen Aussagen zur Arbeit lehnt sich LUTHER stark an das biblische Verständnis an und würdigt den Menschen, „cooperator auf Erden zu sein, durch welchen Gott äußere Dinge, nämlich die creatio continua, sein weiterwirkendes Schöpfungswerk, ausführt und gegen die Wirksamkeit des Bösen verteidigt".[194] Die menschliche Arbeit wird von ihm also „als Tun im Dienste der Schöpfung qualifiziert (...)"[195] und weist dem Menschen damit eine besondere Würde zu. Der Reformator selbst spricht davon, dass Arbeit wie eine „Larve"[196] sei, unter der der verborgene Gott alles wirkt und dafür sorgt, dass der Mensch alles zum Leben Notwendige erhält, und versteht den Beruf

---

[189] Auch Karl HOMANN misst der weltlichen Obrigkeit, dem Staat, bei der Lösung ethischer Probleme eine besondere Bedeutung zu, allerdings ohne die Kirche als Wächter zu proklamieren. Vielmehr kommt es dem Staat als von den Bürgern selbstgewähltes Sicherungssystem institutioneller Form zu, über die Einführung und Einhaltung von Normen zu bestimmen. Vgl. 3.1.2.1.

[190] PRIEN weist in diesem Zusammenhang unter Verweis auf WA 51, 383 darauf hin, „dass Luthers sozioökonomische Vorstellungen auch gravierende Ungereimtheiten, Widersprüche oder sogar ethische Entgleisungen enthalten, so etwa die 1539 erhobene Forderung, die Obrigkeit möge arbeitsscheue Bettler kurzer Hand hängen lassen." (PRIEN (2004), S. 58.)

[191] Gemeint sind hier nach lutherischer Zählung die Selbstvorstellung JHWHs und das Gebot, nicht zu stehlen.

[192] STROHM (1983), S. 208.

[193] Vgl. PRIEN (2004), S. 53f. Der *usus theologicus legis* meint im Unterschied zum *usus civilis legis* das durch das gepredigte Wort der Schrift richtende Wirken des Gesetzes.

[194] STROHM (1983), S. 209. Ähnlich auch PRIEN (1992), S. 225.

[195] PRIEN (2004), S. 55.

[196] WA 31 I, 473, 7.

als göttliches Mandat.[197] So fasst er die theologische Dimensionen von Arbeit und Beruf wie folgt zusammen: „Zuerst hörest du, dass dir Gott durch die Arbeit die Nahrung und was dir mehr von Nöten durch seinen Segen geben will. Danach, dass er auch ein Wohlgefallen an deiner Arbeit habe und sie für ein angenehmes Opfer und einen herrlichen Gottesdienst annehmen und halten will, da es nicht schlechte Arbeit ist, sondern auch ein Gehorsam, nachdem er es befohlen und dich dazu berufen hat."[198]

Dementsprechend ist jeglicher Müßiggang für LUTHER Sünde wider Gottes Gebot, der dem Menschen Arbeit befohlen hat, und zugleich gegen den Nächsten.[199] Der Arbeit kommt damit neben ihrer theologischen Dimension auch eine besondere Bedeutung für den Dienst am Nächsten und für das Gemeinwesen zu.[200] Dies wird auch deutlich, wenn der Reformator unter Verweis auf die Maxime der Bergpredigt schreibt: „Bistu ein handwercks man, so findestu die Bibel gelegt inn deine werckstat, inn dein hand, inn dein hertz, die dich leret und fürpredigt wie du dem nehesten thun solt: Sihe nur an deinen hand zeug, deine nadel, finger hut, dein bierfas, deinen kram, deine Woge, ellen und mas, so liesestu diesen spruch darauff geschrieben, das du nirgend hin sehen kanst, da dirs nicht unter augen stosse, und kein ding so gering ist, damit du teglich umgehest, das dir solchs nicht on unterlas sage (...); Lieber, handele mit mir also gegen deinem nehesten, wie du woltest das dein nehester gegen dir handeln solt mit seinem gut."[201] Wie Hans-Jürgen PRIEN festhält, ist es die Dienstfunktion der Arbeit für das Gemeinwohl, die im Sinne des Reformators ihr vorrangiges Beurteilungskriterium darstellt.[202] Zudem kann sie in Bezug auf die Deckung des familiären Lebensunterhalts[203] und die „Gebundenheit an die Ökologie der Schöpfung Gottes"[204] bewertet werden, nicht jedoch nach Leistung oder Ertrag.

Dementsprechend bedeutet beruflicher Erfolg keine besondere Erwählung durch Gott, sondern vielmehr hängt das Gelingen der Arbeit stets von seinem Segen ab.[205] So muss der Mensch zwar beständig Sorgfalt[206], Treue[207] und

---

[197] Vgl. STROHM (1983), S. 209f. So übersetzt LUTHER beispielsweise in JesSir 11,20 und in 1 Kor. 7,20 den klerikal besetzten Begriff der *vocatio* mit dem allgemeinen Begriff des „beruff[s]" (vgl. WA 12, 178 und WA 10 I, 310, 22).

[198] WA 40 III, 281. Im Original lat.

[199] Vgl. WA 29, 442.

[200] So hält H. G. ULRICH fest: „Die Berufsethik ist die Entdeckung der Institutionalität menschlichen Sorgens." (ULRICH (2007), S. 382.)

[201] WA 32, 495f.

[202] Vgl. PRIEN (2004), S. 55. Entsprechend ordnet LUTHER die Berufe gemäß ihrem Dienstcharakter und schätzt deshalb die Bauern und Bergarbeiter entgegen der damals üblichen thomistischen Lehre am höchsten ein, gefolgt von den Handwerkern. (Vgl. STROHM (1983), S. 210.)

[203] Um die Bedarfsdeckung auch für Arme zu ermöglichen, empfahl LUTHER die Einrichtung „gemeiner Kästen", also kommunaler Sozialkassen. (Vgl. PRIEN (2004), S. 55.)

[204] STROHM (1983), S. 210.

[205] Vgl. WA 15, 368.

[206] Vgl. WA 43 617.

[207] Vgl. WA 43, 512.

Fleiß in seine Arbeit investieren, kann aber doch frei von Sorge um deren Erfolg sein.[208]

2.2.3.4 Handel und Eigentum

Zum wirtschaftlichen Handel hat LUTHER ein weitgehend ambivalentes Verhältnis. Er erkennt diesen zwar als Notwendigkeit an,[209] insbesondere aufgrund seiner Funktion der „Überwindung der räumlichen Trennung zwischen Hersteller und Konsumenten bzw. Verwender eines Produktes"[210], also der Versorgungsfunktion unternehmerischer Tätigkeit.[211]

Allerdings unterscheidet der Reformator die notwendigen Kaufleute von solchen, die dem schädlichen Stand angehören,[212] und kritisiert die diversen Missstände kaufmännischen Handels seiner Zeit: er sehe „nit vil gutter sitten, die yhe in ein land kommen sein durch kauffmanschafft, unnd got vorzeitten sein volck von Israel darumb von dem mehre [entfernt] wonen ließ unnd nit viel kauffmanschafft treybenn."[213]. Insbesondere prangert LUTHER, wie bereits der Titel seiner Schrift *Von Kauffshandlung und Wucher* deutlich macht, den Wucher des kaufmännischen Handels an und lehnt dementsprechend dessen Prinzipien des maximalen Preises und Zinses ab.[214] Auch Kartelle oder Monopolbildungen zu Lasten von Kunden,[215] das Prellen von Gläubigern[216] oder die als Geiz verurteilte Gewinnsucht[217] werden von ihm nicht gebilligt. Als Konsequenz solcher Praktiken sieht er das Gemeinwesen in Gefahr sich aufzulösen.[218]

Stattdessen verweist der Reformator auf die Bergpredigt, insbesondere das Gebot der Nächstenliebe[219] und das Prinzip der Billigkeit in Form der Goldenen Regel. Sie sind neben den vier daraus abgeleiteten Aspekten christ-

---

[208] Vgl. WA 22, 80f.

[209] Vgl. WA 15, 293.

[210] PAWLAS (1994), S. 293. Allerdings lehnt LUTHER, wie PAWLAS hier ebenfalls festhält, den Fernhandel unter dem Vorwurf, er diene nur der reinen Prachtentfaltung, ab.

[211] Vgl. PAWLAS (1991), S. 387. FISCHER weist unter Berufung auf WA 51, 375f. darauf hin, dass LUTHER um den unterschiedlichen Nutzen von Gütern weiß und deshalb zwischen Grund- und Zusatznutzen unterscheidet. Dies bedeutet, dass schon der Reformator erkannt hat, dass es in der wirtschaftlichen Versorgung ein Genug gibt und „ein unbegrenztes Anhäufen der Güter [für den Menschen] keinen zusätzlichen Nutzen bringt". (FISCHER (2010), S. 155.)

[212] Vgl. STROHM (1983), S. 211.

[213] WA 6, 466.

[214] In dieser Schrift von 1524 weitet LUTHER die Wucherproblematik erstmals auf den gesamten Kaufmannshandel aus (vgl. PRIEN (1992), S. 79; 220). Auffallend ist, wie PAWLAS unter Bezug auf Werner ELERT bemerkt, dass LUTHER kaum Kritik an den Käufern und ihrem Wunsch nach möglichst billiger Ware übt (vgl. PAWLAS (1994), S. 292).

[215] Vgl. WA 15, 307f.

[216] Vgl. WA 51, 338.

[217] Vgl. WA TR 391, 2347, 5395, 5559.

[218] Vgl. Ders. (1994), S. 292.

[219] Daran schließt sich später insbesondere auch die Denkschrift Gemeinwohl und Eigennutz an (vgl. 2.4.1.1).

lichen Handels[220] für ihn die einzig verbindlichen Normen wirtschaftlicher Interaktionen. So widerspräche beispielsweise Kaufhandel ohne Nächstenliebe dem siebten Gebot[221] und wäre nichts anderes „denn rawben und stelenden andern yhr gutt".[222] Deshalb setzt sich der Reformator „im Namen der Nächstenliebe hauptsächlich für die Kaufkraft der Bevölkerung, für die Sicherung des Verkaufs lebensnotwendiger Güter und für einen gerechten Preis"[223] ein. Dies lässt die Schlussfolgerung zu, dass „[i]n Luthers Sinne (...) bei wirtschaftlichen Transaktionen immer zuerst nach der Gerechtigkeit gefragt werden"[224] muss. Entsprechend liegt laut PAWLAS einer der Hauptkritikpunkte des Reformators in Bezug auf Wirtschaftsfragen in der Ausnutzung armer beziehungsweise in Not geratener Menschen.[225]

Die Verantwortung dafür, die vorhandenen Missstände zu minimieren beziehungsweise zu vermeiden, weist LUTHER nicht nur jedem Einzelnen, sondern insbesondere der Obrigkeit zu. Sie hat für ihn durch entsprechende Maßnahmen der Marktregulierung und Gesetze zur Bekämpfung von Armut und zum Schutz der Schwachen beizutragen.[226]

Dementsprechend hat LUTHER zum Eigentum grundsätzlich ein positives Verhältnis[227] und sieht darin ein Geschenk und eine Ordnung Gottes.[228] Dies impliziert für ihn eine Dienstfunktion von Eigentum, denn „[w]er gutt hat, der sey ein herr desselbigen guts (...). Ist er aber ein herre über das gut, so dienet das gut im, unnd er dienet nicht dem gut (...). Darnach hilfft er den armen von dem gut und gibt denen, die nichts haben."[229] Die Aufforderung der Bergpredigt zum Verzicht auf Besitz kommt für den Reformator allerdings dort an ihre Grenze, wo es um die Fürsorgepflicht für den eigenen Lebensunterhalt und den der Familie geht.[230] Außerdem ist er der Meinung: „Sol ein Christ [einem Armen etwas] geben, so mus er züuor haben. Was nichts hat, das gibt nichts."[231] Deshalb kann für ihn Armut nicht als Pflicht erachtet werden.[232].

Doch sosehr LUTHER Eigentum also für notwendig hält, fordert er andererseits doch auch eine innere Unabhängigkeit der Christen vom Besitz: „Meine Person, die ein Christ heißt, soll nicht für Geld sorgen und sammeln, sondern allein an Gott mit dem Herzen hangen. Aber äußerlich mag und soll ich des zeitlichen Guts brauchen für meinen Leib und für ander Leut, sofern

---

[220] Die vier Aspekte sind: entgeltfreies Geben, zinsloses Darlehen, gewaltfreie Abgabenzahlung, Bargeldverkehr. Vgl. 2.2.3.2.
[221] Es gilt die lutherische Zählung.
[222] WA 15, 295.
[223] Ders. (1994), S. 290.
[224] PRIEN (1992), S. 232.
[225] Vgl. PAWLAS (1994), S. 295.
[226] Vgl. PRIEN (1992), S. 225–231 und ähnlich PRIEN (2004), S. 55–59.
[227] Vgl. PAWLAS (2000), S. 257–261.
[228] Vgl. WA 32, 307, 12–14.
[229] WA 10 I, 2,376.
[230] Vgl. PRIEN (1992), S. 224 und PAWLAS (1994), S. 297.
[231] WA 51, 384.
[232] Vgl. WA 6,133.

mein Weltperson gehet, Gotd und Schätze sammeln. Doch auch nicht zuviel, daß nicht ein Geizwanst daraus werde."[233]

2.2.3.5 Geld und Finanzen

Den eigentlichen Schwerpunkt von LUTHERS Kritik am wirtschaftlichen Handeln stellt der gesamte Bereich der Finanzwirtschaft dar, der sich aufgrund der geschichtlichen Umbruchsituation zu Beginn des 16. Jahrhunderts immer enger mit Handel und Eigentum verbindet und sich in einer chaotischen Währungsstruktur sowie anderen Missständen offenbart.[234] Seine Adressaten sind wie schon bei Handel und Eigentum nicht nur die einzelnen Kaufleute, sondern auch die Obrigkeit, von der er gesetzliche Regelungen, wie beispielsweise feste Höchstzinssätze, fordert.[235]

Zwar „bejaht [LUTHER] (...) das Geld als Zirkulationsmittel, lehnt aber dessen Verselbständigung zum Kapital ab".[236] Dabei ist seine Kritik theologisch in der vom ersten Gebot ausgehenden Antithese Gott oder Mammon und dem damit verbundenen Sündenverständnis begründet.[237] Habgier in Form von Geiz und Wucher ist für den Reformator eine der Hauptsünden und stellt als solche den Inbegriff der blasphemischen Haltung des Menschen gegenüber Gott und des verweigerten Dienstes am Nächsten dar.[238]

So äußert sich LUTHER sowohl in seinen Sermonen vom Wucher als auch in seiner Stellungnahme von 1524 äußerst kritisch zur gängigen Kreditwirtschaft, wobei er sich stets auf das Leihen im kaufmännischen Sinne und nicht im Sinne von *caritas* bezieht.[239] Er erkennt in Bürgschaften, die in eine extreme Abhängigkeit führen, in Wucherzinsen und den überteuerten Preisen die drei Hauptursachen[240], „daraus alle grewel, unrecht, list und tuck so weyt und breyt fleust"[241]. So sind ihm also die mit einem Kredit verbundenen Ge-

---

[233] WA 32, 441.

[234] Vgl. STROHM (1983), S. 214; 218. Dieser weist u. a. darauf hin, dass LUTHERS Haltung zu den Problemen durch die Jahrzehnte gleich bleibt und sich nur die Anlässe seiner Verlautbarungen unterscheiden. So ist auch PRIENS Vorwurf, LUTHER bleibe im Rahmen des Übergangs von der Naturalwirtschaft zur Geldwirtschaft bei ersterer stehen, nicht ganz von der Hand zu weisen (vgl. PRIEN (1992), S. 216, ähnlich auch PAWLAS (1994), S. 297). Verschiedene mit dem Frühkapitalismus einhergehende Wirtschaftsweisen, wie beispielsweise Verkaufszuschläge zur Finanzierung des Absatzes beziehungsweise Einkaufs, bleiben für ihn bis zuletzt unverständlich (vgl. Ders. (1994), S. 302f. unter Berufung auf WA 15, 305).

[235] Vgl. WA BR 3, 485, 24—27.

[236] PRIEN (2004), S. 52. Es ist also mit LUTHER zwischen (gewinnbringendem) Wirtschaften und „Geld machen" zu unterscheiden.

[237] Vgl. 2.2.3.2.

[238] Vgl. PRIEN (1992), S. 221 und PRIEN (2004), S. 51f. Ein Zusammenhang von Wucher und Ablasspraxis wird von LUTHER zwar nicht direkt hergestellt, allerdings kann davon ausgegangen werden, dass die Lehre vom Ablass, „die Hemmschwelle für Wucher drastisch reduziert haben dürfte" (Ders. (2004), S. 48), wie PRIEN meint.

[239] Zum zinslosen Leihen als Unterstützung für den Nächsten bleibt jeder Christ nach Mt 5,40 verpflichtet (vgl. WA 15, 300, 35; 301, 8—14; 302, 13—21; 303, 7. 32; 304,9 sowie STROHM (1983), S. 216 und PRIEN (2004), S. 49).

[240] Vgl. STROHM (1983), S. 216.

[241] WA 15, 304.

fahren für Kreditgeber und -nehmer, die entstehenden Abhängigkeiten, die mit überhöhten Zinsen verbundene Akkumulation von Reichtum im Gegensatz zur drohenden Armut für große Teile der Bevölkerung sowie die damit einhergehenden schädlichen Folgen für die Gesamtwirtschaft bewusst. Das wirtschaftliche Ideal sieht er deshalb in der kreditlosen Wirtschaft.[242] Die Ablehnung der Zinspraktik ist dementsprechend konditional und nicht grundsätzlich kasuistisch begründet.[243] Unter bestimmten Gegebenheiten und der Berücksichtigung des jeweiligen Einzelfalls wäre es denkbar, mit Hilfe der Obrigkeit und ihren Regelungen „den ganzen Zinskauf zurechte und in seine billige Fahre zu bringen mit der Zeit"[244]. Zentrale Bedeutung kommt auch hier wieder den Prinzipien der Nächstenliebe und Billigkeit zu, so dass Zinsen im Rahmen einer gerechten Regelung, wie beispielsweise ein Zinssatz von vier bis fünf Prozent[245] oder die Abgabe des Naturalzehnten[246], möglich wären.[247] Ebenso „schlägt Luther, um einen ungefähren Anhalt zur Bestimmung eines gerechten Gewinnes als Bestandteil des gerechten Preises zu erhalten, eine Art kalkulatorischen Unternehmerlohn vor"[248]. Insgesamt wird also deutlich, dass es ihm um „keine biblizistische Reglementierung der Wirtschaft"[249] geht, sondern dass Profit und Zins der Frage nach Gerechtigkeit untergeordnet sein und den aus der Bergpredigt gewonnenen Prinzipien folgen müssen.

2.2.4 Impulse

Wie zu Beginn dieses Kapitels festgehalten, ist die Relevanz LUTHERs als Gesprächspartner für ökonomische Fragestellungen nach wie vor gegeben, wenn auch unter Berücksichtigung des historischen Abstands. So nimmt er zwar nicht explizit zum Thema Unternehmensethik Stellung, zumal es im 16. Jahrhundert noch keine Trennung von privatem und öffentlichem Bereich und damit auch nicht von Individual-, Personal- und Sozialethik gab.[250] Doch seine Aussagen zu den unterschiedlichen wirtschaftsethischen Fragestellungen seiner Zeit lassen immer wieder Aspekte dessen erkennen, was heute in die Kategorie der Unternehmensethik gehört. Sie können als Impulse aufgegriffen werden, um die Lebenswirklichkeit im Unternehmenskontext als geschöpfliche kenntlich werden zu lassen.

---

[242] Vgl. PRIEN (1992), S. 217; 222.
[243] Vgl. PRIEN (2004), S. 53.
[244] WA BR 3,307.
[245] Vgl. WA BR 3, 305ff.
[246] Vgl. WA BR 3, 307, 34ff.
[247] Vgl. PRIEN (1992), S. 223.
[248] PAWLAS (1994), S. 301 unter Berufung auf WA 15,296: „Darumb mustu dyr fursetzen, nichts denn deyne zymliche [= ausreichende] narunge zusuchen ynn solchem handel, darnach kost, muhe, erbeyt und [ge]fahr rechen und uberschlahen und also denn die wahr selbst setzen, steygern odder nyddern, das du solcher erbeyt und muhe lohn davon habest."
[249] PRIEN (1992), S. 222.
[250] Vgl. Ders. (1992), S. 28.

Zunächst ist festzuhalten, dass LUTHERs Aussagen zu Arbeit und Beruf nicht bei den Problemen seiner Zeit verhaftet bleiben, sondern darüber hinausgehen.[251] Insbesondere seine Betonung der theologischen Dimension von Arbeit und Beruf, durch die Ursprung, Zweck und Gelingen des menschlichen Tuns auf Gottes Wirken und seinen Segen zurückgeführt werden, ist hier hervorzuheben. Dadurch widerspricht LUTHER der marxistischen Selbstkonstituierung durch Arbeit beziehungsweise der Auffassung der Selbstverwirklichung des Menschen in der beruflichen Tätigkeit.[252] Arbeit kann im Anschluss an den Reformator vielmehr als Möglichkeit gesehen werden, das, was Menschen von Gott anvertraut ist, zu erproben und mitzuteilen.[253]

LUTHERs Ansicht nach hat Arbeit eine dienende Funktion für den gemeinsamen Lebensvollzug der Menschen, ohne allerdings dessen einziger Inhalt zu sein. Somit stellen Leistung oder wirtschaftlicher Ertrag keine relevanten Beurteilungskriterien für die menschliche Arbeit dar, und die Vermehrung von Kapital oder (Wirtschafts-)Macht kann nicht ihr zentrales Ziel sein. Vor diesem Hintergrund des Dienstcharakters der Erwerbsarbeit für das Gemeinwesen sind die Bewertung und damit auch Bezahlung der unterschiedlichen Berufsgruppen innerhalb der Wirtschaft und auch innerhalb von Unternehmen kritisch zu hinterfragen. Gerade in unserer heutigen von Leistung und Einkommenssteigerung geprägten westlichen (Unternehmens-)Kultur sind der Gemeinschaftsbezug und die Dienstfunktion von Arbeit wichtige Aspekte, die allerdings oft genug vernachlässigt werden. Hier tritt das christliche Ethos der lutherischen Theologie der modernen ökonomischen Logik gegenüber. Es fordert Unternehmen auf, ihr Verständnis von Arbeit zu hinterfragen und den Dienstcharakter für die Gemeinschaft stärker zu betonen.

Ebenfalls eher widersprüchlich zum unternehmerischen Denken der Gegenwart ist LUTHERs Betonung der Versorgungsfunktion unternehmerischen Handels. Es geht ihm wie schon bei der Arbeit um die gemeinsame Sorge für das Leben.[254] Stehen heute in der Regel das Streben nach Fortschritt und Umsatzsteigerung und die damit einhergehenden Preissteigerungen im Zieldenken vieler Unternehmen, so erfahren gerade diese Kritik durch den Reformator. Er setzt sich stattdessen für den Erhalt der Kaufkraft der Bevölkerung ein und stellt den Aspekt der Gerechtigkeit im Anschluss an die Prinzipien der Nächstenliebe und Billigkeit vor die unternehmerischen Gewinne.[255]

---

[251] Vgl. Ders. (1992), S. 232.

[252] Vgl. PAWLAS (1991), S. 386.

[253] Vgl. dazu auch 2.1.2.

[254] Vgl. zur Sorge für das Leben auch 2.1.5.

[255] Auffallend ist, dass im Gegensatz zur Priorisierung des unternehmerischen Gewinnstrebens gerade heute bei Einstellungsgesprächen in Unternehmen den sogenannten „softskills" der Kandidaten, also ihrem Sozialverhalten, großes Gewicht zukommt. Das Verhalten des Einzelnen im Betrieb, sein Sinn für Gerechtigkeit, sein kooperatives Verhalten gegenüber anderen, also all das, was LUTHER in den Prinzipien der Nächstenliebe und Billigkeit sieht bzw. davon ableitet, scheint hoch aktuell. Zur Frage der Gerechtigkeit vgl. auch 2.4.2 und 4.4.3.

Zudem kommt dem Aspekt der Gerechtigkeit im Umgang mit Gläubigern und Kunden insofern Bedeutung zu, als es LUTHER um ein rechtes und gerechtes Miteinander geht. Gerade hier haben sich ganz im Sinne des Reformators im Gegensatz zu den reformatorischen Gegebenheiten bereits einige Veränderungen etabliert. So gibt es heutzutage beispielsweise staatlich garantierte Sozialleistungen, ein verbindliches, demokratisches Rechtssystem oder die Aufsicht durch das Kartellamt. Dennoch muss gefragt werden, welchen Beitrag Unternehmen im Rahmen ihrer Handlungsmöglichkeiten leisten (können), zu einer gerechten Abwicklung der wirtschaftlichen Transaktionen im In- und auch Ausland beizutragen. Dies kann unter Umständen über die geforderten legalen Regelungen hinausgehen. Darüber hinaus können Betriebe weitere Möglichkeiten, wie beispielsweise Corporate Social Responsibility, nutzen, sich für eine gerechte Gesellschaft einzusetzen.[256]

Nicht zuletzt aufgrund der von LUTHER proklamierten Dienstfunktion von Eigentum wird dies sogar zwingend notwendig. Unternehmen werden von ihm allein aufgrund ihres Eigentums zur Verantwortung für die Menschen gerufen, die nichts oder wenig haben. Dies kann allerdings nicht bedeuten, dass Unternehmen ihren gesamten Besitz aufgeben müssen. Setzt man den lutherischen Gedanken zum verantwortlichen Umgang mit betrieblichem Eigentum fort, so haben Unternehmen analog zum Erhalt des Lebensunterhalts der Familie für ihren eigenen Erhalt und ihr Fortbestehen Sorge zu tragen. Sie müssen in der Konsequenz also immer einen gewissen Balanceakt bestehen. Zum einen müssen sie den Lebensunterhalt der Mitarbeiter, also auch der Geringverdiener, im Blick haben und zum anderen zugleich die Unternehmensexistenz sichern, ohne dabei das eine mehr zu forcieren als das andere.

Auch der monetäre Aspekt spielt in diesem Zusammenhang sicherlich eine Rolle. Allerdings ist die wirtschaftliche Situation heute im Vergleich zur Reformationszeit an diesem Punkt anders zu bewerten, so dass LUTHERS Kritik hier nicht mehr vollständig greift. Geld ist schon seit längerem nicht mehr nur Zirkulationsmittel, sondern hat sich aufgrund der Weiterentwicklung des Kapitalismus seit der Reformation zunehmend als Kapital verselbständigt.[257] Dies ist als geschichtlicher Fortgang nicht rückgängig zu machen. Auch die Regelungen zur Zinsthematik sind bei uns heute weitgehend andere.[258] Dennoch

---

[256] So erinnert auch PAWLAS daran, dass man „im Rahmen der Debatte über die Unternehmenskultur die Erkenntnis [gewann], in welchem beträchtlichen Maße das Unternehmen allein hinsichtlich der ethischen Standards, der Motivation, oder der Atmosphäre in das gesellschaftliche Gesamt eingebettet ist, aber auch umgekehrt Beiträge zur ethischen Gesamtkultur leistet". (Ders. (1991), S. 389.)

[257] PRIEN erinnert daran, dass in der Geschichte des Kapitalismus nach Luther die von ihm bereits kritisierten Wucher- und Monopolpraktiken noch eine wichtige Rolle gespielt haben (vgl. PRIEN (1992), S. 235).

[258] So werden zwar immer noch mit den aus Krediten anfallenden Zinsen Gewinne gemacht beziehungsweise Menschen zu Schuldnern, aber darüber hinaus gibt es heute auch andere Modelle. So werden beispielsweise Kleinkredite zu bewusst günstigen Konditionen als Existenzgründerhilfe in Ländern der Dritten Welt vergeben oder auch die Modalitäten für Immobilienkredite sind klar geregelt bzw. sogar teilweise staatlich unterstützt (z. B. in Form von Darlehen der staatlichen Kreditanstalt für Wiederaufbau).

geben LUTHERS Mahnungen neu zu denken, betrachtet man beispielsweise die zunehmende Überschuldung vieler Privathaushalte oder die globale Banken- und Finanzkrise seit 2008/2009. Hier wird deutlich, dass der grundlegende Verweis des Reformators auf das erste Gebot und die daran anschließende Antithese von Gott oder Mammon bis heute ihre Gültigkeit behalten haben. PRIEN verweist zu Recht darauf, „daß Eigennutz eine menschliche Realität ist, auf die sich eine rationale Wirtschaftsordnung einstellen muß".[259] So werden noch immer Menschen von Habgier getrieben und Monetarismus verabsolutiert, was nicht nur Konsequenzen im individualethischen Bereich hat, sondern auch für Unternehmen. Deren Verhalten ist in diesem Punkt kritisch zu hinterfragen, will es einem christlichen Ethos entsprechen.

Andererseits darf aber auch das Gesamtgefüge der Ökonomie und ihrer Strukturen nicht außer Acht gelassen werden, im Kontext dessen jedes Unternehmen agiert. Im Anschluss an LUTHER muss dieses ebenfalls auf die Prinzipien der Nächstenliebe und Billigkeit hin überprüft werden. Gerade der dauernde Fortschritts- und Wachstumsgedanke,[260] der Umgang mit wirtschaftlich abhängigen Zulieferbetrieben im In- und Ausland oder die anhaltende Bedeutung von Niedriglohn-Standorten in Dritte-Welt-Ländern zeigen, dass der Mammon in seinen modernen Formen die unternehmerische Welt bestimmt. LUTHERS Mahnungen und Warnungen sind folglich alles andere als überflüssig geworden. Im Gegenteil: „Im Zeichen der Umweltkrise und der Forderung nach Durchsetzung der sozialen Menschenrechte hat die Frage nach gerechten Preisen, die von auskömmlichen Löhnen und umweltverträglichen Produktions- und Entsorgungsbedingungen abhängen, neue Aktualität gewonnen."[261]

Hier wird aber auch deutlich, dass in der heutigen Situation LUTHERS Kritik am Monetarismus und die damit angesprochene Gerechtigkeitsfrage nicht weit genug gehen. Sie müssen durch die ökologische Frage schöpfungstheologisch ergänzt werden. Einer Ethik des geschöpflichen Lebens entsprechend darf diese jedoch nicht auf die Frage nach einem möglichen Natur- und Umweltschutz verkürzt werden. Vielmehr geht es aus theologischer Perspektive immer um den Umgang mit der Umwelt als Schöpfung Gottes. Daraufhin ist unternehmerisches Handeln zu hinterfragen und anhand der Kriterien der Nächstenliebe und der Billigkeit (auch gegenüber kommenden Generationen) zu überprüfen. Das Stichwort hierfür heißt Nachhaltigkeit.[262]

---

[259] Ders. (1992), S. 235.

[260] Ohne hier auf die gesamte Problematik dieses Gedankens näher eingehen zu können, sei dennoch auf dessen weitreichende (theologische) Dimension hingewiesen (vgl. dazu beispielsweise MEADOWS/RANDERS/MEADOWS (2011) und HÜBNER (2013)). SEDLÁČEK hält fest, dass die ursprüngliche alttestamentlich-spirituelle Vorstellung des Fortschritts, die ausgerichtet war auf das Erscheinen des Messias, heute rein ökonomisch verstanden wird. „Wir müssen *eben deshalb* ständig wachsen, weil wir (tief in unserem Inneren und oft implizit) überzeugt sind, dass wir auf dem Weg zu einem (wirtschaftlichen) Paradies auf Erden sind. (...) [D]ie Pflege der Seele [ist] heutzutage durch das Interesse an äußeren Dingen ersetzt worden". (SEDLÁČEK (2012), S. 70.)

[261] PRIEN (1992), S. 237.

[262] Zum Aspekt der Nachhaltigkeit vgl. 4.4.3.

Als letzter Impuls für eine Unternehmensethik im Sinne einer Ethik geschöpflichen Lebens sind an dieser Stelle die Überlegungen des Reformators
zur Befreiung und Erlösung durch Jesus Christus zu nennen. Sie stellen die
Basis seiner Ethik dar und geben zugleich Antwort auf die immer wieder
auftauchende Frage des Umgangs mit Fehlern, Versagen und Schuld in Unternehmen.[263] Dabei geht es nach lutherischem Verständnis nicht nur um
Fehlertoleranz oder -akzeptanz. Vergebung im christlichen Sinn geht weit
darüber hinaus. Für die Unternehmenspraxis hat dies weitreichende Folgen
im Umgang mit Versagen und Schuld. Nur wer um seine eigene Vergebung
durch Gott weiß, ist überhaupt bereit und fähig, einem seiner Nächsten, seien
es Mitarbeiter, Kollegen oder Vorgesetzte, aufrichtig zu vergeben.

2.3   Arthur Richs existential-theologische Wirtschaftsethik

Der schweizer Theologe, Sozial- und Wirtschaftsethiker Arthur RICH lehrte
seit 1954 in Zürich als Professor für Systematische und Praktische Theologie,
später für Sozialethik, und gründete 1964 das Institut für Sozialethik an der
Universität Zürich, dem er bis 1977 als Direktor vorstand. 1985 wurde ihm
die Ehrendoktorwürde der Hochschule St. Gallen verliehen.

Im deutschsprachigen Raum beschäftigte er sich ab den 1980er Jahren
als einer der ersten Theologen neuerer Zeit intensiv mit dem Bereich der
Wirtschaftsethik[264] und hielt seine Überlegungen dazu in zwei grundlegenden Bänden fest. Insbesondere der erste Band ist an dieser Stelle von Interesse, da RICH sich darin in Anknüpfung an seinen sozialethischen Ansatz mit
den prinzipiellen Grundlagen einer zeitgemäßen Wirtschaftsethik aus theologischer Perspektive samt dem Verhältnis von „Sachgemäßem" und „Menschengerechtem" auseinandersetzt.[265] Im zweiten Band widmet er sich den
konkreten wirtschaftlichen Ordnungen der Markt-, Plan- und Weltwirtschaft
aus sozialethischer Sicht.[266]

RICH beschäftigt sich in diesen beiden Büchern und darüber hinaus auch
in seinen anderen Publikationen beinahe ausschließlich mit der Metaebene der
Wirtschaftsethik und geht wenig auf die unternehmensethische Perspektive
ein.[267] Dennoch können seine Überlegungen als wichtige Quelle für eine explorative Unternehmensethik verstanden werden, spiegelt sein Ansatz doch

---

[263]   Vgl. PAWLAS (1991), S. 392 und PAWLAS (2000), S. 265–267.
[264]   Die davor letzte ausführlichere Abhandlung zu diesem Thema stammt von Georg
        WÜNSCH aus dem Jahr 1927. Vgl. WÜNSCH (1927).
[265]   Vgl. RICH (1991).
[266]   Vgl. RICH (1992). Da es im Folgenden um die Frage nach Impulsen für eine Unter-
        nehmensethik der geschöpflichen Existenz geht, wird vor allem der erste Band mit
        seinen theologischen Grundgedanken zum Tragen kommen. RICHs Überlegungen zu
        den wirtschaftlichen Ordnungen sind in diesem Zusammenhang nicht allzu zielführend.
[267]   Zur Differenzierung von Wirtschafts- und Unternehmensethik vgl. 1.2. Eine allge-
        meine Auseinandersetzung mit RICH und seine Bedeutung für die Verständigung von
        Theologie und Ökonomik findet sich bei EDEL (1998).

auch die Suche wider, wie wir im Medium der Ökonomie in der Existenzform der Geschöpfe bleiben und als solche leben können. Schließlich ist für
RICH christliche Ethik „nie bloß ein reflektiertes Sollen, das jetzt und hier
in Anspruch nimmt, sondern ein geschenktes Sein, das aus dem Kommenden stammt (...). Anders gesagt: sie ist Gabe, die (...) in der adventischen
Hoffnung [auf die eschatologische Neuschöpfung durch Gott] zu der Aufgabe
ermutigt und ermächtigt, nach Maximen einer besseren Menschlichkeit zu
suchen und ihnen zum Durchbruch zu verhelfen."[268]

2.3.1 Richs (wirtschafts-)ethische Urteilsfindung und -begründung

2.3.1.1 Grundlegendes

Zu Beginn seiner Überlegungen weist RICH darauf hin, dass jede ethische
Frage grundlegend zwei Dimensionen enthält.[269] Zum einen ist sie für ihn
„die Frage nach dem Guten und Rechten, das mehr ist als Moral, als Sitte,
als bürgerliche Rechtlichkeit"[270], und beinhaltet damit den Anspruch des
Absoluten. Zum anderen birgt sie als konkrete Frage immer auch das Relative
in sich, da sie sich als solche nie eindeutig und konfliktfrei beantworten lässt.

Diese Spannung zwischen Relativem und Absolutem sei nicht unproblematisch, und so liegt in der Verhältnisbestimmung von relativen und absoluten
Sollensnormen, also in der „Frage nach der Geltung von unbedingten ethischen Ansprüchen im Reiche des Bedingten"[271] eines der drei Hauptprobleme
jeder Ethik. Eine weitere Schwierigkeit stellt laut RICH die Begründung von
Normen dar sowie die damit verbundene Frage, ob es überhaupt intersub-
jektive Normenbegründungen geben kann. Als dritten Problempunkt führt
er die Grenzen der Ethik an, denn kein Ethos könne den Menschen aus den
Dilemmata seiner Existenz hinausführen. Ausschließlich „das Tun des Guten
kommt (...) aus einem Sein, das mehr ist als Moral, das fordert, indem es
schenkt, das selbst im Scheitern noch aufrichtet und Mut zum Neuanfangen
gibt"[272].

Bezugspunkt und Gegenstandsbereich jeder ethischen Frage bleibt für den
schweizer Wissenschaftler immer die „Wirklichkeit des Menschen in der ganzen Komplexität seiner Existenz"[273], also der Mensch in seinen unterschiedlichen Beziehungen und der damit einhergehenden Verantwortung. Die drei
Grundbeziehungen des menschlichen Daseins sieht RICH in der Beziehung des
Menschen zu sich selbst (Individualaspelt), in der dialogischen Beziehung

---

[268] RICH (1991), S. 243. Im Original teilweise kursiv gedruckt. Auch wenn RICH hier ähnlich wie BONHOEFFER die Unterscheidung zwischen dieser und der kommenden Welt
betont, wird doch auch deutlich, dass Ethik für ihn etwas Exploratives hat. Es geht
auch ihm um ein Suchen und Erproben im Rahmen des von Gott geschenkten Seins.

[269] Vgl. Ders. (1991), S. 15–19.

[270] Ders. (1991), S. 16. Im Original teilw. kursiv gedruckt.

[271] Ders. (1991), S. 38. Im Original teilw. kursiv gedruckt.

[272] Ders. (1991), S. 40.

[273] Ders. (1991), S. 41. Im Original kursiv gedruckt.

des Menschen zu einem anderen Menschen (personaler Aspekt) sowie in der
wechselseitig abhängigen Beziehung des Menschen zu seiner Umwelt (ökologischer Aspekt) und unterscheidet dementsprechend zwischen drei unmittelbaren ethischen Verantwortungsbereichen, der individualethischen, personalethischen und umweltethischen Verantwortung.[274] In diesem Zusammenhang betont er insbesondere den Faktor der Relationalität, wie er mit den
ersten beiden Beziehungsaspekten einhergeht. Ihm kommt eine besondere
Bedeutung für das Menschenbild innerhalb der Wirtschaftsethik zu, steht er
doch im Gegensatz zum Individualismus und Kollektivismus als Verfehlungen
menschlicher Existenz.[275]

Laut RICH begegnet jede der drei genannten Grundbeziehungen allerdings
nicht nur als direkte Beziehung, sondern immer auch in institutionell ver-
mittelter Gestalt, also in den verschiedenen „Ordnungen, Einrichtungen und
Setzungen, die auf einer menschlichen Veranstaltung beruhen"[276] und damit
dem Bereich des Kulturhaften angehören. Dies bedeutet, dass der Mensch
nicht nur für sein Verhalten verantwortlich ist, sofern es ihn unmittelbar an-
gehe, sondern er trägt auch die Verantwortung für alles, was ihn mittelbar
betrifft, also auch für die Strukturen der gesellschaftlichen Institutionen, in
denen er lebt, samt ihren Folgen.

Diese umfassende Form der Verantwortung ist für RICH zentraler Inhalt
der Sozialethik, die er als „Theorie und Praxis verantwortlicher Existenz des
Menschen im Verhältnis zu den Mitmenschen und der Umwelt [versteht], soweit dieses Verhältnis keinen unmittelbaren Charakter hat, sondern durch
gesellschaftliche Institutionen vermittelt wird"[277]. Damit fragt die Sozialethik nach der Art und Weise der Strukturierung der gesellschaftlichen Institutionen, mit dem Ziel, das Menschen- und Umweltgerechte zu fördern.
Die Wirtschaftsethik als eines ihrer Teilgebiete ist für ihn „der Sache nach
nichts anderes als die Anwendung der sozialethischen Fragestellungen, Gesichtspunkte und Prinzipien auf die wirtschaftlichen Grundprobleme"[278].

2.3.1.2 Sachgemäßes und Menschengerechtes

Spezifisch für die Sozialethik im Sinne RICHs ist nun, dass sie, um Entschei-
dungs- und Beurteilungsmaximen zu finden, sich nie ausschließlich am Prinzip
der Sachgemäßheit orientieren darf, sondern sich vielmehr dadurch auszeich-
net, „daß sie das Sachgemäße an das Menschengerechte bindet, wohlverstan-
den an das Menschengerechte, das, in seinem vollen Sinn genommen, vom

---

[274] Dementsprechend unterscheidet RICH zwischen Individual-, Personal- und Umwelt-
       ethik, in denen es um diese je unmittelbare Verantwortung des Menschen geht. (Vgl.
       Ders. (1991), S. 57 u. ö.).
[275] Vgl. Ders. (1991), S. 41—49.
[276] Ders. (1991), S. 49.
[277] Ders. (1991), S. 71. Im Original kursiv gedruckt. RICH betont jedoch, dass Sozialethik
       nicht im Gegensatz zur Individual-, Personal- oder Umweltethik verstanden werden
       darf, sondern ihr Ziel ist es ja gerade auch, im institutionellen Bereich individual-,
       personal- und umweltethisches Verhalten zu ermöglichen. Vgl. Ders. (1991), S. 65f.
[278] Ders. (1991), S. 67.

Umweltgerechten nie absehen kann"[279]. Da die Wirtschaftsethik für ihn ein sozialethisches Teilgebiet darstellt, müssen die Überlegungen dazu ebenfalls jeweils dem Sachgemäßen und Menschengerechten Rechnung tragen.

Das Sachgemäße ist für für RICH eine deskriptiv-explikative Kategorie und meint das „Objektive", also das, was der Objektivität der Naturgesetze oder des vom Menschen gesetzten Wirtschaftsorganismus, dem er sich selbst unterstellt, folgt. Dazu müssen auch die in der Rationalität des Wirtschaftens begründeten Sachgesetzlichkeiten, wie beispielsweise Effizienz, Wettbewerb und Planung wirtschaftlicher Aktionen, gehören. Diese seien von einem vermeintlich Sachgemäßen zu unterscheiden, das sich in unterschiedlichen Zwängen als Folge von fehlgeleiteten Grundanliegen gründet,[280] denn wirklich Sachgemäßes stehe nicht im Gegensatz zum Menschengerechten. Vielmehr sei es so, „daß nicht wirklich menschengerecht sein könne, was nicht sachgemäß ist und nicht wirklich sachgemäß, was dem Menschengerechten widerstreitet"[281].

Wie dieses Menschengerechte in seinen Grundanliegen inhaltlich zu füllen ist, lässt sich laut RICH im Grunde nicht allgemeingültig rational beantworten, da es hier stets um Überzeugungs- und Erfahrungsgewissheiten geht, die in den Bereich des Präskriptiv-Normativen gehören, also zur Sprache bringen, wie etwas sein beziehungsweise geschehen sollte. RICH ist jedoch im Anschluss an die Theorie der Normativen Sozialwissenschaft Gerhard WEISSERs[282] davon überzeugt, dass es möglich ist, die Grundnormen des Menschengerechten „als kritisch bewegliche, der Selbstreflexion fähige wie auf Grund relevanter Überlieferungen und Erfahrungen der Interpretation bedürftige Gewißheiten"[283] zu verstehen. Auch wenn diese Gewissheiten zunächst nur subjektiv evident sind, wollen sie sich auf zeugnishaft-argumentative Weise „ihrer Tendenz nach auch für andere als gewiß ausweisen lassen"[284]. So sind es also die Erfahrungsgewissheiten, die für RICH das Menschengerechte in verbindlichem Sinne widerspiegeln und als dessen konstitutive Kriterien zu verstehen sind. Doch als Kriterien bleiben sie „Normen von rein präskriptiver Art"[285], die nie dogmatisch werden dürfen, sondern immer durch argumentierende Vernunft vermittelt werden müssen und einer steten hermeneutischen Klärung bedürfen.[286]

---

[279] Ders. (1991), S. 73. Im Original teilw. kursiv gedruckt. Vgl. zum Folgenden Ders. (1991), S. 76–104.

[280] Unter solchen vermeintlich sachgemäßen Zwängen versteht RICH z. B. ein extremes Gewinnprinzip im Kapitalismus oder das Prinzip der parteistaatlichen Machtmaxmimierung im Kommunismus. Vgl. Ders. (1991), S. 80.

[281] Ders. (1991), S. 81. Im Original kursiv gedruckt.

[282] Vgl. z. B. WEISSER (1951) und WEISSER (1978), insbes. S. 15–18; 19–44.

[283] RICH (1991), S. 101.

[284] Ders. (1991), S. 101.

[285] Ders. (1991), S. 103.

[286] In diesem Sinne sind für Rich die Sozialwissenschaft und damit auch die Wirtschaftsethik in ihrem methodologischen Ansatz immer empiriebezogen.

2.3.1.3 Maxime

Jede ethische Urteilsfindung muss laut RICH bei diesen Kriterien des Menschengerechten ansetzen, die nach dem Menschengerechten im Sachgemäßen gesellschaftlicher Strukturen und Prozesse fragen, ohne selbst Antwort in Form von konkreten Handlungsorientierungen zu sein. Konkrete Handlungsorientierung zu geben sei vielmehr Aufgabe der „Maximen".[287] Diese ließen sich nämlich zum einen von den Kriterien des Menschengerechten leiten, würden zum anderen aber ebenso das Sachgemäße mit einbeziehen, indem sie sich an sozialwissenschaftlichen Erkenntnissen orientierten. Sie haben also zugleich präskriptiven als auch explikativen Charakter. Nur in dem Maße, in dem die Integration dieser beiden Momente gelingt, sind laut RICH die Maximen für eine Anwendung in der Praxis tauglich und verbindlich. Doch auch dann bleibt ihre Normativität im Verhältnis zu einem Absoluten stets relativ.

Zur Bildung der konkreten Maxime bedarf es seiner Meinung nach fünf Schritte.[288] Nach dem Problemaufweis und einer Situations- bzw. Sachanalyse müssten die bestehenden oder postulierten Gestaltungskonzepte gesichtet werden. Darauf folge eine kritische Klärung der Wertpräferenzen der einzelnen Optionen. Erst im Anschluss daran könnten konkrete Richtpunkte festgelegt werden, die schließlich im Zirkelverfahren immer wieder einer kritischen Überprüfung bedürfen.[289]

Fasst man die bisher genannten Faktoren des Sachgemäßen, des Menschengerechten und der Maximen zusammen, so lassen sich bei RICH drei Ebenen der sozialethischen Argumentation finden. Zum einen die Ebene der menschlichen Erfahrungsgewissheiten, die zweitens als prinzipielle Kriterien das Menschengerechte im Sachgemäßen artikulieren sollen. Und drittens die Ebene der konkreten Maxime, der Normen also, die allerdings als Handlungsorientierung stets kritisch hinterfragbar und damit vernunftbezogen bleiben sollten.[290]

2.3.2 Humanität aus Glauben, Hoffnung, Liebe

Für RICH spiegelt sich die Erfahrungsgewissheit des Menschengerechten, „wie es der erfährt, der sich auf den Zuspruch und Anspruch der biblischen Verkündigung einläßt und darin die entscheidende Orientierung in seiner personalen

---

[287] Vgl. zum Begriff Ders. (1991), S. 223, Anm. 2 und zu den formalen Aspekten der Maxime Ders. (1991), S. 103f.; 170f.; 222—233. Inhaltliche Ausarbeitungen dazu finden sich im zweiten Band seiner Wirtschaftsethik. (RICH (1992)).

[288] Vgl. RICH (1991), S. 224—228.

[289] In diesem Fünf-Punkte-Schema folgt RICH, wie er selbst sagt, der Grundstruktur der Tödtschen Theorie der sittlichen Urteilsfindung. Vgl. Ders. (1991), S. 223f. (Anm. 1 u. 4).

[290] Zur theologischen Dimension der drei Ebenen vgl. 2.3.3.

wie sozialen Existenz gewinnt"[291] in der Humanität aus Glauben, Hoffnung und Liebe wider.[292]

Alle drei Begriffe beschreiben für ihn zwar auch unabhängig vom christlichen Glauben eine allgemeinmenschliche Grunderfahrung, doch zerbrechen sie leicht an der häufig gemachten „Erfahrung vom harten Faktum des Widermenschlichen oder, noch prägnanter gesagt, des Bösen"[293], das in struktureller wie personaler Hinsicht als etwas dauerhaft Existierendes, Fundamentales oder auch Radikales begegnet, dem sich der Mensch nicht entziehen kann.

Anders erscheint laut RICH diese dialektische Erfahrung von Wirklichkeit im Licht des christlichen Glaubens, denn hier ist die Humanität aus Glauben, Hoffnung und Liebe „unlösbar mit dem Auferstehungsglauben als Erfahrung des ganz Anderen in der menschlichen Wirklichkeit mit ihrem personal und strukturell Bösen"[294] verbunden. Die Erfahrung der Auferstehung Jesu stelle zuerst für die Jünger und dann im Christentum die Gewissheit dar, dass gerade Gottes Handeln im gescheiterten Jesus unverbrüchlich ausgerichtet ist auf Zukunft als Kommen seines Reiches. Und so erweist sich für RICH der Auferstehungsglaube, der immer „Glaube als Erfahrung von Auferstehung ist [und als solcher] Glauben aus Auferstehung, und nicht einfach Glaube an die Auferstehung"[295] als das ganz Andere und spezifisch Christliche. Dieses ganz Andere werde dabei immer inmitten unserer (dialektischen) Wirklichkeit erfahrbar, da Auferstehungsglaube der „Glaube darein [ist], daß Mensch und Welt Zukunft haben, in Gottes Kommen Zu-Kunft haben, auch wenn sie an der Realität des personal und strukturell Bösen scheitern"[296].

Dementsprechend zeigt sich für den schweizer Wissenschaftler eine christlich verstandene Humanität aus Glauben in einer „Menschlichkeit, die ihren Sitz im Auferstehungsglauben hat"[297] und darauf vertraut, dass Gottes Treue über das Böse hinausweist und stattdessen den Mut und die Zuversicht weckt, das Vertrauen zu wahren. Humanität aus Hoffnung wird bei ihm in spezifisch christlicher Perspektive verstanden als eine Hoffnung, die gegen und inmitten von Hoffnungslosigkeit des Bösen in der Welt lebendig ist, da sie sich der adventischen[298] Zu-Kunft Gottes gewiss sei. Und die Humanität aus Liebe erweist sich im Sinn der neutestamentlichen Agape-Liebe als das grundlegend Menschengerechte und Gute, als radikaler Gegensatz zum Bösen, das den Glauben realisiert und das Erhoffte vergegenwärtigt. Jesus Christus selbst verkörpert die Liebe in Vollkommenheit, und insofern solche Liebe inmitten einer strukturell und personal bösen Welt immer wieder ge-

---

[291] Ders. (1991), S. 105.
[292] Vgl. Ders. (1991), S. 105–128.
[293] Ders. (1991), S. 108. Im Original teilw. kursiv gedruckt.
[294] Ders. (1991), S. 122.
[295] Ders. (1991), S. 121. Im Original kursiv gedruckt.
[296] Ders. (1991), S. 121f.
[297] Ders. (1991), S. 123. Im Original teilw. kursiv gedruckt.
[298] Daneben gibt es die futurische Zukunft des Menschen, die als seine Zeit voranschreitet. Diese Zukunft ist jedoch nur zukunftsfähig durch das Hereinbrechen Gottes in die Zeit, denn nur sie kann Erlösung vom Bösen bringen. Vgl. Ders. (1991), S. 124.

schehe, sei die Humanität aus Glauben, Hoffnung, Liebe nicht nur möglich, sondern wirklich.

Das spezifisch Christliche der Humanität liegt für RICH also „in ihrer Radikalität, eben in ihrer Verwurzeltheit im ganz Anderen des Christusereignisses (...). Kurzum, es ist die Erfahrung der Humanität über das Normative hinaus als einer existenzbegründenden Kraft"[299].

2.3.3 Richs existential-theologischer Ansatz

Im Anschluss daran kann für RICH eine christliche (Wirtschafts-)Ethik nie eine rein normative Sollensethik sein. Vielmehr ist sie als Seinsethik zu verstehen, die zwar zum Sollen motiviert, aber auch dessen Grenzen aufdeckt. Dementsprechend vertritt der schweizer Ethiker einen existential-eschatologischen Ansatz,[300] der in Bezug auf die wirtschaftsethische Verantwortung „von der christlichen Existenz in der glaubenden Erfahrung ihres eschatologisch bestimmten Daseinszusammenhangs ausgeht"[301] und darauf abzielt, „eine wirkliche, konkrete Sozialethik ermöglichende Vermittlung zu finden zwischen dem Absoluten und dem Relativen, (...) dem Anspruch im Zuspruch des Reiches Gottes und der Realität unserer noch immer vom strukturell und personal Bösen umgetriebenen, aber doch schon im Kraftfeld des Kommenden stehende Welt"[302]. Das Absolute soll stets als gesellschaftskritischer Faktor gegenwärtig sein, auch wenn die aktuelle sozialethische Verantwortung für eine menschengerechte Gesellschaftsordnung immer nur im Bereich des Relativen verbleiben könne.

Betrachtet man nun die sozialethische Argumentation aus christlich-theologischer Perspektive, so lassen sich laut RICH die drei Argumentationsebenen wie folgt näher beschreiben.[303] Die erste Ebene, die „Ebene der fundamentalen Erfahrungsgewißheit vom Humanen"[304], meint die oben bereits ausführlich beschriebene, hoffende Liebe des Glaubens, die zwar erfahrbar, aber nicht rational begründbar sei, und deshalb im Sinne WEISSERs Bekenntnischarakter habe.

An eben dieser Erfahrungsgewissheit orientiert sich für RICH die zweite Ebene der Kriterien der Humanität aus Glauben, Hoffnung und Liebe. Auch sie sind, da sie sich am Absoluten der Glaubenserfahrung orientieren, nicht rational begründbar. Er führt sieben verschiedene Kriterien des Menschengerechten näher aus, „die in ihrem Zusammenspiel normative Anhaltspunkte für das in der gesellschaftlichen Gerechtigkeit zu konkretisierende Menschen-

---

[299] Ders. (1991), S. 127.
[300] Vgl. Ders. (1991), S. 133–169.
[301] Ders. (1991), S. 166.
[302] Ders. (1991), S. 163.
[303] Vgl. Ders. (1991), S. 169–171. Zu den drei Ebenen allgemein vgl. 2.3.1.3.
[304] Ders. (1991), S. 170.

gerechte ergeben"[305]. So nennt er zuerst als Selbstverständnis des Menschen überhaupt, seine Geschöpflichkeit, die sowohl die ontologische Differenz als auch die personale Korrespondenz des Menschen als Geschöpf zu Gott, dem Schöpfer, zum Ausdruck bringt. Als zweiten Punkt führt er die „kritische Distanz" des Glaubens zur geschichtlichen Welt auf. Letztere unterscheide sich von der geschöpflichen Welt dadurch, dass das Heilbringende allein Sache der christlichen Hoffnung sei. Drittens weist er auf das Verhältnis des Menschengerechten zu den gesellschaftlichen Strukturen hin und stellt eine relative Rezeption fest. Das Relative solle nicht radikal verneint, sondern zugunsten einer besseren Gerechtigkeit kritisch rezipiert werden. Beim vierten Punkt, der Relationalität, geht RICH auf den menschengerechten Umgang mit ethischen Werten des allgemein-menschlichen Erfahrungshorizonts ein, wie beispielsweise der Freiheit. Diese nehme die Humanität aus Glauben, Hoffnung und Liebe relational und kritisch-relativiert auf. Als fünftes Kriterium nennt er die Mitmenschlichkeit, also das menschengerechte Verhalten der Menschen untereinander, und grenzt sie gegen Individualismus und Kollektivismus ab. So sei der Mensch aufgrund seines auf Dialog ausgerichteten Charakters in der Zweisamkeit menschlich. Doch der Mensch stehe nicht nur in einer Gemeinschaft mit seinen Mitmenschen, sondern aufgrund seiner Mitgeschöpflichkeit auch mit der übrigen Schöpfung und habe darin eine Doppelfunktion als Gestalter, aber auch Behüter. Als letztes Kriterium führt RICH schließlich noch die Partizipation an, da sich Humanität auch in institutionell vermittelten Beziehungsfeldern bewähren müsse. Es geht hier also um die sozialethische Dimension der Verantwortung, der strukturellen Ermöglichung von Partizipation an der gesamten Schöpfungswelt für alle.

Um der Aufgabe der Sozialethik nachzukommen, die es, wie der Begriff des Menschen*gerechten* ausdrückt, „spezifisch mit der Frage nach der gerechten Struktur und Funktionsweise der gesellschaftlichen Institutionen zu tun" hat, setzt er die sieben aufgeführten Kriterien der Humanität aus Glauben, Hoffnung und Liebe in Bezug zur gesellschaftlichen Gerechtigkeit und zur Gerechtigkeitstheorie von JOHN RAWLS. Im Ergebnis entwickelt RICH verschiedene Perspektiven, in der die Kriterien des Menschengerechten in Form von Maximen näher konkretisiert werden.

Dies erfolgt auf der dritten Ebene der ethischen Urteilsfindung, der Vermittlung von Absolutem und Relativem, von Menschengerechtem und Sachgemäßem in kritisch zu reflektierenden Normen, den praktischen Maximen.[306] Diese Maximen sind stets in zweifacher Hinsicht als relativ in ihrem Verhältnis zum Absoluten der Humanität aus Glauben, Hoffnung und Liebe zu sehen. Zum einen beinhalte die Relativität der Maximen eine Differenz zum Absoluten, denn sie seien nie vollkommen und letztgültig. Zum anderen gebe es aber auch die Korrespondenz mit dem Absoluten, denn Maximen dien-

---

[305] Ders. (1991), S. 172. Die Anzahl der Kriterien ist, wie RICH betont, nicht als abgeschlossen, sondern als offen zu verstehen. Vgl. dazu die Ausführung der sieben Kriterien in Ders. (1991), S. 172–200.

[306] Die formalen Aspekte der Maximen sind bereits oben unter 2.3.1.3 dargestellt.

ten der Verwirklichung eines schöpfungs- und menschengerechteren Daseins als Vorschein des Reichs Gottes.[307] Dennoch kommt ihnen laut RICH eine bestimmte Verbindlichkeit zu, die wiederum je nach Maxime unterschiedlich ist. So differenziert er in prinzipielle Maximen, die auf einen generellen Gültigkeitsanspruch hinweisen, und solchen, die auf einen konkreten Kontext bezogen, also tentativ-pragmatisch sind.[308]

Dies gilt nach Ansicht RICHs auch für die biblischen Maximen.[309] So lassen sich beispielsweise die Gebote des Dekalog oder die Zuspitzung der Humanität aus Glauben, Hoffnung und Liebe in Jesus Christus der ersten Gruppe, den generellen und situationsunabhängigen Maximen, zuordnen. Zu den situationsbezogenen Maximen gehört zum Beispiel die paulinische Aufforderung „Wer nicht arbeiten will, der soll auch nicht essen."[310] Doch auch alle diese biblischen Maximen sind stets als Maximen menschlicher Gerechtigkeit zu verstehen und als solche relativ zum Absoluten.

Zusammenfassend lässt sich deshalb sagen, dass das Spezifische einer christlichen Sozial- und Wirtschaftsethik für RICH nicht in den Maximen gründet, sondern darin liegt, „daß die Glaubenshumanität mit ihrer Ethik (...) nie bloß ein reflektiertes Sollen [ist], das jetzt und hier in Anspruch nimmt, sondern ein geschenktes Sein, das aus dem Kommenden stammt (...) und schon jetzt in die Zu-Kunft des Reiches Gottes versetzt, das erst noch kommt"[311]. Als solche ermutige und ermächtige sie die Menschen zur Suche nach Maximen für eine bessere Menschlichkeit, um diese schließlich zu verwirklichen.

2.3.4 Aussagen zur Unternehmensethik

Wenn sich, wie bereits erwähnt, der theologische Ansatz RICHs in erster Linie mit der Wirtschafts- und weniger mit der Unternehmensethik befasst, so können doch auch Punkte genannt werden, an denen er in seiner Theorie insbesondere auf die Unternehmensethik eingeht beziehungsweise wo sich aus seinen Überlegungen zur Wirtschaftsethik direkte Schlussfolgerungen für die Unternehmensethik ziehen lassen.[312]

So weist RICH im Rahmen seiner Ausführungen zu den menschlichen Grundbeziehungen darauf hin, dass ein Unternehmen stets der Ort sei, an dem insbesondere die personale Beziehung in ihrer personunmittelbaren Prä-

---

[307] In diesem Verständnis von Relativität der Maximen greift RICH auf die politische Ethik ZWINGLIs und seiner Dialektik von menschlicher und göttlicher Gerechtigkeit zurück. Vgl. Ders. (1991), S. 229.

[308] Vgl. Ders. (1991), S. 231f.

[309] Vgl. Ders. (1991), S. 233–241.

[310] 2 Thess 3,10b. Übersetzung nach LUTHER.

[311] Ders. (1991), S. 242f. Im Original teilw. kursiv gedruckt.

[312] Hier geht es zunächst nur um theoretische Überlegungen anhand der Ausführungen RICHs; die möglichen Impulse seines Ansatzes für die Suche nach einer Unternehmensethik, in der die menschliche Lebenswirklichkeit als geschöpfliche deutlich wird, folgt in 2.3.5.

gung und zugleich in ihrer institutionellen Vermitteltheit sichtbar werde.[313] In einem Unternehmen, definiert als „organisierte Kooperation von Menschen verschiedener Ausbildung und verschiedener Positionen zur Produktion bestimmter Güter"[314], lässt sich sowohl eine große Bandbreite an persönlichen, informellen Kontakten unter den Mitarbeitern finden. Darüber hinaus sind im Unternehmen als Institution die Beziehungen der am Produktionsprozess Beteiligten durch verschiedene horizontale wie vertikale Strukturen fest geregelt. Hinzu kommt, dass jeder Betrieb auch selbst wieder in verschiedene übergreifende Institutionen und Strukturen eingebunden ist.

Bei näherer Betrachtung haben jedoch auch die beiden anderen von RICH genannten Grundbeziehungen des menschlichen Daseins ihren Ort im Unternehmen. So wird der Einfluss des Institutionellen auf die Innerlichkeit der Ich-Selbst-Beziehung beispielsweise „am unmittelbarsten (...) im Verhältnis des Menschen zur Institution der gesellschaftlichen Arbeit"[315] deutlich. Die vorgegebenen Strukturen der Arbeit, das Maß an Eigenverantwortung und Mitgestaltung etc., haben großen Einfluss auf die Selbstwahrnehmung des Menschen als Individuum oder als „Es". Unternehmen können über die Gestaltung dieser Strukturen also entscheidend Einfluss nehmen auf die Ich-Selbst-Beziehung des Menschen und haben dementsprechende Verantwortung im Sinne des Menschengerechten zu tragen. Gleiches gilt auch für die dritte Grundbeziehung, die Beziehung des Menschen zu seiner Umwelt, die er, wie RICH sagt, zugleich pflegen als auch nutzen solle. Da Betriebe in ihren Produktionsprozessen immer Einfluss auf die Umwelt haben, findet sich also auch die Ich/Wir-Es-Beziehung dort vor. Ein Unternehmen ist also stets der Ort der Wirtschaft, an dem alle drei Grundbeziehungen des menschlichen Daseins zum Tragen kommen, und wird in einer Ethik entsprechend Berücksichtigung finden müssen.

Des weiteren ist festzuhalten, dass die Unternehmensethik wie die allgemeine Wirtschaftsethik ebenfalls ein Teilbereich der Sozialethik ist. Im Anschluss an RICH ist sie „der Sache nach nichts anderes als die Anwendung der sozialethischen Fragestellungen, Gesichtspunkte und Prinzipien auf die [betriebs]wirtschaftlichen Grundprobleme"[316]. Dies bedeutet, dass auch in einer Unternehmensethik die drei Ebenen der sozialethischen Argumentation greifen. So müssen immer beide, Sachgemäßes und Menschengerechtes, zugleich berücksichtigt werden, und die Generierung von Maximen als konkrete Handlungsanweisungen ist auch hier erst in der Zusammenschau der beiden Bereiche möglich. Doch gerade bei der Bildung der tentativ-pragmatischen Maxime darf das Sachgemäße nicht als ein allgemein Sachgemäßes berücksichtigt werden, sondern muss immer als ein für das Unternehmen Sachgemäßes gesehen werden. Schließlich unterliegt jeder Betrieb anderen, spezielleren Sachgesetzlichkeiten als die Wirtschaft im Allgemeinen und hat auch je für

---

[313] Vgl. Ders. (1991), S. 53f.
[314] Ders. (1991), S. 53.
[315] Ders. (1991), S. 55.
[316] Ders. (1991), S. 67.

sich genommen ganz individuelle Sachmäßigkeiten zu erfüllen. Die Erfahrungsgewissheiten werden dementsprechend als Kriterien des Menschengerechten in einem individuellen Sachgemäßen, also in den konkreten Strukturen eines bestimmten Unternehmens zur Geltung gebracht. Die Suche nach Maximen für eine bessere Menschlichkeit bekommt in der Unternehmensethik einen konkreten Ort.

2.3.5 Impulse

Wie gerade gezeigt, lassen sich im Ansatz RICHs, trotz dessen Fokus auf die Wirtschaftsethik allgemein, einige Aussagen belegen, die das Thema der Unternehmensethik implizit oder explizit aufgreifen. So kann dieser Ansatz als ein Impulsgeber für eine explorative Unternehmensethik geschöpflichen Lebens dienen. Dies nicht zuletzt deshalb, weil für ihn der Bezugspunkt jeder Ethik die „Wirklichkeit des Menschen in der ganzen Komplexität seiner Existenz"[317] darstellt. Diese Existenz ist als ein Leben im Horizont von Glauben und Auferstehung zu verstehen, dessen existenzbegründende Kraft der Humanität aus Glauben, Hoffnung und Liebe über Normatives hinausgeht und dem Menschen als Erfahrungsgewissheit begegnet. Somit ist für RICH Ethik immer als Seins- und nicht als Sollensethik zu verstehen.

Ethik als Seinsethik hat ihm zufolge aber immer das Menschengerechte zum Ausdruck zu bringen, in dem die Geschöpflichkeit des Menschen zum Tragen kommt. Allerdings kann dies ausschließlich in Verbindung mit dem Sachgemäßen geschehen. Nur wenn Sachgemäßes, also Effizienz, Wettbewerb etc., und Menschengerechtes, also die Erfahrungsgewissheiten der hoffenden Liebe des Glaubens und ihre Kriterien, gleichermaßen berücksichtigt werden, können Maximen zum praktischen Handeln gefunden werden. Hieran wird deutlich, dass die geschöpfliche Lebenswirklichkeit des Menschen stets in Bezug zu den Orten ihrer Erprobung gesehen werden muss, jedoch nicht darin aufgehen kann und darf.

Einer dieser konkreten Orte für die Suche nach Maximen für eine bessere Menschlichkeit sind im Anschluss an RICHs Ansatz die Unternehmen. Die allgemein menschlichen Erfahrungsgewissheiten werden dementsprechend als Kriterien des Menschengerechten in einem individuellen Sachgemäßen, also in den konkreten Strukturen eines bestimmten Unternehmens, zur Geltung gebracht. Betriebe haben dementsprechend je für sich und ihrer sachlichen Situation angemessen nach entsprechenden Maximen zu suchen. Zentral ist dabei RICHs Hinweis, dass diese Maximen stets relativ bleiben und es deshalb immer wieder aufs Neue einer Suche nach entsprechenden Handlungsmaximen bedarf. Auf diese Weise trägt er dem explorativen Ansatz einer christlichen Unternehmensethik geschöpflichen Lebens Rechnung. Für Unternehmen hat dies zur Konsequenz, dass sie nicht bei einer einmal geführten Diskussion zu Leitbild oder Unternehmenskultur stehen bleiben dürfen. Vielmehr gilt es, die Erfahrungsgewissheiten in Verbindung mit den sachlichen Vorgaben stets

---

[317] Ders. (1991), S. 41. Im Original kursiv gedruckt.

aufs Neue zu überprüfen und gegebenenfalls zu verändern. Dieser Prozess selbst muss im Unternehmen verankert sein, um nicht übersehen zu werden. Nur so kann geschöpfliches Leben wirklich zur Erprobung kommen.

Im Sinne RICHs stellen Betriebe darüber hinaus den Ort in der Wirtschaft dar, an dem alle drei Grundbeziehungen des menschlichen Daseins zusammenspielen. So kann und muss in ihnen das Verhältnis des Menschen zu sich selbst, zu anderen und zu seiner nichtmenschlichen Umwelt in ihrer unmittelbaren Prägung, also im direkten Miteinander, wie auch in ihrer institutionellen Vermitteltheit, beispielsweise im Rahmen von Arbeit, immer wieder neu erprobt werden. Die dabei angesprochenen ethischen Themen können ganz unterschiedlich sein. Geht es um Fragen der Verantwortung, so lässt sich mit RICH sagen, dass diese stets für Unmittelbares wie auch für Mittelbares zu gelten hat. So tragen Unternehmen nicht nur unmittelbar Verantwortung für den individualethischen, personalethischen und umweltethischen Bereich. Ihnen kommt auch eine mittelbare Verantwortung für die Strukturen zu, in denen sie agieren, was umfassend gedacht auch die Verantwortung für mögliche Folgen solcher Strukturen einschließt.[318] Dies bedeutet, dass gerade wirtschaftliche Global-Player sich an ihren jeweiligen Standorten weltweit der Frage der Verantwortung stellen müssen, gerade auch trotz jeweils unterschiedlicher juristischer und kultureller Kontexte.

Der Aspekt des „Menschen-Gerechten", den RICH immer wieder betont, ist hierbei zentral. Zum einen haben sich verantwortungsbewußte Maximen also immer an dem zu orientieren, was dem Menschen gerecht wird. Zum anderen kann der Begriff aber auch als Hinweis darauf verstanden werden, dass in den Maximen letztlich immer nur menschliche Gerechtigkeit zum Ausdruck kommen kann. Diese bleibt gemessen an Gottes Gerechtigkeit immer relativ. Wenn Unternehmen dies im Blick haben, entbindet es sie zwar nicht davon, sich stets für mehr Gerechtigkeit im Miteinander und in den Strukturen einzusetzen. Dennoch kann es für sie entlastend wirken, gerade in Dilemmasituationen oder Momenten des Scheiterns.

Auch diese sind RICH nicht fremd, da er mit der Existenz des Bösen in dieser Welt rechnet.[319] Wie schon bei LUTHER[320] gehören für ihn Schuld und Scheitern zur geschöpflichen Existenz des Menschen dazu, wobei es stets um mehr geht als um reines Fehlverhalten. Dementsprechend sind Toleranz oder Akzeptanz dieser Fehler keine adäquaten Gegenmittel, sondern verfehlen die

---

[318] Für RICH liegt das Spezifische jeder Sozialethik, also auch der Unternehmensethik, gerade in der „auf die gesellschaftlichen Strukturen und deren Folgen für die qualitative Gestaltung der menschlichen Grundbeziehungen bedachte[n] Verantwortung" (Ders. (1991), S. 58). Wie weit solche Verantwortung allerdings letztlich gehen kann und muss, kann an dieser Stelle nicht beantwortet werden. Hier sei auf die Diskussion um eine Verantwortungsethik verwiesen, wie sie sich nicht zuletzt in JONAS (2003) zeigt.

Zum Aspekt der Verantwortung vgl. auch die Überlegungen der Denkschriften in 2.4.1.2 und 2.4.3.2 sowie den Ansatz von P. ULRICH in 3.2.3. Zur zentralen Bedeutung von Strukturen vgl. den Ansatz von WIELAND (insbes. 3.3.2.2)

[319] Vgl. RICH (1991), S. 107ff.
[320] Vgl. 2.2.4.

Dimension von Schuld. Das einzige, was laut RICH aufrichten kann, ist das von Gott im Sein Geschenkte.[321]

2.4 Schriften der EKD

Auch die Evangelische Kirche in Deutschland (EKD) hat sich in jüngerer Zeit immer wieder mit dem Handeln im Bereich der Wirtschaft unter unterschiedlichen Gesichts- und Schwerpunkten beschäftigt. In *Gemeinwohl und Eigennutz* (1991), *Gerechte Teilhabe* (2006) und *Unternehmerisches Handeln in evangelischer Perspektive* (2008) sowie im gemeinsamen Sozialwort der Kirchen, *Für eine Zukunft in Solidarität und Gerechtigkeit* (1997) wurden Verlautbarungen zum Thema herausgegeben, die sich mit Fragen der christlichen Existenz im Medium der Ökonomie auseinandersetzen. Ausgehend von gesellschafts- und wirtschaftspolitischen Problemen zeigen sie als aktuelle kirchliche Zeitzeugen exemplarisch die unterschiedlichen Aspekte, die aus theologischer Sicht relevant sind. Dabei gehen sie teils direkt auf die Thematik ein, teils geben sie implizite Hinweise darauf.

So zielen die folgenden Unterkapitel nicht auf eine grundlegende Auseinandersetzung mit den kirchlichen Schriften und ihren Aussagen, obwohl die eine oder andere kritische Anmerkung nicht ausgeschlossen sei. Vielmehr soll nach einer kurzen inhaltlichen Skizzierung der kirchlichen Verlautbarungen unter besonderer Berücksichtigung der unternehmensethischen Aspekte[322] die Suche nach Impulsen für eine Unternehmensethik im Mittelpunkt stehen, in der deutlich werden kann, was es heißt, als Geschöpfe zu leben.

2.4.1 Gemeinwohl und Eigennutz (1991)

2.4.1.1 Aufbau und Inhalt

Die erste der drei Denkschriften, die Schrift *Gemeinwohl und Eigennutz. Wirtschaftliches Handeln in Verantwortung für die Zukunft*, ist Anfang der 1990er Jahre während beziehungsweise kurz nach „der Wende" in Deutschland entstanden. So nimmt sie nicht nur immer wieder Bezug auf das Wirtschaftsmodell des Sozialismus[323], sondern beinhaltet im Anhang zudem ein Kapitel, das explizit die wirtschaftliche Entwicklung in der ehemaligen DDR darstellt. Auf diesem Hintergrund des Untergangs der DDR wird gerade das Modell der Sozialen Marktwirtschaft, das sich letztlich durchgesetzt hat, besonders gewürdigt und von der Denkschrift als zentrale Bezugsgröße verstanden:[324] „Sie erörtert Strukturen und Aufgaben wirtschaftlichen Handelns im

---

[321] Vgl. Ders. (1991), S. 40.

[322] Eine Zusammenfassung des gesamten Inhalts der kirchlichen Schriften ist deshalb hier nicht intendiert.

[323] So z. B. EKD (1991), S. 120f., Ziffer 175.

[324] Vgl. insbes. Ders. (1991), Teil II. Auffällig ist allerdings, dass sich die Denkschrift nicht umfassend kritisch mit dem Modell der Sozialen Marktwirtschaft und seinen Lücken auseinandersetzt, sondern sich als Verteidigerin des Wirtschaftsmodells gibt,

Rahmen der Sozialen Marktwirtschaft und entwickelt Perspektiven christlicher Verantwortung im Blick auf die gegenwärtigen Herausforderungen"[325] des wiedervereinten Deutschlands und seiner Wirtschaftsordnung.

Bereits in der Einleitung[326] wird von den Autoren wirtschaftliches Handeln grundlegend als Verantwortungsübernahme für andere und die nichtmenschliche Umwelt definiert. „In christlicher Perspektive ist alles Handeln vor Gott zu verantworten. Darum fragen Christen nach Maßstäben des Gebotes Gottes, von denen sich im wirtschaftlichen Handeln Verantwortung für andere Menschen und für die Mitwelt leiten lassen soll."[327]

Herausforderungen und Zukunftsfähigkeit Dieser Grundgedanke der Verantwortung zieht sich durch den gesamten Text und wird zunächst im ersten Teil der Denkschrift im Hinblick auf die damit verbundenen Herausforderungen zukunftsfähigen, wirtschaftlichen Handelns weiter konkretisiert.[328] Wirtschaften ist demzufolge immer aufgerufen, sich der Bedrohung der natürlichen Grundlagen des Lebens bewusst zu sein und die Schöpfung zu berücksichtigen. Aber auch die soziale Gerechtigkeit dürfe national wie international nicht aus dem Blick geraten und damit auch nicht die dafür verantwortlichen Strukturen. Schließlich müsse sich die wirtschaftliche Ordnung stets den Bedingungen der Demokratie anpassen. Bei alledem bedarf es jedoch stets eines besonderen Augenmerks auf die Wiedervereinigung in Deutschland und deren besondere Erfordernisse.

Wirtschaft in der Bundesrepublik Deutschland Der zweite große Teil der Denkschrift widmet sich daran anknüpfend dem wirtschaftlichen Handeln in der BRD samt ihren Strukturen, Leistungen und Problemen.[329] Die besondere Bedeutung der Sozialen Marktwirtschaft wird hervorgehoben, denn sie verbinde „Marktwirtschaft und verantwortliches Handeln der einzelnen Wirtschaftssubjekte mit den Aufgaben des sozialen und demokratischen Rechtsstaates"[330]. In ihr vereinen sich also Soziales und wirtschaftlicher Erfolg, und sie sei zudem eng verwoben mit dem demokratischen System im Land. Darüber hinaus stehe Deutschland als Industrieland natürlich auch in weltwirtschaftlichen Zusammenhängen, wie beispielsweise mittels internationaler Ar-

---

weil es Soziales und Wirtschaftliches gleichermaßen in sich vereint und demokratischen Kriterien entspricht. Dabei macht doch gerade die Notwendigkeit der häufigen und teils fundamentalen Eingriffe des Staates/der Gemeinschaft ins Wirtschaftsgeschehen (z. B. der Staatseinstieg bei der Commerzbank im Rahmen der Bankenkrise oder die Regierungsbürgschaft zur Rettung der deutschen Opelstandorte 2009) immer wieder deutlich, dass das Modell nur bedingt selbsttragend ist. Zur kritischen Auseinandersetzung mit der Sozialen Marktwirtschaft vgl. z. B. die Aufsätze in ASSLÄNDER/ ULRICH (2009).

[325] EKD (1991), S. 11, Ziffer 2.
[326] Vgl. Ders. (1991), S. 11–16, Ziffer 1–10.
[327] Ders. (1991), S. 11, Ziffer 1.
[328] Vgl. Ders. (1991), S. 17–32, Ziffer 11–33.
[329] Vgl. Ders. (1991), S. 33–78, Ziffer 34–94.
[330] Ders. (1991), S. 34, Ziffer 35.

beitsteilung, globaler Makropolitik oder eines weltweiten Transfersystems in Form von Entwicklungshilfen.

Christliche Aspekte Nach diesen in erster Linie wirtschaftlichen und staatstheoretischen Ausführungen wird im dritten Teil der Denkschrift in zwei Abschnitten schließlich der Bogen zur Theologie geschlagen.[331] So erörtert der Text zunächst die grundlegende christliche Perspektive auf wirtschaftliches Handeln.[332] „Wirtschaft ist [immer auch] ein Ort christlicher Verantwortung",[333] denn in der Wirtschaft sind, so der Text, Menschen zu verantwortungsbewusstem Handeln in einem übergreifenden Zusammenhang aufgerufen und eben „[s]olche Verantwortung von Menschen für Menschen und für die Mitwelt ist zugleich Verantwortung vor Gott".[334] Die Denkschrift unterscheidet dabei drei verschiedene, jedoch nicht voneinander zu trennende Ebenen, in deren Rahmen Christen aufgerufen sind, für die Zusammenhänge wirtschaftlichen Handelns Verantwortung zu übernehmen. Grundlegend sei dies die Ebene der leitenden Weltsicht. Darüber hinaus müssten aber auch die inhaltlichen Struktur- und Ordnungskriterien der Wirtschaft aus christlicher Perspektive verantwortungsbewusst geprüft werden. Als dritte Ebene sei schließlich die Verantwortung im Rahmen der persönlichen Lebensführung jedes einzelnen Christen zu berücksichtigen. Dieser Verantwortung auf allen drei Ebenen könne allerdings nur gerecht werden, wer sich seiner Verantwortung vor Gott bewusst sei und sich von Gerechtigkeit und dem Gebot der Nächstenliebe leiten ließe. Zudem muss, wie der Text betont, wirtschaftliches Handeln stets frei von der im Alltag oft herrschenden ökonomischen Macht und als Teil des gemeinsamen Lebens und der Gesellschaft betrachtet werden.

Im Anschluss an diese grundlegenden theologischen Überlegungen nimmt die Denkschrift mit Hilfe verschiedener biblischer Motive zu neun Themenaspekten Stellung und gibt entsprechende Richtungsimpulse.[335] So sei stets zu prüfen, was Gottes Wille sei,[336] denn das Zeugnis der Bibel eröffne Perspektiven, die die Wahrnehmung für das, was zu tun ist, verändern. In diesem Zusammenhang nennt die Denkschrift die folgenden vier Grundzüge der ethischen Verantwortung in christlicher Perspektive: Dankbarkeit für Gottes Fürsorge, Liebe zum Nächsten, Suche nach Gerechtigkeit und Achtung der Solidarität.

Ein zweiter Abschnitt hält fest, dass der Mensch als Geschöpf Gottes zu einer verantwortungsbewussten Haushalterschaft mit dem Lebensraum Erde aufgerufen ist,[337] auch im Hinblick auf zukünftige Generationen. Ressourcen

---

[331] Vgl. Ders. (1991), S. 79–116, Ziffer 95–171.

[332] Vgl. Ders. (1991), S. 79–83, Ziffer 95–102.

[333] Ders. (1991), S. 80, Ziffer 97.

[334] Ders. (1991), S. 79, Ziffer 95. Im Original teilw. kursiv gedruckt.

[335] Zu einzelnen biblischen Aspekten vgl. auch oben 2.1.

[336] Vgl. Ders. (1991), S. 84f., Ziffer 103–107. Auf die Erkenntnis des Willens Gottes wird allerdings nicht näher eingegangen; die praktische Umsetzung der Aufforderung bleibt der Vorstellung des Lesers überlassen.

[337] Vgl. Ders. (1991), S. 85–88, Ziffer 108–114.

wie Lebensraum und -zeit werden also als Gaben Gottes verstanden. Um sie verstärkt und präziser zu schützen, bedürfe es unter anderem struktureller Konsequenzen in der Wirtschaft.

Ebenso schützenswert sieht die Denkschrift die Einhaltung des Feiertags,[338] der für sie in Gottes Schöpferwirken begründet liegt. Auch wenn die Beteiligung aller an der Erwerbsarbeit als ein zentraler Auftrag an Staat und Wirtschaft zu verstehen sei, da der Arbeit eine besondere Bedeutung für die Selbständigkeit der Person und ihre sozialen Beziehungen zukomme, so sei der Mensch doch stets mehr als seine Arbeit und in seiner Würde unabhängig davon zu betrachten.

In einen vierten Aspekt wird auf das spannungsvolle Verhältnis von Armut[339] und Reichtum eingegangen.[340] Letzterer sei an sich nicht verwerflich, solle aber immer dazu dienen die Armut zu wenden, denn wer für die Schwachen und Machtlosen in diakonischem Sinn eintritt, gebe Antwort auf die Gerechtigkeit Gottes und das Evangelium, das dem Menschen Freiheit von materieller Sorge schenkt. Deshalb fordert die Denkschrift eine Solidarität, die über individuelle Hilfe hinausgeht, und erhebt an die Weltwirtschaft den Anspruch auf mehr soziale Gerechtigkeit und an die Politik auf entsprechende politische Verantwortung.

Ähnlich wie Reichtum zur Beseitigung von Armut verpflichtet, so sei Eigentum[341] generell an soziale Verantwortung gebunden und sein Gebrauch durch die Verantwortung für Gottes Schöpfung begrenzt. Zwar gebe es im Christentum die asketische Tradition der Besitzlosigkeit, dennoch wird vom Text Privateigentum gerade in der Wirtschaft als wichtig erachtet. Da der Umgang damit aber immer auf Gemeinschaft ausgerichtet sei, komme der Mitsprache und Mitgestaltung durch die Arbeitnehmer im Unternehmen eine wichtige und den Wirtschaftsprozess fördernde Rolle zu.

Entsprechend der Betonung der sozialen Verantwortung nennt die Denkschrift als sechsten Aspekt das Gebot der Nächstenliebe,[342] das nicht als moralische Forderung, sondern als Antwort auf Gottes Liebe und Folge seiner Gnade zu verstehen sei. Es fasse wirtschaftliches Handeln als Handeln, das dem Nächsten nützt und hilft, und müsse „als ‚Liebe in Strukturen' auch in die Institutionen des gemeinsamen Lebens zugunsten der Schwächeren Eingang finden."[343] Zwar liege der Antrieb für wirtschaftliches Handeln in Eigennutz, Selbsterhaltung und Gewinnstreben, dennoch müsse er nicht als Gegensatz zum Gebot der Nächstenliebe verstanden werden, denn wie die Denkschrift fordert, gibt ein intelligenter Umgang mit Eigennutz und Nächstenliebe zugleich Raum für die Sorge des einzelnen um sich selbst, für die

---

[338] Vgl. Ders. (1991), S. 88—91, Ziffer 115—121.
[339] Das Thema Armut wird durch die EKD ausführlich in ihrer Denkschrift von 2006 behandelt. Vgl. dazu 2.4.2.
[340] Vgl. Ders. (1991), S. 92—95, Ziffer 122—129.
[341] Vgl. Ders. (1991), S. 95—99, Ziffer 130—138.
[342] Vgl. Ders. (1991), S. 99—106, Ziffer 139—150.
[343] Ders. (1991), S. 101.

Fürsorge anderer und für Rücksicht auf das gemeinsame Leben. Wirtschaft und Ethik, so folgert der Text, schließen sich also gegenseitig nicht aus.

Ein weiterer wichtiger Aspekt neben dem Gebot der Nächstenliebe sei die Frage nach der Gerechtigkeit.[344] Die Denkschrift unterscheidet dabei zwischen Glaubensgerechtigkeit und der weltlichen Gerechtigkeit unter Menschen. Erstere meint für sie keine sozialethische Forderung, sondern sei mit LUTHER als gnadenhafte Rechtfertigung allein aus Glauben zu verstehen. Entsprechend wird in diesem Sinn christliche Freiheit als Freiheit von der Sorge um die eigene Gerechtigkeit vor Gott verstanden. Diese Freiheit wiederum bewege den Menschen zur tätigen Liebe, also zur sozialen Gerechtigkeit, so dass Gottes Gerechtigkeit und weltliche Gerechtigkeit als soziale Gerechtigkeit unter den Menschen unlösbar miteinander verknüpft sind. Dabei bedarf die weltliche Gerechtigkeit einer fortwährenden Suche und Konkretion, wird von den Autoren aber grundsätzlich als Beteiligungsgerechtigkeit gefasst. Als solche dürfe sie nicht nur als persönliche Fürsorge verstanden werden, sondern müsse darüber hinaus den Abbau der strukturellen Ursachen fördern, die eine Teilhabe und Teilnahme von Menschen an der Gesellschaft verhindern.[345] Menschengerechtes mit seinen drei Kriterien der Sozialverträglichkeit, der nationalen und der ökologischen Verträglichkeit und Sachgerechtes müssen also immer gleichermaßen in den Blick kommen.[346]

Wichtig sei dementsprechend, dass die materiellen Güter und die ökonomischen Gesichtspunkte nicht übermächtig werden,[347] denn dies würde der menschlichen Ehre gegenüber Gott widersprechen und sei dem Machtbereich der Sünde zuzuordnen. Da vor Gott alle Menschen gleich seien, seien auch alle dazu aufgerufen, untereinander unabhängig vom Erfolg Solidarität zu üben und die Auswirkungen der Sünde, die den Alltag immer wieder bestimmen, zu bekämpfen.

Als letzten Aspekt nennt die Denkschrift schließlich die christliche Hoffnung und die Freiheit von Sorge,[348] denn ein gutes Leben könne nicht allein durch materielle Güter gewährleistet werden. Vielmehr gehe es darum, auf Gottes Verheißung zu vertrauen und frei von Sorge um materielle Güter zu leben, wobei im Text auch an freiwilligen Verzicht gedacht wird, um sich eine ethische Unabhängigkeit zu bewahren. Unfreiwilliger Verzicht hingegen, wie ihn viele Menschen weltweit erdulden müssen, bleibe eine „große Herausforderung an die Struktur der Weltwirtschaft"[349], die sich stets am Geringsten messen lassen und entsprechend mit pragmatischer Nüchternheit korrigiert werden müsse.

---

[344] Vgl. Ders. (1991), S. 106−110, Ziffer 151−158. Trotz der Forderung nach Gerechtigkeit, kann die Denkschrift im Vergleich zu der fast schon sozialrevolutionären Verlautbarung von 2006 in dieser Hinsicht doch als ziemlich liberal eingestuft werden.

[345] Zur Beteiligungs- bzw. Teilhabegerechtigkeit vgl. ausführlich EKD (2006) und die Ausführungen dazu in 2.4.2.

[346] Zum Sachgemäßen und Menschengerechten vgl. auch oben den Ansatz von RICH in 2.3.

[347] Vgl. EKD (1991), S. 110−113, Ziffer 159−164.

[348] Vgl. Ders. (1991), S. 113−116, Ziffer 165−171.

[349] Ders. (1991), S. 115, Ziffer 169.

Perspektiven und Forderungen An ihre theologischen Ausführungen anschließend zieht die Denkschrift Resümee und beschäftigt sich im vierten Teil mit den Ergebnissen, Folgerungen und Perspektiven des Gesagten.[350] So sieht sie ihre eigene Aufgabe darin, „im Blick auf das wirtschaftliche Handeln eine Ortsbestimmung aus evangelischer Sicht vorzunehmen"[351] und hält in Bezug auf das gegenwärtige Wirtschaftsmodell in der BRD drei Gedanken fest: Soziale Marktwirtschaft mit ihrer gleichzeitigen Berücksichtigung des Sach- wie Menschengerechten wird als ein Modell gesehen, das den Anforderungen gerecht werde, die über eine ökonomische Effizienz hinaus gestellt werden. Deshalb könnten Christen ihr grundsätzlich zustimmen. Die weitere Zukunftsfähigkeit der Sozialen Marktwirtschaft hänge jedoch davon ab, ob die Herausforderungen der Gegenwart erkannt und auf den Grundsätzen der Nächstenliebe und Gerechtigkeit basierend als Korrekturen in das Modell Eingang fänden.

Diese Herausforderung der ständigen Kurskorrekturen richte sich zwar in erster Linie an die Politik, aber darüber hinaus betreffe sie in einem demokratisch verfassten Staat wie der Bundesrepublik Deutschland alle Bürger, die Teil des demokratischen Gemeinwesens sind und vielfältig am wirtschaftlichen Prozess mitwirken. Entsprechend stellt die Denkschrift vier allgemeine Forderungen auf:

Zum einen soll der Dialog und Lernprozess unter den am wirtschaftlichen Geschehen Beteiligten auch durch Mitwirkung der Kirchen weiter gefördert und das Denken in falschen Alternativen überwunden werden.[352] Themen und Modelle wie Kapitalismus und Sozialismus, Ökonomie und Ökologie seien keine Entweder-Oder-Entscheidungen, sondern müssen reflektiert mit ihren je eigenen Vor- und Nachteilen betrachtet werden, was jedoch einzelne Grundsatzentscheidungen in der Wirtschaft nicht ausschließen solle.

Des weiteren müssen die drei Ebenen, in deren Rahmen Christen aufgerufen sind für die Zusammenhänge wirtschaftlichen Handelns Verantwortung zu übernehmen, stets beachtet werden.[353] Auf der ersten Ebene der leitenden Weltsicht wird von den Autoren eine Umorientierung in der westlichen Kultur gefordert, denn „das Leben ist mehr als Ökonomie"[354] mit ihren Ressourcen und ihrer Erwerbsarbeit. Krisenerscheinungen würden die aktuellen Missstände in Wirtschaft und Gesellschaft deutlich machen und zu einem generellen Umdenken auffordern, um als Zivilisation zukunftsfähig zu bleiben. Auf der Ebene der inhaltlichen Ordnungskriterien sei der Staat aufgefordert, der notwendigen Umorientierung entsprechende strukturelle Rahmenbedingungen zu schaffen, wobei die im Zusammenhang mit dem Aspekt der Gerechtigkeit genannten Verträglichkeitskriterien als Hilfe dienen können. Darüber hinaus sollten die biblischen Richtungsimpulse und Motive auch im Bereich der persönlichen Verantwortung zum Tragen kommen, sei es als Staatsbür-

---

[350] Vgl. Ders. (1991), S. 117–139, Ziffer 172–200.
[351] Ders. (1991), S. 117, Ziffer 172.
[352] Vgl. Ders. (1991), S. 119–123, Ziffer 173–178.
[353] Vgl. Ders. (1991), S. 124–131, Ziffer 179–188. Zu den drei Ebenen vgl. auch 2.4.1.1.
[354] Ders. (1991), S. 125, Ziffer 180.

ger oder in Institutionen und verantwortlichen Funktionen. Gerade dies müsse auch in Form von ethischen Regeln und Standards in den Unternehmen verankert werden.

3)   In ihrer dritten Forderung[355] weist die Denkschrift erneut darauf hin, dass die Zukunftsfähigkeit der Sozialen Marktwirtschaft nur gegeben sei, wenn sie sich weiterentwickle. Deshalb müssten nicht nur die ökologischen Herausforderungen akzeptiert, sondern die Weltwirtschaft insgesamt gerechter werden und die soziale Symmetrie Beachtung finden. Außerdem bedürfe es einer entsprechend demokratischen Grundsätzen gestalteten Sozialen Marktwirtschaft.

4)   Schließlich mahnt die Denkschrift aufgrund des (damals) aktuellen politischen Anlasses der Wiedervereinigung an, einheitliche Lebensverhältnisse in Gesamtdeutschland herzustellen und das Gefälle zwischen Ost und West abzubauen.[356]

2.4.1.2 Impulse

Da die Denkschrift inhaltlich sehr stark auf die politische Lage des wiedervereinigten Deutschland eingeht und in diesem gesamtgesellschaftlichen Kontext der BRD auch das Thema Wirtschaft und dessen ethische Topoi verortet, hat der Themenkomplex der Unternehmensethik keinen expliziten Eingang in den Text gefunden. Dennoch lassen sich verschiedene Impulse für eine Unternehmensethik im Sinne einer Ethik geschöpflichen Lebens herauslesen.

So weisen die Autoren der Denkschrift darauf hin, dass die „Leistungsfähigkeit und Verantwortung von Unternehmen (...) im Zusammenspiel der wirtschaftlichen Kräfte entscheidende Faktoren für das Gelingen des gesamten wirtschaftlichen Prozesses"[357] darstellen. Damit spricht der Text den Unternehmen innerhalb der Ökonomie eine entscheidende Rolle zu und fordert von ihnen, eine auf Zukunft ausgerichtete Verantwortung für das eigene Handeln zu übernehmen.[358] Sie sollen sich als Teil der Wirtschaft, die Ort christlicher Verantwortung ist, von einem christlichen Verständnis leiten lassen. Dabei können die vier im Text genannten Grundzüge der ethischen Verantwortung, nämlich Dankbarkeit gegenüber Gott, Liebe zum Nächsten, Suche nach Gerechtigkeit und Achtung der Solidarität als Orientierungshilfe dienen. Sie gilt es im betrieblichen Alltag immer wieder zu erproben und zwar auf allen drei beschriebenen Verantwortungsebenen — Kultur, Struktur und persönliche Handlungen. Unternehmen haben also sowohl im Bereich der grundsätzlichen Weltsicht, im Bereich der Festlegung von Strukturen und Ordnungskriterien sowie im Verhalten jedes einzelnen Mitarbeiters zu erkunden,

---

[355]   Vgl. Ders. (1991), S. 132—137, Ziffer 189—196.
[356]   Vgl. Ders. (1991), S. 137—139, Ziffer 197—200.
[357]   Ders. (1991), S. 134f., Ziffer 193.
[358]   Hierin entspricht die Denkschrift dem Ansatz WIELANDs, Unternehmen als kollektive Akteure zu verstehen, die moralisch handeln können. Vgl. 3.3.2.2. Zum Aspekt der Verantwortung vgl. auch die Denkschrift *Unternehmerisches Handeln in evangelischer Perspektive* in 2.4.3.2 sowie die Ansätze von RICH und P. ULRICH in 2.3.5 und 3.2.3.

was es heißt, verantwortlich zu handeln.[359] Dabei kann es, wie der Text rät, hilfreich oder notwendig sein, das Verhalten der unternehmerischen Akteure in Form von moralischen Standards und Verpflichtungen zu regeln. „Im Rahmen einer ‚Unternehmensethik' sollten Grundsätze formuliert werden, die sich neben betriebswirtschaftlichen Maßstäben an Zielen von allgemeingesellschaftlicher Bedeutung orientieren."[360] Dabei sei darauf hingewiesen, dass dies im Sinne einer explorativen Ethik ein fortwährender Prozess ist. Unternehmen sind also immer wieder neu herausgefordert, sich über ihre unternehmensethischen Grundsätze Gedanken zu machen, sie zu überarbeiten und erneut in der Praxis umzusetzen.

Einer der Aspekte, an dem betriebliche Verantwortung zu erproben ist, ist der Umgang mit der nicht-menschlichen Schöpfung.[361] Unternehmen müssen die Schöpfung mit ihren Ressourcen wie Lebensraum und -zeit als Gaben Gottes wahrnehmen, sich der Bedrohung der natürlichen Grundlagen des Lebens bewusst sein und deshalb auch im Hinblick auf zukünftige Generationen nachhaltig wirtschaften.[362] Diese Forderung des Textes hat ihre Grundlage nicht zuletzt darin, dass Unternehmen stets Eigner von Gebäuden und Produktionsmitteln sind und dadurch bestimmte Verpflichtungen und Verantwortungen eingehen.[363] Dazu gehört unter anderem, die Mitsprache und Mitgestaltung der im Unternehmen Beschäftigten innerhalb der unternehmerischen Prozesse zuzulassen. Die in der Denkschrift geforderte Einhaltung des Feiertags sollte ebenfalls Gehör finden und sich letztlich in den für einen Betrieb gültigen Strukturen niederschlagen.[364]

Im Anschluss an die kirchliche Verlautbarung muss auch die Erprobung des Gebots der Nächstenliebe in diesen Strukturen sichtbar werden. Es sollte nämlich nicht nur im zwischenmenschlichen Bereich zum Tragen kommen, sondern ausgeweitet „als ‚Liebe in Strukturen' auch in die Institutionen des gemeinsamen Lebens zugunsten der Schwächeren Eingang finden"[365]. Hierin drückt sich die Achtung einer Solidarität aus, sei es innerbetrieblich oder zu anderen Shareholdergruppen, sei es national wie international, die über individuelle Hilfe hinausgeht. Dabei ist allerdings zu berücksichtigen, dass die Liebe zum Nächsten in einem ausgewogenen Verhältnis zum Eigennutz steht. Nur durch einen intelligenten Umgang mit beiden gleichermaßen bleibt den

---

[359] Diese Aufteilung entspricht der ethischen Dreiteilung in Wirtschaftsethik (System) — Unternehmensethik (Institution) — Individualethik (Individuum). Vgl. dazu auch 1.2.

[360] Ders. (1991), S. 130, Ziffer 187. Die Forderung nach systematischer Einführung von Ethik- bzw. Werte-Managament-Systemen findet sich auch insbesondere im Ansatz von WIELAND in 3.3.2.3.

[361] Vgl. dazu auch 2.1.1 und 2.1.2.

[362] Ausführlich wird dieser Aspekt im Rahmen der Nachhaltigkeits-Diskussion in EKD (2009) behandelt. Zum Aspekt der Nachhaltigkeit vgl. auch 4.4.3.

[363] Vgl. EKD (1991), S. 97, Ziffer 134. Eigentum von Firmen kann allerdings nicht nur wie hier materielles, sondern auch geistiges Eigentum umfassen. Vgl. dazu unten 4.3.3.

[364] Hierzu zählen auch Vereinbarungen von Tarifverträgen, auf die die einzelnen Unternehmen oft nur indirekten Einfluss haben. Vgl. zum biblischen Verständnis des Sabbats auch 2.1.2.

[365] Ders. (1991), S. 101, Ziffer 142. Schon LUTHER hat die besondere Bedeutung des Nächstenliebegebots hervorgehoben. Vgl. dazu 2.2.3.2 und 2.2.3.4.

Unternehmen genügend Raum für die Sorge um die eigenen Belange, für die Fürsorge um Mitarbeiter und andere Shareholder sowie für Rücksicht auf das gemeinsame Leben und Wirtschaften.

Bindeglied zwischen Gemeinwohl und Eigennutz, das beide in einem ausgeglichenen Maß hält, ist die Gerechtigkeit. Diese kann verschiedene Erscheinungsformen annehmen und als soziale Gerechtigkeit[366] verstanden werden, aber auch als Fairness[367] oder Chancengleichheit.[368] Im Anschluss an die Denkschrift ist allerdings klar festzuhalten, dass in der sozialen Gerechtigkeit zwar menschliche Gerechtigkeit und die Gerechtigkeit Gottes unlösbar miteinander verknüpft sind, allerdings niemals gleichgesetzt werden dürfen. Die menschliche Gerechtigkeit muss immer wieder neu gesucht und inhaltlich bestimmt werden und auf nationaler wie internationaler Ebene innerhalb eines Unternehmens erprobt werden.[369] Demgegenüber wird die göttliche Gerechtigkeit dem Menschen ausschließlich als Gnadengeschenk zugesprochen. Findet diese Unterscheidung Eingang in die gelebte Kultur eines Unternehmens, so kann der Umgang mit Schuld oder Versagen ebenfalls im Licht dieser Gnade stehen. Disziplinarische Maßnahmen verbleiben dementsprechend immer im Modus der Vorläufigkeit.[370]

Laut der Denkschrift ist dem Menschen von Gott aber nicht nur die Freiheit von der Sorge um die eigene Gerechtigkeit vor Gott geschenkt, sondern mit dem Evangelium auch die Freiheit von der materiellen Sorge.[371] Daran wird deutlich, dass nicht nur materielle Güter im Leben von Bedeutung sind, es also auch im Unternehmensalltag wichtigere Dinge geben sollte als die gefertigten Produkte oder Umsatz- und Gewinnsteigerung.[372] Dies muss sich vor allem darin zeigen, dass dem Mensch eine Würde unabhängig von seinem Besitz oder seiner Arbeit zukommt und dementsprechend mit jedem einzelnen Mitarbeiter umgegangen wird.[373]

2.4.2 Gerechte Teilhabe (2006)

2.4.2.1 Aufbau und Inhalt

Gut ein Jahr bevor die Denkschrift „Gerechte Teilhabe" erschien, wurde zum Januar 2005 in Deutschland durch Zusammenführung der früheren Arbeitslo-

---

[366] Ders. (1991), S. 21, Ziffer 17; 107, Ziffer 153 u. ö.
[367] Ders. (1991), S. 44, Ziffer 49 u. ö. Zur Fairness-Gerechtigkeit vgl. 4.2.3.
[368] Ders. (1991), S. 109, Ziffer 156. Allerdings fehlt bei allen Begriffen und Formen der Gerechtigkeit, die die Denkschrift nennt, durchweg eine genaue Definition.
[369] Die Denkschrift weist darauf hin, dass Gerechtigkeit nur durch ihre strukturelle Verankerung in der Praxis als Teilhabegerechtigkeit, also als Teilhabe an der Gesellschaft, Gestalt gewinnen kann.
[370] Ähnlich auch die Impulse zu Umgang mit Schuld und Versagen in den Ansätzen von LUTHER und RICH. Vgl. 2.2.4 und 2.3.5.
[371] Vgl. auch 2.1.5.
[372] Dies wird in der Praxis durch die bei Einstellungen von Mitarbeitern häufig geforderten „Softskills" wie Teamfähigkeit etc. deutlich.
[373] Zur Würde aus biblischer Perspektive vgl. 2.1.1.

senhilfe und der Sozialhilfe das sogenannte Arbeitslosengeld II[374] eingeführt, das laut Zweitem Sozialgesetzbuch (SGB II) die minimal-existentielle Grundsicherung für erwerbsfähige Hilfebedürftige umfasst. Vor diesem Hintergrund geht es in der kirchlichen Verlautbarung schwerpunktmäßig „um ein genaueres Verständnis des Phänomens der Armut in Deutschland, eine ethische Auseinandersetzung mit diesem Phänomen und die Beschreibung von Handlungsnotwendigkeiten".[375] Dabei wird Armut als „fehlende Teilhabe"[376] definiert, beziehungsweise die Forderung nach gerechter Teilhabe, wie im Titel deutlich wird, in den Mittelpunkt gerückt. In Folge der Armutsthematik beschäftigt sich die Denkschrift deshalb also vor allem mit verschiedenen Formen von Teilhabe und der Frage nach Gerechtigkeit.

Zusammenfassung und Empfehlungen In ihren Zusammenfassungen gleich zu Beginn[377] kommen die Autoren entsprechend dem Titel der Denkschrift, *Gerechte Teilhabe. Befähigung zu Eigenverantwortung und Solidarität*, zu dem Schluss, dass Armut im Sinne unzureichender Teilhabe zu verstehen ist und ihre Bekämpfung in gemeinsamer politischer, sozialer und wirtschaftlicher Verantwortung liegt. Ziel müsse es sein, durch verschiedene Hilfen den von Armut Betroffenen wichtige Kompetenzen zu vermitteln, damit sie eigenverantwortlich handeln können und letztlich die Teilhabegerechtigkeit aller Menschen verbessert wird.[378] Der Begriff der Teilhabe ist demzufolge eines der zentralen Stichworte der Denkschrift und gründet sich nach deren Verständnis in der geschenkten Teilhabe des Menschen an der Wirklichkeit Gottes. So seien auch seine Würde und seine Fähigkeiten im Sinne der biblischen Charismen unter dieser Perspektive zu verstehen.

Armut in einem reichen Land als Herausforderung Unter Vorwegnahme dieser Ergebnisse beschäftigt sich die Denkschrift zunächst eingehend mit der Armut im relativ reichen Land Deutschland und betont, dass Armut nicht nur als materielle Armut verstanden werden dürfe, sondern stets als „mangelnde Teilhabe"[379] an den verschiedenen gesellschaftlichen Bereichen, wie beispielsweise Politik oder kulturelles Leben. Deshalb vertritt die kirchliche Verlautbarung im Anschluss an das paulinische Bild vom einen Leib und den vielen Gliedern in 1 Korinther 12 „das Leitmotiv einer gerechten Teilhabe

---

[374] Kurz ALG II, umgangssprachlich meist „Hartz IV" genannt nach dem Vierten Gesetz für moderne Dienstleistungen am Arbeitsmarkt im Rahmen des Hartz-Konzepts.

[375] EKD (2006), S. 24, Ziffer 19.

[376] Ders. (2006), S. 43, Ziffer 61.

[377] Vgl. Ders. (2006), S. 10–15. Bereits in diesem ersten Abschnitt wird deutlich, dass der Text sozialrevolutionären Charakter hat.

[378] Bereits hier ist kritisch anzumerken, dass der Begriff der „Teilhabe" durch die Aussagen des Textes als „Beteiligung" verstanden werden muss und damit einer Leistungsgesellschaft das Wort geredet wird. Zwar wird immer wieder auf die Problematik hingewiesen, dass es auch Menschen gibt, deren Teilhabe, beispielsweise aufgrund einer Behinderung, nicht gesteigert werden kann. Eine Lösung bleibt der Text jedoch schuldig.

[379] Ders. (2006), S. 16, Ziffer 2 u. ö.

aller an der Gesellschaft"[380], so dass durch entsprechende institutionalisierte Sicherung jede Person die Möglichkeit habe, für sich selbst und ihre Familie grundlegend sorgen zu können. Betont wird in diesem Zusammenhang, dass Arbeitslosigkeit ein entscheidender Risikofaktor sei, um in Armut zu geraten. Generell mache die globale Armutsbekämpfung die Verbesserung der sozialen Gerechtigkeit in Deutschland nicht überflüssig.

Einkommensverteilung und Armut in Deutschland Daran anschließend beschäftigt sich die Denkschrift eingehend mit der Einkommensverteilung und der Armut in Deutschland und versucht mit Hilfe von statistischen Zahlen, die sie als Indikatoren kritisch einbezieht, die gegenwärtige Situation zu beschreiben.[381] Dabei betonen die Autoren, dass Teilhabemöglichkeiten „nicht losgelöst von materiellen Möglichkeiten zu betrachten [sind]. Insofern kommt der Frage der Verteilungsgerechtigkeit auch hinsichtlich der aus kirchlicher Sicht zentralen Beteiligungs- und Befähigungsgerechtigkeit eine herausgehobene Bedeutung zu."[382]

Aus der christlichen Annahme der Gottebenbildlichkeit der Menschen, so der Text, ist zu schließen, dass alle gleichwertig und zur Solidarität untereinander verpflichtet sind. Dies gelte auch in Bezug auf die finanzielle Existenzsicherung, was jedoch bei der Bemessung des ALG II nicht hinreichend berücksichtigt werde. Besonders problematisch wird von den Autoren in diesem Zusammenhang vor allem der Bereich der extremen Armut gesehen, von der Menschen betroffen sind, die nicht selbst für ihre Rechte einstehen können. Doch sowohl hier als auch bei Menschen, die laut monetärer Armutsdefinition unterhalb der Armutsrisikoquote[383] leben, bedürfe es einer differenzierten Betrachtung und eines ganzheitlichen Blicks auf die Menschen und ihre jeweilige Situation, um geeignete Hilfsangebote machen zu können. Dies zeige sich auch in den unterschiedlichen Struktur- und Problemlagen der verschiedenen von Armut betroffenen Gruppen. Ein sinnvoller Ausstieg aus dem Bezug von dauerhaften Sozialleistungen gelänge vor allem durch Arbeit, so die Denkschrift. Aus diesem Grund betrachtet sie eingehend den Arbeitsmarkt in Deutschland unter Globalisierungsbedingungen und weist darauf hin, dass zwischen Ost- und Westdeutschland noch immer Unterschiede bestehen. Auch eine ungleiche Verteilung der Gewinne der Globalisierung zwischen qualifizierten und nicht-qualifizierten Kräften sei eindeutig erkennbar, was nur durch bessere Aus- und Weiterbildungsmöglichkeiten abgemildert werden könne. Ob die Auslagerung von Standorten ins Ausland eher Fluch oder Segen sei, müsse kritisch geprüft werden.

---

[380] Ders. (2006), S. 17, Ziffer 4.

[381] Vgl. Ders. (2006), S. 22–42, Ziffer 14–58.

[382] Ders. (2006), S. 22, Ziffer 14.

[383] Die Armutsrisikoquote wie sie auch die Bundesregierung ermittelt, beträgt 60% des Mittelwertes des äquivalenzgewichteten Nettoeinkommens der Bevölkerung. Problematisch ist, dass man je nach Äquivalenzannahmen unterschiedliche Armutsgrenzen erhält.

Theologisch-sozialethische Orientierung Im Rahmen der anschließenden theologischen Orientierung[384] geht die Denkschrift zuerst auf die grundsätzliche Frage ein, die hinter der Armutsthematik stehe, nämlich die Frage nach der sozialen Gerechtigkeit. In einem sozialethischen Konzept der Teilhabe- oder Beteiligungsgerechtigkeit müsse der Begriff der sozialen Gerechtigkeit sowohl den Aspekt der Leistung in Form von Befähigungsgerechtigkeit als auch den gewünschten Endzustand einer gerechten Verteilung in Form von Bedarfsgerechtigkeit im Blick haben. Befähigungs- und Verteilungsgerechtigkeit zusammengebracht zur Teilhabegerechtigkeit bilden somit das Fundament des theologisch-sozialethischen Gerechtigkeitsverständnisses des Textes. Entsprechend stellt er die Forderung, den unfreiwilligen Verzicht auf Teilhabe zu überwinden und der Option für die Armen[385] und Schwachen Vorrang einzuräumen, an erste Stelle, denn darin werde die Einheit von Gottes- und Nächstenliebe konkret.

Teilhabe kann laut den Autoren unter anderem durch Arbeit ermöglicht werden, wobei diese immer zugleich Auftrag Gottes und Mühe bedeute.[386] Sie stellt eine wichtige Form der Teilhabe an gesellschaftlichen Prozessen dar, dürfe aber nicht auf Erwerbsarbeit reduziert werden, sondern beinhalte darüber hinaus auch Arbeit in Familie und Erziehung. Das Sabbatgebot erinnere daran, dass Arbeit nicht verabsolutiert werden dürfe, sondern auf Gott hin geordnet und an seinem Auftrag auszurichten sei.[387] Auch die verschiedenen Formen betrieblicher Mitbestimmung richten sich laut Text gegen eine mögliche Verabsolutierung der Arbeit und versuchen die menschlichen Freiheitsspielräume zu wahren.

Wege aus der Armut In ihrem letzten Abschnitt versucht die Denkschrift mögliche Wege aus der Armut aufzuzeigen.[388] Verstanden als Hilfe zur Selbsthilfe müsse mit Unterstützung des Arbeitsmarkts und Sozialstaats „für alle Menschen das soziokulturelle Existenzminimum gesichert sein"[389].

Sechs verschiedene Handlungsbereiche erachten die Autoren dafür als relevant und erläutern diese näher, indem sie jeweils zur aktuellen Situation kritisch Stellung nehmen und den Handlungsbedarf aufzeigen.

So würden erstens sozialstaatliche Reformen benötigt, die dazu beitragen, Armutsrisiken zu vermeiden und Teilhabe strukturell zu ermöglichen. Solche Maßnahmen könnten beispielsweise im Ausbau von Betreuungsangeboten für Kinder bestehen, um Erwerbs- und Familienarbeit besser zu vereinbaren. Auch eine Begünstigung von Erwerbstätigen mit Niedrigeinkommen sei denkbar, ebenso wie die stärkere Mischung von Kapitaldeckung und Umla-

384 Vgl. Ders. (2006), S. 43—49, Ziffer 59—74.
385 Zur Option für die Armen vgl. auch 107.
386 Zu Arbeit und Ruhe aus biblischer Sicht vgl. oben 2.1.
387 Hier fehlt der dem biblischen Verständnis gemäße Hinweis, den Sabbat als Partizipation an der Schöpfungsruhe Gottes zu verstehen, und das damit verbundene Verbot der Veränderung an der Schöpfung. Vgl. 2.1.2.
388 Vgl. Ders. (2006), S. 50—79, Ziffer 75—148.
389 Ders. (2006), S. 50, Ziffer 75.

ge. Bei alledem müsse der Staat stärker auf seine wirtschaftlichen Grundlagen achten, denn nur eine leistungsfähige Wirtschaft könne den Sozialstaat finanzieren und umgekehrt habe sozialstaatliches Handeln Auswirkungen auf die wirtschaftliche Entwicklung im Land. Es bedarf also eines Wechselspiels der Perspektiven von Staat und Wirtschaft sowie eine Verständigung über die jeweiligen Aufgaben und Grenzen, so der Text.[390]

2) Der Aspekt der Wirtschaft ist für die Denkschrift im Zusammenhang mit Armut vor allem deshalb relevant, weil Arbeitslosigkeit, wie bereits erwähnt, die Hauptursache für Armut ist. Ziel müsse es folglich sein, neue Arbeitsplätze zu schaffen und Erwerbslose verstärkt im Arbeitsmarkt zu integrieren. Als mögliche Schritte dazu nennt die kirchliche Verlautbarung die Senkung der Lohnnebenkosten, aber auch eine Weiterentwicklung des sozial abgesicherten Niedriglohnsektors durch „Kombi-Löhne" oder Mindestlöhne etc. sei denkbar. Gerade Unternehmen könnten zu mehr Familienfreundlichkeit beitragen oder verstärkt ältere Arbeitnehmer beschäftigen. „In diesen Bereichen kommt der Wirtschaft und den unternehmerisch Handelnden eine entscheidende Bedeutung zu."[391] Die Verantwortung für unternehmerisches Handeln erstrecke sich als faire Partnerschaft auch auf den Weltmarkt und die Beteiligung der Entwicklungsländer daran.

3) Als dritten wichtigen Handlungsbereich nennt die Denkschrift den Bereich der Bildung, die über reine Wissensvermittlung hinausgehe und auch innere Kompetenzen wie beispielsweise Selbstvertrauen umfasse. Dort, wo es an solch umfassender Bildung mangelt, sei das Risiko groß, in Armut zu geraten. Um die soziale Vererbung von Armut zu verhindern, müssten die Verantwortung der Eltern gestärkt und die Kinder intensiver vor Ort in ihren individuellen Lernprozessen begleitet werden.

4) Ähnliches gelte für den Bereich der Familie, die für das Leben eines Menschen besonders prägend ist, und deshalb durch Kinderzuschlag, Elterngeld oder Bildungsangebote gezielt unterstützt werden müsse.

5) Besonders zum Tragen kommt laut Text das Leitbild der gerechten Teilhabe der Armen im diakonischen Handeln von entsprechenden (kirchlichen) Einrichtungen oder verschiedenen Ehrenamtlichen. Dabei müsse das Hilfsangebot immer wieder den individuellen Bedürfnissen angepasst und überarbeitet werden.

6) Dies gelte auch für die Handlungsfelder von Kirchengemeinden, die entgegen ihrer häufigen Ausrichtung auf ein Mittelschichtmilieu gemäß dem Gebot der Nächstenliebe zum „Einübungsfeld von Teilhabe und Anerkennung von Armen" werden sollten.

---

[390] Im Vergleich zum ökumenischen Sozialwort von 1997 wird hier nicht auf die weiteren Träger sozialer Verantwortung Bezug genommen. Vgl. 2.4.4.1 unter Verweis auf EKD/ ÖRK (1997), S. 175–179, Ziffer 156–160.

[391] EKD (2006), S. 61, Ziffer 101.

2.4.2.2 Impulse

Wie schon in der Denkschrift aus dem Jahr 1991 wird auch in *Gerechte Teilhabe* der Themenbereich Unternehmensethik nicht explizit behandelt; es lassen sich aber dennoch verschiedene implizite Impulse finden.

Grundsätzlich kann im Anschluss an die kirchliche Verlautbarung dem Bereich der Wirtschaft und damit auch unternehmerischem Handeln bei der Bekämpfung von Armut eine zentrale Rolle zugesprochen werden. Die Beseitigung der Armut als „fehlende[r] Teilhabe"[392] wird sogar dezidiert als deren Aufgabe erachtet. Begründet wird dies vor allem mit der besonderen Bedeutung von Erwerbsarbeit, die einen der zentralen Wege aus der Armut hin zu mehr Teilhabe markiert.[393] Hier sei jedoch kritisch angemerkt, dass ein Begründungszusammenhang fehlt, der darauf hinweist, dass der Mensch als Geschöpf schon immer an der Ökonomie Gottes teilhat. Vielmehr entsteht der Eindruck, dass die geforderte Teilhabe auf eine Anpassung auf das gegebene Wirtschaftssystem zielt. Dies würde jedoch den Aspekt der Leistung betonen und nicht nach den Möglichkeiten der gemeinsamen Sorge für das Leben fragen.

Als Beispiele, wie Unternehmen einen konkreten Beitrag leisten können, nennt die Denkschrift neben der Schaffung neuer Arbeitsplätze auch die verstärkte Integrierung Erwerbsloser im Arbeitsmarkt. Die Zahlung von Mindestlöhnen sei ebenso denkbar wie die gleichmäßigere Verteilung der Globalisierungsgewinne zwischen qualifizierten und nicht-qualifizierten Kräften durch verstärkte Aus- und Weiterbildung. Darüber hinaus könnten Betriebe zu einer besseren Vereinbarung von Beruf und Familie beitragen oder mehr ältere Arbeitnehmer beschäftigen.

Inwiefern Unternehmen ihrer Verantwortung zum Abbau von Armut darüber hinaus noch auf andere Weise gerecht werden, indem sie beispielsweise weitere Formen von Arbeit, also Pflege- oder Erziehungsarbeit, (finanziell) unterstützen, muss überlegt werden. Außerdem ist über die Denkschrift hinaus zu fragen, ob und wie sich Firmen unabhängig vom Thema Erwerbsarbeit engagieren können, um für Menschen Wege aus der Armut zu ermöglichen.[394]

Die Denkschrift betont dennoch deutlich, dass die Wirtschaft nicht alleine in die Verantwortung genommen werden darf, sondern auch die Politik entsprechende sozialstaatliche Reformen durchführen müsse.[395] Es braucht also ein Wechselspiel der Perspektiven von Staat und Wirtschaft sowie eine Verständigung über die jeweiligen Aufgaben und Grenzen. Geschöpfliches Leben

---

[392] Ders. (2006), S. 43, Ziffer 61.

[393] Hier ist kritisch anzumerken, dass es mittlerweile einen großen Teil an Arbeitnehmern gibt, die vom Lohn eines Arbeitsplatzes nicht leben können, da das Einkommen zu niedrig bemessen ist. Sie sind deshalb auf weitere Arbeitsstellen angewiesen, um ihren Lebensunterhalt zu sichern. Unternehmen müssen in dieser Hinsicht besonders in die Verantwortung genommen werden, um Armut trotz Erwerbsarbeit zu verhindern. Vgl. zu dieser Problematik z. B. POHL (1996) oder BOSCH (2007).

[394] Hier sei an die ganze Bandbreite von Aktionen im Rahmen von CSR gedacht (vgl. 2.1.3).

[395] Vgl. dazu auch den ordnungsethischen Ansatz von HOMANN in 3.1.2.1.

kann nicht nur in einem Medium unabhängig von anderen erprobt werden, sondern ist immer Leben in verschiedenen Medien gleichzeitig.

Darüber hinaus weist der Text darauf hin, dass trotz der zentralen Bedeutung von Arbeit das biblische Sabbatgebot[396] nicht vergessen werden darf, damit Arbeit nicht verabsolutiert wird. Auch die verschiedenen Formen betrieblicher Mitbestimmung richten sich laut Text gegen eine mögliche Verabsolutierung der Arbeit und versuchen die menschlichen Freiheitsspielräume zu wahren. Dabei sollte über die kirchliche Verlautbarung hinaus auch nach der strukturellen Verankerung von Ruhezeiten und Mitbestimmung in Unternehmen gefragt werden.

Insgesamt ist im Anschluss an die Denkschrift festzuhalten, dass verantwortliches, unternehmerisches Handeln einen zentralen Beitrag zum Abbau von Armut leisten und damit zu mehr gerechter Teilhabe führen kann, sofern Teilhabe nicht als Anpassung an das Wirtschaftssystem verstanden wird. Die Übernahme von Verantwortung ist also ein wichtiger Schritt zu mehr Gerechtigkeit.[397] Diese kann grundsätzlich verschiedene Facetten aufweisen und sowohl den Aspekt der Leistung in Form von Befähigungsgerechtigkeit, als auch den gewünschten Endzustand der gerechten Verteilung in Form von Bedarfs- und Verteilungsgerechtigkeit umfassen. Im Text werden neben Teilhabegerechtigkeit auch verschiedene andere Gerechtigkeitsbegriffe, wie beispielsweise „Chancengerechtigkeit"[398] genannt. Außerdem sprechen die Autoren von einem fairen Umgang[399] miteinander. Da allerdings eine eindeutige Abgrenzung dieser Begriffe zueinander fehlt, ist hier festzuhalten, dass für Gerechtigkeit im Sinne einer Unternehmensethik geschöpflichen Lebens immer der Schwächste im Blick sein muss. An ihm und seinem Vorteil gilt es das Handeln von Unternehmen auszurichten.[400]

Deutlich wird im Text hingegen, dass Gerechtigkeit nicht national beschränkt werden darf, sondern die Verbesserung der sozialen Gerechtigkeit stets nationale wie internationale Gültigkeit besitzt. Dabei müssen nicht nur die Verhältnisse in Ost- und Westdeutschland ausgleichend berücksichtigt werden, sondern auch eine weltweit faire Partnerschaft unter Beteiligung von Entwicklungsländern sollte Basis der unternehmerischen Verantwortung sein. Firmen sind also aufgerufen, sich an einer „sozialen, ökologischen und wirtschaftlich gerechten Gestaltung der Globalisierung"[401] zu beteiligen.

---

[396] Vgl. 2.1.2.
[397] Mit Rich ist allerdings darauf hinzuweisen, dass es sich bei den hier genannten Formen der Gerechtigkeit stets nur um menschliche, nicht um Gottes Gerechtigkeit handeln kann. Vgl. 2.3.5.
[398] EKD (2006), S. 12.
[399] Vgl. Ders. (2006), S. 61, Ziffer 102.
[400] So impliziert es der Gedanke der Fairness-Gerechtigkeit. Vgl. dazu 4.2.3.
[401] Ders. (2006), S. 61, Ziffer 102.

2.4.3 Unternehmerisches Handeln in evangelischer Perspektive (2008)

2.4.3.1 Aufbau und Inhalt

Die dritte hier zu behandelnde Denkschrift „Unternehmerisches Handeln in evangelischer Perspektive" erschien 2008, gut zwölf Monate nach Einführung von Basel II[402] in den Mitgliedstaaten der Europäischen Union und im Jahr der großen US-Bankenpleiten. Sie will auf das zunehmende Misstrauen gegenüber Unternehmen und Managern reagieren und richtet deshalb ihren Blick dezidiert auf unternehmerisches Handeln in seinen unterschiedlichen Formen und Beziehungen. Dabei schließt sie, wie der damalige Ratsvorsitzende Bischof HUBER in seinem Vorwort schreibt, explizit an die vorangegangene Denkschrift *Gerechte Teilhabe* an, schlägt jedoch im Gegensatz zum sozialrevolutionären Ton ihrer Vorgängerin eher eine gegenläufige Richtung ein.[403] Mit besonderem Blick auf die Unternehmen versucht sie „das Ziel gerechter Teilhabe aller an den wirtschaftlichen und sozialen Prozessen im Blick auf unterschiedliche Verantwortungsbereiche zu reflektieren und Maßstäbe für verantwortliches Handeln in Wirtschaft, Politik, Gesellschaft und Kirche zu formulieren".[404]

Anlass und Zielsetzung Nach einer pointierten Zusammenfassung der gesamten Denkschrift in den Leitgedanken[405] nennen die Autoren zunächst Anlass und Zielsetzung des Textes.[406] Dabei wird von ihnen auf die besondere Bedeutung unternehmerischen Handelns für die Wirtschaft sowie die konkrete Gestaltung der gerechten Teilhabe aller hingewiesen und aufbauend auf der Grundlage dieses Leitbilds zu einem verantwortlichen und an ethischen Maßstäben orientierten Wirtschaften aufgefordert.

Bedeutung unternehmerischen Handelns In seinem ersten Kapitel[407] beschäftigt sich der Text ausführlich mit der besonderen Bedeutung des Handelns von Unternehmern und Unternehmen, die alle auf ihre Weise innovativ zu Wertschöpfung und Wohlstand beitragen. Die Verantwortung im Umgang mit den betroffenen Menschen und zur Verfügung stehenden Mitteln dürfe dabei nicht übersehen werden. Dies könne auf die ethische Tradition des christlichen Glaubens als Grundlage zurückgreifen und beinhalte eine gelebte

---

[402] Die Abkürzung „Basel II" bezeichnet alle Eigenkapitalvorschriften, die vom Basler Ausschuss für Bankenaufsicht in den letzten Jahren vorgeschlagen wurden und die seit dem 1. Januar 2007 in den Mitgliedsstaaten der Europäischen Union für alle Kredit- und Finanzdienstleistungsinstitute verpflichtend Anwendung finden.

[403] Kritiker werfen ihr sogar vor, den Unternehmen das Wort zu reden und sich einer neoliberalen Wirtschaftsauffassung anzupassen. Vgl. DUCHROW et al. (2008).

[404] HUBER: Vorwort zu: EKD (2008), S. 10. Zur Problematik einer Teilhabegerechtigkeit sei auf die Ausführungen zur Denkschrift von 2006 in 2.4.2 verwiesen.

[405] Vgl. Ders. (2008), S. 12–17.

[406] Vgl. Ders. (2008), S. 18–23, Ziffer 1–10.

[407] Vgl. Ders. (2008), S. 24–31, Ziffer 11–22.

ethisch-orientierte Unternehmenskultur genauso wie entsprechende Leitbilder
oder Führungsgrundsätze.

Perspektiven des christlichen Glaubens Daran anschließend werden
die grundlegenden biblischen und theologisch-ethischen Aspekte zur Orientierung näher erläutert.[408] Auch wenn die Bibel keine dezidierten Einzelanweisungen für wirtschaftliches Handeln beinhalte, so der Text, vermittle sie
dennoch Erfahrungen aus der Arbeitswelt und trüge zur moralischen Acht-
samkeit für die ethischen Grundentscheidungen hinter den Sachzwängen bei,
die evangelisches Unternehmertum kennzeichnen.

Die Autoren nennen an dieser Stelle fünf unterschiedliche biblische Grundorientierungen. Zunächst erinnern sie an die „Dankbarkeit für das erfahre-
ne Gute und die daraus sich ergebende Verpflichtung dem Nächsten gegenüber"[409]. In Rückgriff auf die Charismenlehre des Paulus[410] führen sie als
zweites an, dass Menschen verschieden sind, was keine unterschiedliche Wertigkeit meint, sondern der Tatsache Rechnung trägt, dass jeder einzelne unterschiedliche Fähigkeiten hat, die entsprechend wertgeschätzt werden sollten.
Drittens fordern die Verfasser zur klugen Haushalterschaft auf und erinnern in
diesem Zusammenhang daran, dass die von Gott geschenkten Ressourcen für
alle zur Verfügung stehen sollten. Gleichzeitig weisen sie anhand des Gleich-
nisses von den Arbeitern im Weinberg auf die Problematik einer gerechten
Lohnfindung hin. Der vierte Punkt, den die Denkschrift in diesem Zusammenhang anführt, bezieht sich auf das Verhältnis von geistlichen und materiellen
Werten und ruft zur Bereitschaft zum sozialen Ausgleich und zu einer fairen
Unternehmenskultur auf. Zuletzt mahnt sie zur Freiheit von Sorge, die nicht
als Verantwortungslosigkeit missverstanden werden dürfe, sondern auf kluge
Entscheidungen ziele, die in gelassener Distanz zu vermeintlichen ökonomi-
schen Zwängen getroffen werden.

Aufbauend auf diesen fünf biblischen Grundorientierungen hält der Text
zwei theologisch-ethische Perspektiven fest. Zuerst verweist er darauf, dass
unternehmerische Freiheit nach christlich-evangelischem Verständnis immer
„Freiheit in Verantwortung vor Gott und den Menschen"[411] sei. In ihr sind
Entscheidungsfreiheit, schöpferischer Kraft des Einzelnen, Verantwortung für
die Mitmenschen und Orientierung am Leitbild der gerechten Teilhabe miteinander verbunden. Entsprechend dürfen Mitarbeiter niemals nur Mittel
zum Zweck sein, sondern vielmehr müsse mit ihnen und ihrer Würde verantwortungsvoll umgegangen werden. Deshalb erscheint es den Autoren der
Denkschrift unerlässlich, ethische Maßstäbe nicht nur aus taktischen Gründen
in einem Unternehmen einzuführen, sondern in der Kultur des Unternehmens
fest zu verankern, damit sie tragfähig sei. Mögliche Orientierung könnten hierfür grundlegende Texte des christlichen Glaubens, wie zum Beispiel die Zehn

---

[408] Vgl. Ders. (2008), S. 32–50, Ziffer 23–41.

[409] Ders. (2008), S. 35, Ziffer 26. Im Original teilw. kursiv gedruckt.

[410] Vgl. 1 Kor 12.

[411] Ders. (2008), S. 41.

Gebote oder das Doppelgebot der Liebe, geben. Darüber hinaus dürfe nicht vergessen werden, so der Text, dass Freiheit stets ein unverfügbares Geschenk Gottes bleibt und deshalb den Menschen von jeglicher Selbstrechtfertigung durch Leistung befreit. Dies beinhalte auch, Fehlverhalten und Scheitern in Gottes Hand zu legen, um von ihm Befreiung zu erfahren.

Neben der Betonung der Freiheit in Verantwortung sieht die Denkschrift als zweiten theologisch-ethischen Aspekt die Berufung zum unternehmerischen Handeln. Seit der Reformation hat laut den Autoren der Begriff des Berufs eine besondere Bedeutung[412] und „bezeichnet die Schnittstelle zwischen der individuellen Bestimmung eines Menschen und den Anforderungen der Gemeinschaft"[413]. Er gebe damit dem tätigen Dasein eine umfassende Sinnstiftung. Damit entspreche der Begriff des Berufs im Gegensatz zur aktuellen Redeweise von „Jobs" ganz dem Auftrag Gottes an den Menschen, die ihm geschenkten Fähigkeiten zu nutzen und zu entwickeln.

Unternehmertum und Soziale Marktwirtschaft Im Anschluss an die dezidiert theologischen Perspektiven stellt die Denkschrift in den folgenden vier Kapiteln Verbindungen zwischen dem Thema des unternehmerischen Handelns und den verschiedenen Stakeholdergruppen her, die damit in enger Verbindung stehen.

So beleuchtet der Text zunächst das Unternehmertum in Bezug auf die bestehende gesellschaftspolitische Konzeption der Sozialen Marktwirtschaft in Deutschland.[414] Die Autoren sind der Meinung, dass sich in ihr schon ursprünglich protestantische Werthaltungen verwirklichen würden, wie insbesondere die sozialen Elemente dieses Modells, die Begrenzung von Macht und eine gute Güterversorgung zeigen. Diese könnten als Leitbild für unternehmerisches Handeln dienen. Allerdings weist der Text auch auf die Verantwortung der Politik hin, die durch ihre Einflussnahme Machtballungen und Monopolbildungen verhindern müsse. Zudem fordern die Autoren noch eine stärkere Betonung des ökologischen Gesichtspunktes, denn unternehmerisches Handeln müsse im Sinne eines christlichen Schöpfungsverständnisses stets auf seine Nachhaltigkeit hin angesprochen und überprüft werden.

Unternehmer und Arbeitnehmer Nach diesem Blick auf die Rahmenordnung, wechselt die Denkschrift nun zur Innenperspektive und setzt sich mit dem Verhältnis von Unternehmern und Arbeitnehmern auseinander,[415] das sie als „eine ungleichgewichtige Beziehung [kennzeichnet], aus der Unternehmern eine besondere Verantwortung erwächst"[416]. Diese Verantwortung für die Mitarbeiter könne gleichgesetzt werden mit der Verantwortung für das Unternehmen an sich, denn Mitarbeiter seien die Kompetenz-, Wissens-

---

[412] Zum Berufsverständnis bei LUTHER vgl. 2.2.3.3.
[413] Ders. (2008), S. 48, Ziffer 39.
[414] Vgl. Ders. (2008), S. 51–57, Ziffer 42–49.
[415] Vgl. Ders. (2008), S. 58–71, Ziffer 50–67.
[416] Ders. (2008), S. 58.

und Leistungsträger jedes Betriebs. Trotz der in der Wirtschaft erforderlichen Dynamik und Flexibilität müsse deshalb mit Arbeitsplätzen verantwortlich umgegangen werden, insbesondere in Krisen. Als Erwartungen an den Bereich Unternehmer und Arbeitnehmer formuliert die Denkschrift eine familienfreundlichere Arbeitskultur, eine verstärkte Förderung von hoch qualifizierten Frauen in den Betrieben, die vermehrte Beschäftigung von älteren Arbeitnehmern sowie die Förderung und Qualifizierung junger Leute.

Umgekehrt schreiben die Autoren aber auch den Mitarbeitern eine Verantwortung für ihr Tun zu und führen diese in einem Abschnitt zur Mitbestimmung und Mitverantwortung eigens aus. Aufbauend auf dem „Grundsatz der vertrauensvollen Zusammenarbeit"[417] zwischen Arbeitnehmervertretung und Unternehmensführung könne sich die Unternehmenskultur durch die verschiedenen Formen der Mitbestimmung beweisen, Vertrauen aufgebaut oder Mitarbeiter motiviert werden.

Ähnlich positiv wird die Mitarbeiterbeteiligung vom Text bewertet, die gerade als Ertragsbeteiligung oder betriebliche Altersvorsorge als sinnvoll erachtet wird.

Unternehmerisches Handeln und Konsumenten In ihrem fünften Kapitel geht die Denkschrift auf die Stakeholdergruppe der Konsumenten und den Dialog zu den Unternehmen ein, dessen Gelingen häufig über Erfolg oder Misserfolg einer Firma entscheide.[418] Da viele der derzeit verkauften Güter nicht mehr nur der primären Grundversorgung dienten, sondern letztlich mit Symbolen oder Träumen gehandelt werde, also zunehmend emotional aufgeladene „Produkte verkauft [werden], die sozusagen ‚nach der Seele greifen' können", wird den Unternehmen durch die Autoren eine weiterreichende Verantwortung zugeschrieben. Gleichzeitig weisen sie auf die Verantwortung und die damit einhergehende Macht der Konsumenten hin, die bei ihren Einkäufen auf die Einhaltung sozialer und ökologischer Standards von Produkten achten können und dies auch schon vielfach tun. Dies wiederum führe zu einer verstärkten gesellschaftlichen Verantwortung der Unternehmen und mehr Transparenz im Rahmen ihrer Produktionsprozesse. Darüber hinaus seien in diesem Zusammenhang auch entsprechende Vorgaben der Politik, wie beispielsweise die Einführung einer Kennzeichnungspflicht für bestimmte Produkte, möglich.

Unternehmerisches Handeln und Kapitalmarkt Im folgenden Punkt wendet sich die Denkschrift von den Akteuren hin zum Kapital und beschäftigt sich eingehend mit den durch die Globalisierung veränderten Bereichen der Finanzierung und Kontrolle von Unternehmen.[419] Diese würden immer stärker durch die internationalen Finanzmärkte beherrscht, was destruktive Konsequenzen haben könne. Deshalb warnt die kirchliche Verlautbarung

---

[417] Ders. (2008), S. 66, Ziffer 61.
[418] Vgl. Ders. (2008), S. 72–76, Ziffer 68–74.
[419] Vgl. Ders. (2008), S. 77–92, Ziffer 75–95.

vor den Gefahren der steigenden Renditeziele und zunehmenden Schnelligkeit und erinnert an die christlichen Werte eines ehrbaren Kaufmanns[420] sowie an einen „fairen und transparenten Wettbewerb"[421]. Sie appelliert daran, „dass alle institutionellen Marktteilnehmer (Banken, Unternehmen, Finanzinvestoren, Rating-Agenturen) ihrer unternehmerischen Verantwortung nachkommen und selbst Regeln entwickeln [sollen], die ein nachhaltiges Wirtschaften fördern"[422]. Wo solche Selbstverantwortungswerte fehlen, komme es in Folge zu Korruption. Deshalb erscheint es den Autoren unerlässlich, dass beispielsweise Managergehälter durch freiwillige Verhaltenskodizes der Unternehmen transparent bleiben und ihre Höhe vor den Geringsten gerechtfertigt werden kann. Ziel müsse im Sinn der gerechten Teilhabe nämlich „eine Wirtschaft mit allen und für alle"[423] sein, bei der Einkommensdifferenzen möglich seien, aber nicht zu Ausgrenzung oder Unverhältnismäßigkeit führen dürften. Sonst sei ein Vertrauensverlust in das entsprechende Unternehmen und seine Manager die Konsequenz.

Wirtschaftliche und politische Verantwortung in Zeiten der Globalisierung Aus den bisher genannten Punkten werde deutlich, dass die Verantwortung eines Unternehmens über die Verantwortung für seine Mitarbeiter hinausgehe. So hält die Denkschrift in ihrem siebten Kapitel[424] fest, dass die Situation des verschärften internationalen Wettbewerbs sowie der internationalen Arbeitsteilung und Vernetzung Unternehmen zu ständigem Strukturwandel zwingt, was Auswirkungen auf Löhne und Produktionsstandorte hat. Deshalb seien weltweit „neue Wege der Teilhabegerechtigkeit"[425] und eine hohe unternehmerische Verantwortung für soziale, ökologische und demokratische Entwicklungen gefragt, wie sie bereits in der Sozialen Marktwirtschaft vorzufinden sind. Ziel müsse es sein, so der Text, im Zusammenwirken mit der Politik das Kriterium der gerechten Teilhabe international zu verankern, für eine nachhaltige, menschengerechte Globalisierung einzutreten und verantwortungsvoll wohl geordnete Rahmenbedingungen zu gestalten.

Gesellschaftliche Verantwortung von Unternehmen und wirtschaftliches Handeln von Kirche und Diakonie Daran anschließend handelt der nächste Abschnitt von der Verantwortung, die Wirtschaftsunternehmen für die Gesellschaft tragen, und wirft gleichzeitig einen Blick auf die wirtschaftlichen Aspekte von Kirche und Diakonie.[426] Die in der Tradition der Sozialen Marktwirtschaft begründete soziale Verantwortung der Unternehmen zeige sich beispielsweise in kulturellem und sozialem Engagement der

---

[420] Zum Ideal des ehrbaren Kaufmanns vgl. auch 4.2.3.
[421] Ders. (2008), S. 86, Ziffer 86.
[422] Ders. (2008), S. 85, Ziffer 84.
[423] Ders. (2008), S. 92, Ziffer 95.
[424] Vgl. Ders. (2008), S. 93–101, Ziffer 96–105.
[425] Ders. (2008), S. 97, Ziffer 99.
[426] Vgl. Ders. (2008), S. 102–115, Ziffer 107–124.

Betriebe vor Ort, also im Bereich Corporate Citizenship,[427] in Form von
Stiftungen oder im persönlichen Einsatz Einzelner und stehe in der Regel
in engem Zusammenhang mit Spezifika des jeweiligen Unternehmens, seiner
Produkte und Politik. Vieles davon subsumiert in der Wirtschaft unter dem
Begriff der Corporate Social Responsibility und meint „das freiwillige, über
das gesetzliche Maß hinausgehende gesellschaftliche Engagement von Unternehmen".[428] Dies muss, darauf weisen die Autoren hin, im Unternehmen als
Corporate Social Responsibility-Management fest verankert sein, um nicht
unglaubwürdig zu erscheinen oder als eine Art Ablasshandel missverstanden
zu werden, denn grundlegend lohne sich solches Engagement sowohl für die
Unternehmen als auch für die Gesellschaft. Darüber hinaus, so die Denkschrift, darf nicht vergessen werden, dass ethische Leitlinien trotz allem ihre
Grenzen haben und unethisches Verhalten nicht verhindern können. Zudem
seien sie nicht als konkrete Anweisungen für spezifische Entscheidungssituationen zu verstehen, sondern könnten lediglich Orientierung geben. Für die
konkrete Entscheidungssituation „braucht es mehr als Leitbilder, nämlich eine christliche Erziehung, einen festen Glauben und darüber hinaus Gemeinden und Einzelne, die helfen, die Herausforderungen des Arbeitslebens vor
Gott zu bedenken."[429]

Auch wenn die Autoren des Textes eindeutig darauf hinweisen, dass Kirche
kein Unternehmen ist, sondern im Auftrag Jesu Christi gründet, die Botschaft
von Gottes Liebe zu den Menschen zu bringen, und aus dieser Zusage heraus
lebt, muss Kirche immer wieder unternehmerisch handeln. Gerade für die
sich in Deutschland entwickelte Sozialwirtschaft und ihre Gestaltung, so die
Autoren, tragen Kirche und Diakonie deshalb eine ordnungspolitische Mitverantwortung und müssen sich selbst immer wieder der Ziele des kirchlich-
diakonischen Dienstes unter veränderten Rahmenbedingungen vergewissern.
Die gerechte Teilhabe aller bleibe ihr zentraler Auftrag.

Was das Verhältnis von Kirche und Unternehmertum angeht, so weist der
Text darauf hin, dass die Verbindung zwischen beiden im Dialog neu entwickelt werden kann und soll. „Unternehmerisch Tätige tragen wie alle Christen
eine Mitverantwortung für ihre Kirche. Aber dies gilt auch umgekehrt."[430]

Fazit und Empfehlungen   Am Ende zieht die Denkschrift aus dem bisher
Gesagten Resümee, gibt konkrete Empfehlungen und betont verschiedene
ethische Begriffe,[431] die ihrer „Vision eines freien schöpferischen unternehmerischen Handelns in der Wirtschaft, das sich zugleich sozial verpflichtet

---

427   Unter Corporate Citizenship (CC) versteht man, wie die deutsche Übersetzung des
      Begriffs, „Unternehmerisches Bürgerengagement" besagt, das freiwillige, gesellschaft-
      liche Engagement eines Unternehmens in seinem konkreten lokalen, nationalen oder
      globalen Umfeld, dessen „Bürger" es ist. Teilweise kommt es auch zu Überschneidun-
      gen mit dem Bereich der CSR, da diesem kein einheitliches Konzept zugrunde liegt,
      sondern er eine Vielzahl von Maßnahmen umfasst.
428   Ders. (2008), S. 104, Ziffer 109.
429   Ders. (2008), S. 107, Ziffer 114.
430   Ders. (2008), S. 115, Ziffer 124.
431   Vgl. Ders. (2008), S. 116–124, Ziffer 125–138.

weiß"[432] entsprechen. So hält sie fest, dass das Handeln von Betrieben für die Gesellschaft unbedingt notwendig ist, sich allerdings an ethische Grundsätze gebunden wissen muss, um dem entgegengebrachten Vertrauen sowie seiner Freiheit und Verantwortung gerecht zu werden. Stichworte, die in diesem Zusammenhang vom Text genannt werden, sind Fairness, Glaubwürdigkeit, Transparenz und Authentizität, denn unternehmerischem Handeln in seinen verschiedenen Bereichen wird eine gesellschaftliche Vorbildfunktion zugesprochen. Aber auch auf die Einflussmöglichkeiten von Verbrauchern, Politik und Kirche weisen die Autoren nochmals hin. Auch sie müssten sich ihrer Verantwortung bewusst sein und sich entsprechend verhalten, beispielsweise durch bewusste Kaufentscheidungen, in Form von unterstützenden Rahmenbedingungen oder indem sie wirtschaftlichen Fragen Raum geben. Dabei könne die Bibel für alle Akteure eine Orientierungshilfe sein.

2.4.3.2 Impulse

Im Gegensatz zu den anderen hier genannten Denkschriften befasst sich *Unternehmerisches Handeln in evangelischer Perspektive*, wie ihr Titel bereits verrät, explizit mit dem Handeln von Unternehmen. Sie spricht von einer Berufung zu unternehmerischem Handeln und betont dessen Notwendigkeit für die Gesellschaft. Allerdings müsse es sich an ethische Grundsätze gebunden wissen, und so nennt der Text verschiedene für unternehmerisches Handeln ethisch relevante Aspekte und macht sie durchgängig zu seinen Hauptthemen.

Einer dieser Punkte ist die Gerechtigkeit. Dabei legt die Denkschrift im Anschluss an die Verlautbarung von 2006[433] auch hier das Leitbild der gerechten Teilhabe zugrunde und fordert weltweit „neue Wege der Teilhabegerechtigkeit"[434]. Doch darüber hinaus kommen noch andere Aspekte von Gerechtigkeit zum Tragen. So mahnen die Verfasser die Unternehmen zu einer grundsätzlichen Bereitschaft zum Ausgleich und zu einer fairen Unternehmenskultur.[435] Insbesondere der Aspekt der Lohngerechtigkeit wird ausführlicher behandelt. Dabei weist der Text grundsätzlich auf die Problematik einer gerechten Lohnfindung hin und hält es deshalb auch für zwingend notwendig, dass Managergehälter stets vor den Geringsten gerechtfertigt werden müssen. Gerade darin entspricht er einer geschöpflichen Ethik, die die Kooperation der Menschen hervorhebt und dabei stets den Vorteil für den je Schwächsten in den Mittelpunkt stellt. Daneben finden sich in der Denkschrift aber noch verschiedene weitere Forderungen in puncto Gerechtigkeit, wie beispielsweise eine familienfreundlichere Arbeitskultur, eine verstärkte Förderung von hoch qualifizierten Frauen in den Betrieben, die vermehrte Beschäftigung von älteren Arbeitnehmern sowie die Förderung und Qualifi-

---

[432] Ders. (2008), S. 123, Ziffer 138.
[433] Vgl. 2.4.2.
[434] Ders. (2008), S. 97, Ziffer 99.
[435] Weder hier noch an anderer Stelle, wo von einem fairen Wettbewerb die Rede ist, wird allerdings der Begriff der Fairness von der Denkschrift näher bestimmt. Zur Fairness-Gerechtigkeit vgl. 4.2.3.

zierung junger Leute. Als zentralen christlichen Maßstab erinnert der Text dabei an die Werte des ehrbaren Kaufmanns.[436] Insgesamt machen die Autoren immer wieder deutlich, dass das Thema Gerechtigkeit aufgrund seiner besonderen Relevanz und seiner vielfältigen Zusammenhänge im Unternehmensalltag zum Tragen kommen muss. Allerdings ist die im Text fehlende Unterscheidung zwischen menschlicher und göttlicher Gerechtigkeit kritisch anzumahnen. Die Aussagen zur Gerechtigkeit beschränken sich hier nämlich ausschließlich auf erstere.[437]

Als zweiten zentralen ethischen Aspekt nennt die Denkschrift immer wieder die Verantwortung.[438] So sind Unternehmen stets Orte, an denen soziale Verantwortung und wirtschaftlicher Erfolg unmittelbar aufeinandertreffen. Deshalb fordert der Text gleich zu Beginn ein verantwortliches und an ethischen Maßstäben orientiertes Wirtschaften in Bezug auf den Umgang mit den betroffenen Menschen und den zur Verfügung stehenden Mitteln. Dementsprechend nennen die Autoren die verschiedenen Handlungs- und damit auch Verantwortungsbereiche von Unternehmen und führen diese im Laufe des Textes näher aus. Dabei rufen sie in Bezug auf die Schöpfung zu nachhaltigem Wirtschaften auf.[439] Für die Mitarbeiter eines Betriebs sei aufgrund ihrer von Leistung unabhängigen Würde ebenfalls eine besondere Verantwortung gegeben, insbesondere, was die Erhaltung beziehungsweise Verlagerung von Arbeitsplätzen sowie die Lohngestaltung angeht. Eine besondere Verantwortung tragen Unternehmen aufgrund der häufig praktizierten Symbolökonomie aber auch für ihre Konsumenten, so die Denkschrift. Darüber hinaus schreibt sie Firmen explizit eine gesellschaftliche Verantwortung zu, die sich im Rahmen von Corporate Compliance- oder Corporate Social Responsibility-Programmen, aber auch im persönlichem Engagement einzelner realisiert, ohne jedoch als eine Art Ablasshandel missbraucht zu werden.[440] Auch auf dem Sektor der Finanzen geht es dem Text um den verantwortungsvollen Umgang mit Ressourcen und die Verhältnismäßigkeit von Managergehältern. Aufgrund der zunehmenden Globalisierung verweist die Denkschrift darauf, dass der Verantwortungsbereich von Unternehmen nicht national begrenzt ist, sondern diese weltweit eine hohe unternehmerische Verantwortung für soziale, ökologische und demokratische Entwicklungen tragen. Umgekehrt wird ebenso Konsumenten und Mitarbeitern ein hohes Maß an Verantwortung für unternehmerisches Handeln zugeschrieben. Doch auch der Aspekt der Macht wird hier nicht verschwiegen, wenn die Autoren daran erinnern, dass „den Konsumenten erhöhte Verantwortung — aber auch gewaltige

---

436   Das Leitbild des ehrbaren Kaufmanns wird beispielsweise auch von der TeamBank AG aufgegriffen und in ihrer Unternehmenspraxis erprobt. Vgl. 4.2.2.2 und 4.2.3.

437   Eine solche Unterscheidung zwischen menschlicher Gerechtigkeit und der Gerechtigkeit Gottes findet sich beispielsweise bei RICH (vgl. 2.3.5).

438   Zum Aspekt der Verantwortung vgl. auch die Denkschrift *Gemeinwohl und Eigennutz* in 2.4.1.2 sowie die Ansätze von RICH und P. ULRICH in 2.3.5 und 3.2.3.

439   Dieser Forderung versucht beispielsweise die PUMA SE nachzukommen. Vgl. 4.4.2.2 und 4.4.3.

440   Vgl. dazu auch die Ausführungen zu Bedeutung von Werten in Unternehmen in 4.1.2. Weiterführend sei auf die Aufsätze in KOSLOWSKI/PRIDDAT (2006) verwiesen.

Macht"[441] durch ihr Kaufverhalten zukommt. Aus all diesen Punkten lässt sich also schließen, dass die mit der Geschöpflichkeit des Menschen und seinem schöpfungsgemäßen Auftrag einhergehende Verantwortung einen festen Platz in einer Unternehmensethik haben muss. Dies gilt für alle Akteure und die verschiedenen Dimensionen unternehmerischen Handelns gleichermaßen und gerade dann, wenn sie Rechenschaft vom geschöpflichen Leben geben wollen.

Eng verbunden mit dem ethischen Aspekt der Verantwortung ist schließlich das Thema Freiheit.[442] Sie wird von der Denkschrift als Geschenk Gottes verstanden, das für den Menschen unverfügbar bleibt, ihn zur Verantwortung für sein Handeln auffordert und doch gleichzeitig von jeglicher Selbstrechtfertigung durch Leistung befreit. Demzufolge kann sich der Mensch trotz seines Scheiterns an Gott wenden und von ihm Befreiung erfahren.[443] Darüber hinaus meint Freiheit laut Text aber immer auch Freiheit von Sorge um materielle Dinge und ruft deshalb zu einer gelassenen Distanz gegenüber vermeintlich ökonomischen Zwängen auf.[444] Damit wird deutlich, wie vielschichtig der Aspekt Freiheit im Unternehmensalltag zum Tragen kommen kann. So berührt er nicht nur das Verständnis von Arbeit im Unternehmen, sondern auch den Umgang mit menschlichem Versagen. Gleichzeit wird implizit die ökonomische Aufgabe der gemeinsamen Sorge für das Leben bei gleichzeitiger Freiheit von Sorge um das Leben thematisiert. All diese Aspekte sind im Rahmen einer Ethik geschöpflichen Lebens zu berücksichtigen.

Allerdings können die drei genannten ethischen Aspekte der Freiheit, Verantwortung und Gerechtigkeit sicherlich nur realisiert werden, wenn sie sich, wie die Verlautbarung meint, in den Leitbildern oder Führungsgrundsätzen eines Betriebs wiederfinden und in der Unternehmenskultur gelebt werden.[445] Dazu ist es notwendig, die ethischen Maßstäbe nicht nur aus taktischen Gründen in einem Unternehmen einzuführen, sondern sie aus ethischer Überzeugung zu verankern. Zu Recht weist die Denkschrift darauf hin, dass diese Leitlinien unethisches Verhalten nicht verhindern beziehungsweise lediglich Einzelanweisungen für konkrete Situationen sein können. Dennoch stellen sie eine wichtige Orientierungshilfe in kritischen Entscheidungssituationen dar. Gleiches gilt auch für die biblischen Texte. Grundsätzlich braucht es allerdings, wie bereits erwähnt, „mehr als Leitbilder, nämlich eine christliche Erziehung, einen festen Glauben und darüber hinaus Gemeinden und Einzelne, die helfen, die Herausforderungen des Arbeitslebens vor Gott zu bedenken".[446] Wo solche Selbstverantwortungswerte und dauernde Erprobung der Unternehmensethik fehlen, kommt es, wie der Text richtig erkennt, häufig zu Korruption und anderem Fehlverhalten im Kontext von Unternehmen.

---

[441] EKD (2008), S. 74, Ziffer 71.
[442] Vgl. Ders. (2008), S. 41–47, Ziffer 31–37.
[443] Dies betonen auch schon LUTHER und RICH. Vgl. 2.2.4 und 2.3.5.
[444] Vgl. auch die biblischen Aussagen dazu in 2.1.5.
[445] Darauf weist insbesondere auch WIELAND in seinem Ansatz hin. Vgl. 3.3.2.3.
[446] Ders. (2008), S. 107, Ziffer 114. Vgl. dazu auch die in 1.2 beschriebene Verbindung von Wirtschafts-, Unternehmens- und Individualethik.

Unternehmensethik kann als geschöpfliche Ethik also nur dort erprobt werden, wo sie fester Bestandteil des Unternehmensalltags und seiner Strukturen ist.[447]

Ein weiterer Punkt neben den zentralen ethischen Aspekten unternehmerischen Handelns, auf den die Denkschrift immer wieder hinweist, ist die Rolle der Politik. Unternehmerisches Handeln ist auf sie angewiesen beziehungsweise von ihren Entscheidungen abhängig, und kann doch auch selbst darauf Einfluss nehmen. Eine Zusammenarbeit der Bereiche Wirtschaft und Politik scheint also im Bereich der Unternehmensethik unerlässlich, wobei die konkrete Gestaltung ganz unterschiedlich ausfallen kann.[448]

Am Ende weisen die Autoren durch ihre Einbeziehung von Kirche und Diakonie noch darauf hin, dass es auch Sonderformen unternehmerischen Handelns gibt. Sowohl Kirche also auch Diakonie verstehen sich nämlich, wie ausdrücklich betont wird, zwar nicht selbst als Unternehmen, da sie sich auf Auftrag und Zusage Gottes berufen. Gleichwohl sind sie immer wieder unternehmerisch tätig und unterliegen damit den Sachzwängen eines Unternehmens, wie beispielsweise dem Kriterium der Effizienz. Auch diese Sonderformen können als Medium menschlicher Existenz gesehen werden. Sie haben deshalb ebenso danach zu fragen, wie erprobt, erkundet und mitgeteilt werden kann, was es heißt, als Geschöpfe zu leben.

2.4.4 Für eine Zukunft in Solidarität und Gerechtigkeit (1997)

2.4.4.1 Aufbau und Inhalt

Zwischen den beiden EKD-Denkschriften *Gemeinwohl und Eigennutz* und *Gerechte Teilhabe* veröffentlichen die beiden großen Kirchen in Deutschland 1997 ein gemeinsames Sozialwort, in dem sie auf aktuelle sozialethische Fragen und Probleme in Deutschland eingehen. Bereits im Vorwort machen der damalige EKD-Ratsvorsitzende Klaus ENGELHARDT und der Vorsitzende der Deutschen Bischofskonferenz Karl LEHMANN deutlich, dass insbesondere die Massenarbeitslosigkeit Mitte der 1990er Jahre sowie die damit verbundenen Schwierigkeiten des wiedervereinten deutschen Sozialstaates der Hauptanlass für den Konsultationsprozess[449] waren, an dessen Ende schließlich das gemeinsame Sozialwort *Für eine Zukunft in Solidarität und Gerechtigkeit* der Kirchen steht. Die evangelische und die katholische Kirche sehen sich darin in der Nachfolge Jesu Christi gemeinsam in die Verantwortung gerufen,

---

[447] Vgl. 4.4.3.

[448] Darauf wird auch schon in der Denkschrift 2006 hingewiesen. Vgl. 2.4.2.1. Ähnlich sieht es auch der ordnungsethische Ansatz von HOMANN. Vgl. 3.1.2.2.

[449] Das Sozialwort entstand im Gegensatz zu den drei EKD-Denkschriften nicht durch Erarbeitung durch eine fachliche Kommission, sondern nach Vorbildern aus den USA und Österreich durch einen ca. vierjährigen Konsultationsprozess. Partner im Dialog waren nicht nur Mitglieder von Kirchen, sondern auch Vertreter aus der Wirtschaft, Verbänden u. a. Vgl. EKD/ÖRK (1997), S. 82–93, Ziffer 35–47.

„zu einer Verständigung über die Grundlagen und Perspektiven einer menschenwürdigen, freien, gerechten und solidarischen Ordnung von Staat und Gesellschaft beizutragen und dadurch eine gemeinsame Anstrengung für eine Zukunft in Solidarität und Gerechtigkeit möglich zu machen".[450] Hier wird bereits deutlich, dass der Schwerpunkt des Textes auf zukunftsfähigen und nachhaltigen Perspektiven zur konstruktiven Umgestaltung und einer erneuerten Sozialkultur liegt und die Verfasser zwar für Solidarität und Gemeinwohl eintreten, jedoch keine detaillierten ökonomischen oder politischen Empfehlungen geben wollen.[451]

Hinführung und Konsultationsprozess Im einleitenden Abschnitt fassen die Autoren des Sozialwortes zunächst die zentralen zehn Punkte thesenartig zusammen. Dabei werden ausgehend vom Grundgedanken, dass der Konsens über die gesellschaftlichen Grundlagen und Ziele gefährdet sei und deshalb neu gestärkt beziehungsweise erneuert werden müsse, insbesondere die Notwendigkeit von Solidarität und Gerechtigkeit in der Gesellschaft betont.[452] Als „vordringlichste Aufgabe der Wirtschafts- und Sozialpolitik"[453] wird der Abbau der Massenarbeitslosigkeit genannt, der als „Gemeinschaftsaufgabe"[454] verstanden werden müsse, und bei der auch die Tarifpartner, also unter anderem die Unternehmen, in die Verantwortung gerufen werden. Des weiteren fordern die Autoren „mehr Eigenverantwortung und Verantwortung der kleinen sozialen Einheiten"[455] und damit neue Formen der Solidarität sowie eine stärkere Betonung der Subsidiarität, also der jeweiligen Eigenverantwortung. „Dazu zählt auch mehr betrieblicher Gestaltungsspielraum bei der Arbeitszeitregelung und beim Lohnabschluß."[456] Doch auch im Großen, bei der Gestaltung der Globalisierung und ihrer verschiedenen Themen, wie beispielsweise Gerechtigkeit oder (ökologische) Nachhaltigkeit, wird die Wirtschaft durch den Text in die Verantwortung genommen.[457]

Nach diesem einleitenden Abschnitt geht das Sozialwort in seinem ersten Kapitel kurz auf den Konsultationsprozess ein, der der Schrift vorausgegangen war, und hält dessen Bedeutung fest.[458] Erst danach folgt in den Kapiteln zwei bis sechs eine ausführliche Erörterung der Hauptthemen anhand des dreischrittigen Schemas „Sehen — Urteilen — Handeln".

---

[450] Ders. (1997), S. 58 (Vorwort).

[451] Vgl. Ders. (1997), S. 60—62, Ziffer 1f.; vgl. zur christlichen Soziallehre allgemein auch S. 135, Ziffer 102.

[452] Vgl. insbes. These 6, 8 und 9 (Ders. (1997), S. 73—75, Ziffer 22—25; 77—80, Ziffer 28—33).

[453] Ders. (1997), S. 71, Überschrift zu These 5. Im Original kursiv gedruckt.

[454] Ders. (1997), S. 72, Ziffer 21.

[455] Ders. (1997), S. 75, Überschrift zu These 7. Im Original kursiv gedruckt.

[456] Ders. (1997), S. 76, Ziffer 27.

[457] Vgl. These 9: Ders. (1997), S. 78—80, Ziffer 32f.

[458] Vgl. Ders. (1997), S. 82—93, Ziffer 35—47. Da dieser Abschnitt keine unternehmensethisch relevanten Passagen enthält, sei hier nicht weiter darauf eingegangen.

Gesellschaft im Umbruch Gemäß dem genannten Schema werden in Kapitel zwei die Gesellschaft und ihre Umbrüche analysiert und in fünf Abschnitten näher erläutert. Auch hier wird gleich zu Beginn auf die Problematik der Massenarbeitslosigkeit eingegangen. Sie wird aufgrund der mit ihr verbundenen Belastungen[459] als drängendste soziale, politische und wirtschaftliche Herausforderung gekennzeichnet und auf verschiedene Ursachen[460] zurückgeführt. Neben einem langsameren Wirtschaftswachstum oder dem strukturellen Wandel in der Industrie kann die immer weiter zunehmende Globalisierung dafür verantwortlich gemacht werden. Hier hinterfragen die Autoren „die aus der betriebswirtschaftlichen Sicht der Unternehmen nahe liegende nationale Kostensenkungsstrategie (Lohn- und Lohnnebenkosten, Sozialstandards, Unternehmenssteuern, Umweltstandards) zur weiteren Verbesserung der internationalen Wettbewerbsfähigkeit"[461] kritisch und sehen darin vielmehr die Verschärfung des Lohnungleichgewichts und einer weiteren Kaufkraftminderung.

Als zweiten Kernpunkt des gesellschaftlichen Umbruchs nennt der Text grundlegende Veränderungen in der Sozialstruktur des deutschen Staates und mahnt neben der zunehmenden Armut[462] innerhalb der deutschen Wohlstandsgesellschaft die Benachteiligung von Familien an. Zudem weist er auf die enormen finanziellen Belastungen des sozialen Sicherungssystems hin.[463]

Neben den sozialen Veränderungen stellt auch die ökologische Krise als weltweites Problem zukünftige Generationen vor eine besondere Herausforderung. In diesem Zusammenhang merken die Autoren kritisch an, dass „Wohlstandsgewinn durch nur quantitatives Wirtschaftswachstum (...) in Westeuropa (...) immer fragwürdiger"[464] wird. Unternehmen werden hier also indirekt auf die Nachhaltigkeit ihrer wirtschaftlichen Ziele und die qualitativen Ausrichtung ihrer Unternehmenspolitik angesprochen.

Nach dem Hinweis auf die Notwendigkeit, den europäischen Integrationsprozess weiter voranzubringen, kommt die Schrift nochmals, und diesmal explizit in einem eigenen Punkt, auf die globalen Herausforderungen zu sprechen. Die Grenzüberschreitung von Güter-, Finanz- und Arbeitsmärkten habe unter anderem zur Folge, dass „Arbeitsprozesse oder Wertschöpfungsanteile (...) kostenminimierend auf verschiedene Länder verteilt"[465] werden, so dass es zu einer Verschärfung des Wettbewerbs komme. Auf die Bedeutung dessen für die Menschen in den jeweiligen Ländern, ihr Ausbildungsniveau, ihre Löhne und so fort wird vom Text kritisch hingewiesen.

---

[459] So z. B. Ausgrenzung, Perspektivlosigkeit bei Langzeitarbeitslosigkeit, zunehmende Gewaltbereitschaft etc. Vgl. Ders. (1997), S. 97−103, Ziffer 50−59.

[460] Vgl. Ders. (1997), S. 103−108, Ziffer 60−66.

[461] Ders. (1997), S. 106f., Ziffer 64.

[462] Mit dem Thema der Armut in Deutschland beschäftigt sich insbesondere die kirchliche Verlautbarung EKD (2006) (vgl. 2.4.2).

[463] Vgl. EKD/ÖRK (1997), S. 108−117, Ziffer 67−77.

[464] Ders. (1997), S. 119, Ziffer 80.

[465] Ders. (1997), S. 122, Ziffer 85.

Perspektiven und Impulse aus dem christlichen Glauben Um eine „Grundlage für den Beitrag der Kirchen zur Fortentwicklung einer menschenwürdigen, freien, gerechten und solidarischen Ordnung von Gesellschaft und Staat"[466] zu gewinnen, gehen die Autoren im dritten Kapitel des Sozialwortes näher auf die christliche Mensch- und Weltsicht sowie grundlegende Aspekte des christlichen Glaubens ein.

Dabei erinnern sie daran, dass das Menschenbild, das der Sozialen Marktwirtschaft zugrunde liegt, stark durch die christliche Tradition geprägt ist und Aspekte beinhaltet, wie beispielsweise Freiheit, persönliche Verantwortung oder Solidarität, die zwar notwendig, aber von der Sozialen Marktwirtschaft nicht machbar sind oder garantiert werden können.[467] Der Mensch als Geschöpf und Ebenbild Gottes sei Teil der Welt und dürfe deren Gestaltung als Gabe und Aufgabe sehen, wobei die Weltgestaltung in christlicher Perspektive stets an die (heils-)geschichtliche Erfahrung mit Gott rückgebunden sei. Auch der Kirche als Volk Gottes kommt eine Verantwortung für die Gestaltung der Welt zu, so der Text.[468]

Im Rahmen der zentralen christlichen Aspekte weist das Sozialwort darauf hin, dass sich das Doppelgebot der Gottes- und Nächstenliebe, sollen Glaube und Praxis nicht auseinanderfallen, „auch in der strukturellen Dimension auswirken [muss]: in dem Ringen um den Aufbau einer Gesellschaft, die niemanden ausschließt und die Lebenschancen für alle sichert."[469] Daran anschließend fordert der Text eine vorrangige Option für die Armen,[470] Schwachen und Benachteiligten, die als Indiz für die Treue des Menschen zum Gottesbund zu verstehen ist und alle Handlungen und Entscheidungen von Politik, Wirtschaft und Gesellschaft leiten muss.[471]

In Übereinstimmung dazu wird der Begriff der sozialen Gerechtigkeit als Zentralbegriff der christlichen Sozialethik betont, da er nach biblischem Verständnis „alles umschließt, was eine heile Existenz des Menschen ausmacht."[472] So sind in ihm alle drei der in der theologischen Tradition differenzierten Aspekte von Gerechtigkeit, der *iustitia legalis*, *distributiva* und *commutativa*,[473] zusammengefasst. Als Beispiel dazu weist das Sozialwort darauf hin, dass die ausgleichende Gerechtigkeit (*iustitia commutativa*) „im

---

[466] Ders. (1997), S. 150, Ziffer 126.
[467] Vgl. Ders. (1997), S. 126–128, Ziffer 91f.
[468] Vgl. Ders. (1997), S. 128–135, Ziffer 93–102.
[469] Ders. (1997), S. 136, Ziffer 104.
[470] Zur Option für die Armen vgl. 2.1.3.
[471] Vgl. Ders. (1997), S. 136–138, Ziffer 105–107.
[472] Ders. (1997), S. 139, Ziffer 108. Vor allem in der EKD-Denkschrift *Gerechte Teilhabe* wird ebenfalls der Aspekt der Gerechtigkeit besonders betont. Ein Verweis auf die theologische Tradition des Begriffs fehlt dort allerdings. Stattdessen geht der Text auf die unterschiedlichen Aspekte von Gerechtigkeit, wie Fairness, Chancengleichheit etc., ein. Vgl. 2.4.2
[473] Dies meint die Gesetzesgerechtigkeit (*iustitia legalis*) als Pflicht des Einzelnen gegenüber dem Staat, die austeilende Gerechtigkeit (*iustitia distributiva*) als umgekehrte Verpflichtung des Staates gegenüber dem Einzelnen sowie die ausgleichende Gerechtigkeit (*iustitia commutativa*), die die Beziehung der Gesellschaftsglieder untereinander betrifft.

Hinblick auf die Situation in der Wirtschaft auch das Gebot der Fairneß in den Marktbeziehungen umfaßt".[474] Darüber hinaus werden in wirtschaftlichen Beziehungen aber stets weitere Gerechtigkeitsaspekte anzusprechen sein, wie zum Beispiel die Schaffung von Strukturen durch die Menschen Zugang zu Arbeits- und Beschäftigungsmöglichkeiten erlangen. Grundlegend erinnert der Text jedoch daran, dass sich das biblische Ethos „nicht in der Forderung nach Gerechtigkeit [erschöpft]. Das der menschlichen Person Zukommende und Gebührende sei mehr als Gerechtigkeit, nämlich persönliche Zuwendung, Liebe und Barmherzigkeit"[475], die in der Gerechtigkeit aber ihre Erfüllung finden.

Entsprechend der Forderung des Textes nach sozialer Gerechtigkeit werden Solidarität und Subsidiarität als Basis einer gerechten Gesellschaft angesehen, wobei es nicht ausschließlich um solidarisches Verhalten im zwischenmenschlichen Bereich gehe, sondern dieses darüber hinaus auch in den einzelnen gesellschaftlichen Gruppen und in internationalen Beziehungen zu finden sein sollte. Ähnlich verhalte es sich mit der Subsidiarität, die nicht nur die Verantwortlichkeit des Menschen für das eigene Leben betrifft, denn „es gilt [darüber hinaus], in den Betrieben wie in der Gesellschaft die vorhandenen menschlichen Fähigkeiten, Ideen, Initiativen und soziale Phantasie zum Tragen zu bringen und die Erneuerung der Sozialkultur zu fördern."[476]

Doch Solidarität und Subsidiarität erstrecken sich nicht nur auf die verschiedenen Gesellschaftsfelder, sondern sie vernetzen auch Gegenwart und Zukunft im Aspekt der Nachhaltigkeit, so der Text. Die Autoren des Sozialwortes weisen in ihren Ausführungen deshalb explizit auf die Verantwortung für die kommenden Generationen in Bezug auf Umwelt, Ressourcen oder die Leistungsfähigkeiten der Volkswirtschaft hin. Ziel sei nach biblischem Verständnis die Bewahrung der Schöpfung, in der der Mensch mit allen anderen Geschöpfen zu einer Schicksalsgemeinschaft verbunden sei.[477]

Grundkonsens einer zukunftsfähigen Gesellschaft   Basierend auf aus dem christlichen Glauben gewonnenen Impulsen versucht die ökumenische Verlautbarung nun ihren Teil zur Wiedergewinnung des in der modernen Gesellschaft mit ihren vielfältigen Ordnungen zunehmend verlorengegangenen ethischen Grundkonsenses beizutragen.[478]

So erachtet der Text die Einhaltung der Menschenrechte als Ausdruck der menschlichen Würde und Gottebenbildlichkeit für äußerst zentral. Neben individuellen Freiheitsrechen und politischen Mitwirkungsrechten zählt er dazu auch wirtschaftlich-soziale und kulturelle Grundrechte, wie beispielsweise ein

---

474   Ders. (1997), S. 140, Ziffer 110. Zur Fairness-Gerechtigkeit vgl. 4.2.3.
475   Ders. (1997), S. 142, Ziffer 114.
476   Ders. (1997), S. 145f., Ziffer 121.
477   Vgl. Ders. (1997), S. 146–148, Ziffer 122–125. Zur Nachhaltigkeit als Begriff und im Unternehmensalltag vgl. auch 4.4.2.2 und 4.4.3.
478   Die Autoren weisen explizit darauf hin, dass die aus den biblischen Grundlagen gewonnenen Perspektiven „in der christlich geprägten europäischen Kultur auch von Nichtchristen akzeptiert werden" (Ders. (1997), S. 150f., Ziffer 126) können.

Recht auf Arbeit.[479] Gerade dort, wo diese Rechte in der Realität nur bedingt verwirklicht werden können, so die Verlautbarung, hält die biblisch begründete Option für die Armen dagegen und stellt die Maßstäbe der Gesellschaft immer wieder in Frage.

Neben den Menschenrechten wird im Text außerdem die Bedeutung der freiheitlich-sozialen Demokratie, an der sich alle Bürger beteiligen, als weiterer wichtiger Aspekt eines ethischen Grundkonsensus betont. Die Öffentlichkeit in ihrer Pluralität stelle dabei das unerlässliche Forum der freiheitlichen Meinungs- und Willensbildung dar.[480] Die Freiheit der Gesellschaft sei jedoch stets als gebundene Freiheit zu verstehen, die „die Würde des anderen auch in den Marktbeziehungen achtet"[481]. So erfordere die Achtung der Würde des Einzelnen in seinen Arbeitsbeziehungen genauso bestimmte Regelungen und Gesetze wie der Schutz des unternehmerischen Wettbewerbs oder der Konsumenten.

Als dritten zentralen Aspekt einer zukunftsfähigen Gesellschaft nennt das Sozialwort die ökologisch-soziale Marktwirtschaft,[482] die als Ordnungssystem für die Gesellschaft wie für innovatives unternehmerisches Handeln unverzichtbar ist und einen funktionierenden Wettbewerb garantiert. Der (Kapital-)Einsatz der Unternehmer werde zwar grundlegend anerkannt, darüber hinaus bestehe aber trotzdem die Notwendigkeit staatlicher Rahmenbedingungen[483] und solidarischer Selbstorganisation in Konsumverbänden oder Gewerkschaften, für den Fall, dass Firmen sich dem Wettbewerbsdruck[484] entziehen wollten. Außerdem bedarf es laut den Autoren verschiedener Institutionen, die das Konzept der Sozialen Marktwirtschaft samt ihren Prinzipien des verpflichtenden Eigentums, des funktionierenden Wettbewerbs und der sozialstaatlichen Absicherung in Deutschland bewahren helfen. „Zu den Institutionen, die diese Prinzipien gewährleisten sollen, gehören u. a. die Betriebs- und Unternehmensverfassung einschließlich der Mitbestimmung der Arbeitnehmer, das System der Tarifautonomie, die Arbeitsschutzgesetzgebung, ein System sozialer Sicherung, freie Berufs- und Arbeitsplatzwahl, das Recht auf Eigentum und seine Sozialpflichtigkeit, Wettbewerbsschutz, Arbeits- und Wohnungsmarktpolitik."[485] Doch trotz der notwendigen Bewahrung des Konzepts der Sozialen Marktwirtschaft weist das Sozialwort auf die Notwendigkeit einer Strukturreform zu einer ökologisch-sozialen Marktwirtschaft hin und nennt verschiedene zentrale Elemente für die Gestaltung einer solchen

---

[479] Vgl. Ders. (1997), S. 158, Ziffer 130–135. Dies entspricht den biblischen Aussagen zum Thema Arbeit, in denen Arbeit bereits vor dem Sündenfall als selbstverständlicher Teil seines Daseins erachtet wird. Vgl. dazu 2.1.2.

[480] Vgl. dazu in 3.2.1.3 den Ansatz P. ULRICHs, der im Diskurs der unbegrenzten kritischen Öffentlichkeit den Ort der Moral in einer modernen und freiheitlich-demokratischen Gesellschaft mündiger Bürger sieht.

[481] EKD (1991), S. 161, Ziffer 139.

[482] Vgl. EKD/ÖRK (1997), S. 162–171, Ziffer 142–150.

[483] So z. B. zum Konsumenten- oder Arbeitsschutz. Darin entspricht der Text dem ordnungsethischen Ansatz von HOMANN. Vgl. dazu 3.1.2.1 und 3.1.2.2.

[484] Beispielsweise durch Zusammenschlüsse, Preisabsprachen o. ä.

[485] Ders. (1997), S. 164, Ziffer 143.

Ordnung der modernen Gesellschaft. So komme beispielsweise neben der persönlichen Verantwortung auch der Initiative von Unternehmen besondere Bedeutung zu, ebenso wie der Schaffung von Wohlstand durch leistungsgerechte Entgelte und Gewinne. Zudem werden „die Rückbindung des sozioökonomischen Systems an die Regenerationsraten und Zeitrhythmen der ökologischen Systeme" gefordert und erneut Solidarität und Subsidiarität als zentrale Aspekte angeführt.

Im nächsten Abschnitt beschäftigt sich der Text explizit mit einem der Hauptanlasspunkte der Schrift, dem Menschenrecht auf Arbeit und einem neuen Arbeitsverständnis.[486] Dabei wird erneut das (ethische) Recht auf Arbeit als Ausdruck der Menschenwürde und Ermöglichung von Lebens-, Entfaltungs- und Beteiligungschancen betont und die Verpflichtung der „Träger der Wirtschafts-, Arbeitsmarkt-, Tarif- und Sozialpolitik [hervorgehoben], größtmögliche Anstrengungen zu unternehmen, um die Beteiligung an der Erwerbsarbeit zu gewährleisten."[487] So sind auch die Gleichstellung von Mann und Frau sowie die Familienfreundlichkeit zu überprüfen und die betrieblichen Leistungsansprüche an die Arbeitnehmer neu zu bedenken. Dennoch dürfe der Arbeitsbegriff nicht ausschließlich auf Erwerbsarbeit verengt werden, sondern gehe in immer stärkerem Maße darüber hinaus. Es müsse deshalb neu überlegt werden, wie die neben der ganztägigen Erwerbsarbeit zunehmend existierenden Formen des Teilzeiterwerbs oder der Familien- und Pflegeleistungen adäquat in das gesellschaftliche System integriert werden können.

So bedarf es laut den Autoren also einer erneuerten Sozialkultur mit ihren eigenen Chancen und Formen der Solidarität.[488] Viele gesellschaftliche Gruppen und Institutionen, wie beispielsweise Gewerkschaften, Kirchen oder Vereine, die in der bisherigen Diskussion um das spannungsvolle Verhältnis von Markt und Staat übersehen worden sind, könnten aufgrund der ihnen zugrundeliegenden Solidarstruktur einen Beitrag zur Wohlfahrtssteigerung in Deutschland leisten.

In ihrer letzten Perspektive für eine zukunftsfähige Gesellschaft richtet das Sozialwort seinen Blick schließlich von der Binnenperspektive hin zur internationalen Verantwortung,[489] die aufgrund der zunehmenden globalen Vernetzung in allen Bereichen unerlässlich geworden sei. Sie beinhalte die Sozialpflicht des Eigentums,[490] auch in Form von international mobilem Kapital,[491] genauso wie den Ausbau von „Regeln für fairen wirtschaftlichen Wettbewerb" und „soziale Mindeststandards"[492].

---

[486] Vgl. Ders. (1997), S. 171–175, Ziffer 151–155. Zum Thema Arbeit vgl. auch die biblischen Aspekte in 2.1.2 und LUTHERs Aussagen dazu in 2.2.3.3.

[487] Ders. (1997), S. 171, Ziffer 151.

[488] Vgl. Ders. (1997), S. 175–179, Ziffer 156–160.

[489] Vgl. Ders. (1997), S. 179–183, Ziffer 161–165.

[490] Vgl. dazu auch 4.3.3.

[491] Was hier bereits angesprochen wird, hat seit der Bankenkrise 2008/2009 extrem an Brisanz gewonnen. Zur aktuellen ethischen Diskussion um die Finanzwirtschaft sei beispielsweise auf die Beiträge in WALLACHER/BLASCH (2011) verwiesen.

[492] EKD/ÖRK (1997), S. 181, Ziffer 163.

Ziele und Wege Gemäß dem dreiteiligen Schema „Sehen – Urteilen – Handeln" folgen auf die gesellschaftlichen Beobachtungen und die verschiedenen Beurteilungsaspekte in Kapitel fünf nun mögliche Richtungshinweise.

Als erstes von insgesamt fünf Zielen wird erneut der Abbau der hohen Arbeitslosigkeit in Deutschland genannt,[493] damit jeder Zugang zu Erwerbsarbeit und den damit verbundenen Teilnahmechancen erhält. Dies ist laut Text Aufgabe von verschiedenen Institutionen, wie beispielsweise von Industrie- und Handelskammer, Beschäftigungsinitiativen oder Unternehmen. Als eine mögliche Maßnahme wird unter anderem der „Grundgedanke vom Teilen der Erwerbsarbeit" angeführt, der von Betrieben individuell durch Arbeitszeitflexibilisierung und ähnliches gestaltet werden kann und sich durchaus für eine Firma positiv erweisen kann: „Die Unternehmen können höhere Kosten mit den Einsparungen verrechnen, die sich aus einer Arbeitszeitflexibilisierung mit möglichen längeren Betriebsnutzungszeiten ergeben." Des weiteren wird in diesem Zusammenhang von der Schrift auf die positiven Faktoren „einer partnerschaftlichen Unternehmensverfassung und partizipativen Betriebsführung" hingewiesen, „da sie eine höhere Motivation und Kreativität der Beschäftigten sowie eine höhere Identifikation mit dem Betrieb fördern".[494]

Um zukunftsfähig zu bleiben, müssten laut Sozialwort allerdings nicht nur die hohen Erwerbslosenzahlen abgebaut, sondern auch der Sozialstaat basierend auf den Kriterien der sozialen Gerechtigkeit und Solidarität reformiert werden.[495] Dies beinhalte eine Konsolidierung der sozialen Sicherungssysteme, wie Rentenversicherung oder Wohnungspolitik, sowie eine Stärkung der gesellschaftlichen Solidarität mittels Familienförderung, größere Chancengerechtigkeit zwischen Mann und Frau, gerechtere Vermögensverteilung und so weiter.

Neben diesen sozialpolitischen Veränderungen sollte auch der ökologische Strukturwandel weiter vorangebracht werden.[496] Dabei sei nachhaltige Entwicklung „vom Selbstverständnis her ein Wirtschaftskonzept mit verteilungspolitischem Anspruch".[497] Als Entscheidungskriterien berufen sich die Autoren auf Recht und Billigkeit[498] der Ressourcennutzung, die jeweils gegenwärtige wie zukünftige Generationen und lokale wie globale Bereiche umfassten. Insbesondere die Wirtschaftssparten Energie, chemische Industrie, Landwirtschaft und Verkehrswirtschaft stünden als besonders sensible Bereiche bei diesem Thema im Mittelpunkt der Aufmerksamkeit, aber auch in anderen Lebensbereichen[499] seien ökologische Veränderungen wünschenswert und notwendig, so der Text.

---

[493] Vgl. Ders. (1997), S. 186–193, Ziffer 167–176.

[494] Ders. (1997), S. 190, Ziffer 172.

[495] Vgl. Ders. (1997), S. 193–226, Ziffer 177–223.

[496] Vgl. Ders. (1997), S. 226–232, Ziffer 224–232.

[497] Ders. (1997), S. 226, Ziffer 224.

[498] Bereits für LUTHER ist Billigkeit neben dem Gebot der Nächstenliebe die einzig verbindliche Normen wirtschaftlicher Interaktionen. Vgl. 2.2.3.4.

[499] So ist beispielsweise die Wegwerfmentalität in westlichen Gesellschaften unter ökologischen Gesichtspunkten besonders problematisch und zu überdenken.

Die internationalen Zusammenhänge, die in der Frage nach ökologischen Veränderungen schon angesprochen worden sind, greift das Sozialwort abschließend in einer vierten und fünften Zielvorgabe unter politischer Perspektive auf. So solle zum einen die europäische Einigung anknüpfend an bereits bestehende Beziehungen auf politischer Ebene vertieft und erweitert werden.[500] Zum anderen ruft der Text zu einer „solidarische[n] Weltgemeinschaft" aller Staaten auf, und appelliert an das Verantwortungsbewusstsein füreinander und für das Weltganze.[501]

Aufgaben der Kirchen In einem letzten Abschnitt befasst sich die ökumenische Schrift der Kirchen mit dem eigenen Handeln im wirtschaftlichen wie sozialen Kontext, denn „[e]s genügt nicht, wenn die Kirchen die wirtschaftlichen und sozialen Strukturen und die Verhaltensweisen der darin tätigen Menschen thematisieren. Sie müssen auch ihr eigenes Handeln in wirtschaftlicher und sozialer Hinsicht bedenken."[502] Nur dadurch könnten die Impulse und Anregungen für Veränderungen, die von den Kirchen ausgehen, auch glaubwürdig erscheinen.

So wird neben dem wirtschaftlichen Handeln der Kirchen als Arbeitgeber und Unternehmen auch auf deren Mitverantwortung für die Gestaltung der Welt hingewiesen.[503] Dabei wird deutlich, dass bei Kirchen im Unterschied zu anderen Unternehmen stets die Verkündigung des Wortes Gottes im Mittelpunkt steht beziehungsweise stehen sollte. Darauf aufbauend sehen sich die Kirchen im Rahmen ihres Dienstes für eine Zukunft in Solidarität und Gerechtigkeit als Orte der Orientierung, Wahrheit, Umkehr und Erneuerung, Solidarität und Nächstenliebe, Freiheit als auch Hoffnung.[504]

2.4.4.2 *Impulse*

Wie oben erwähnt, wird bereits im Vorwort des Textes darauf hingewiesen, dass das Sozialwort keine detaillierten ökonomischen Empfehlungen geben will. Vielmehr wird den Unternehmen für ihr Engagement die Anerkennung ausgesprochen, einen wichtigen Teil zur Gewährleistung der Sozialen Marktwirtschaft in Deutschland beizutragen. Trotzdem lassen sich aus dem Text einige Impulse für eine explorative Ethik geschöpflichen Lebens herauslesen, wie beispielsweise zum Thema Arbeit oder Arbeitslosigkeit.

Da Arbeit von den Autoren als eines der grundlegenden wirtschaftlichsozialen Menschenrechte angesehen wird, ist der Abbau der Arbeitslosigkeit

---

[500] Vgl. Ders. (1997), S. 232—235, Ziffer 233—236.

[501] Vgl. Ders. (1997), S. 235—240, Ziffer 237—242.

[502] Ders. (1997), S. 241f., Ziffer 243.

[503] Vgl. Ders. (1997), S. 242—245, Ziffer 244—247 und S. 245—254, Ziffer 248—256.

[504] Vgl. Ders. (1997), S. 255f., Ziffer 257f. Bei den hier genannten Begriffen fällt auf, dass sie fast allesamt über das hinausgehen, was in unternehmensethischen Konzepten aus wirtschaftswissenschaftlicher Sicht genannt wird. Durch das Evangelium gibt es also ein Mehr, das rein ökonomische Ansätze nicht oder nicht in diesem Umfang bieten können. Vgl. dazu auch das Werteviereck im Konzept WIELANDs in 3.3.2.3.

durch „Schaffung wettbewerbsfähiger Arbeitsplätze"[505] umso dringlicher. Die Lösung dieses Problems kann allerdings zu Recht nur als Gemeinschaftsaufgabe verstanden werden, bei der auch die Unternehmen durch verschiedene Maßnahmen mitwirken. Deshalb kann im Anschluss an den Text gefragt werden, wie und wodurch Firmen bei diesem Thema Verantwortung übernehmen und ihren Beitrag leisten können, um das grundlegende Recht auf Erwerbsarbeit für möglichst Viele zu verwirklichen. Dabei darf nicht vergessen werden, dass der Mensch im Sinne einer christlichen Ethik geschöpflichen Lebens immer schon in die gemeinsame Sorge für das Leben gestellt ist.

Dies bedeutet auch, wie das Sozialwort zu Recht betont, dass stets die Option für die Armen im Blick zu behalten ist. Sie muss bei der Festsetzung von Löhnen im Inland und insbesondere an Standorten in Billiglohnländern berücksichtigt werden. Dabei dürfen auch die Konsequenzen für die Lebenswirklichkeit der Menschen nicht außer Acht gelassen werden.

Dies alles ist eng verbunden mit der Frage nach Gerechtigkeit und Solidarität. So können mit der kirchlichen Verlautbarung beispielsweise Fairness[506] in den Marktbeziehungen oder gerechte Arbeitsbedingungen, also gerechte Strukturen insgesamt, gefordert werden. Des weiteren dürfen die vom Text genannten positiven Faktoren „einer partnerschaftlichen Unternehmensverfassung und partizipativen Betriebsführung" nicht vergessen werden, da sie nicht nur dem Verständnis des Menschen als Geschöpf entsprechen, sondern rein praktisch auch „eine höhere Motivation und Kreativität der Beschäftigten sowie eine höhere Identifikation mit dem Betrieb fördern".[507] Allerdings ist fraglich, ob Unternehmen nicht an ihre Grenzen stoßen, wenn der Text mehr als Gerechtigkeit, nämlich Zuwendung, Liebe und Barmherzigkeit, fordert. Diese Forderungen bleiben wohl dem zwischenmenschlichen Bereich vorbehalten und können von einem kollektiven Akteur[508] wie einer Firma nicht beziehungsweise nur auf individualethischer Ebene geleistet werden.

Dennoch haben Unternehmen die Möglichkeit, zur Solidarität beizutragen und diese zu stärken, sowohl in der Gesellschaft insgesamt wie auch in ihrem eigenen Haus. Im Text wird dies zwar nur in Bezug auf Staat und Politik explizit gefordert, lässt sich aber auf betriebliches Handeln als weiteren Teil der Gesellschaft übertragen. Analog sollte es dabei auch für Unternehmen darauf ankommen, neue Formen der Solidarität und Sozialkultur zu erkunden, beispielsweise kreative Ideen für geeignete Corporate Social Responsibility-Maßnahmen zu entwickeln,[509] und der Sozialpflicht des Eigentums[510] in Form von international mobilem Kapital gerecht zu werden. Darüber hinaus kann die Subsidiarität in den Betrieben gestärkt werden, indem „die vorhandenen

---

[505] Ders. (1997), S. 72, Ziffer 21.
[506] Zur Fairness-Gerechtigkeit vgl. 4.2.3.
[507] Ders. (1997), S. 190, Ziffer 172.
[508] Zum kollektiven Akteur vgl. die Theorie WIELANDs in 3.3.2.2.
[509] Einige Firmen wie die beispielsweise PUMA SE haben die Bedeutung von Kreativität erkannt und versuchen diesen Aspekt eigens zu fördern und immer wieder neu zu erkunden. Vgl. 4.4.2.2.
[510] Zum Eigentum vgl. auch 2.1.4 und 4.3.3.

menschlichen Fähigkeiten, Ideen, Initiativen und soziale Phantasie zum Tragen"[511] gebracht und in die betrieblichen Regelungen aufgenommen werden.

Wichtig ist in diesem Zusammenhang der Hinweis des Textes, dass die geforderte Solidarität sich nicht nur auf gegenwärtige Generationen bezieht, sondern aufgrund der Vernetzung aller Wirklichkeitsbereiche der Schöpfung stets auch auf Nachhaltigkeit für die Zukunft angelegt sein muss.[512] Dementsprechend bedarf es eines ökologischen Strukturwandels beziehungsweise einer Strukturreform hin zu einer ökologisch-sozialen Marktwirtschaft. Dies hat, wie die Verlautbarung zu Recht betont, Konsequenzen für Unternehmen. Insbesondere Firmen aus den Wirtschaftssparten Energie, chemische Industrie, Landwirtschaft und Verkehrswirtschaft müssten ihr derzeitiges Handeln überdenken, um ihrer Verantwortung in diesem Punkt gerecht zu werden. Doch auf diese Weise könnten beispielsweise Viele einen Beitrag zur Abschaffung der angemahnten Wegwerfmentalität leisten, indem sie ihre Produktionsvorgänge ökologisch optimieren und nachhaltiger produzieren oder verstärkt recyceln.

All diese Aspekte, die in Bezug auf zukünftige Generationen gelten, müssen auch über die nationalen Grenzen hinaus berücksichtigt werden. Der Text macht deutlich, dass auch europaweit und international Zusammenarbeit und Verantwortung gefragt sind. Zwar wird dies hier lediglich auf die Politik bezogen, kann aber auch auf Unternehmen angewandt werden, denn vielfach agieren diese über Grenzen hinweg und müssen ihrer Verantwortung dementsprechend auch international gerecht werden. So könnte beispielsweise nach der Lohnpolitik der Unternehmen in Hinblick auf ihre unterschiedlichen Standorte gefragt oder der Umgang mit ihrem Kapital kritisch überprüft werden.

Bei alledem ist die Öffentlichkeit in ihrer Pluralität das unerlässliche Forum der freiheitlichen Meinungs- und Willensbildung,[513] das die Unternehmen daran erinnert, dass die gesellschaftliche Freiheit, in deren Rahmen sie agieren, stets als eine gebundene Freiheit zu verstehen ist. Nur durch verbindliche Regelungen und Gesetze können die Rechte des Einzelnen in seinen Arbeitsbeziehungen oder die Konsumenten geschützt werden. Wenn sich Unternehmen darüber hinaus bestimmte Selbstverpflichtungen in Form von Ethikkodizes oder ähnlichem geben, ist dies positiv zu bewerten. Nur auf diese Weise findet das christliche Ethos Eingang in den Unternehmensalltag und wird nicht nur mitgeteilt, sondern auch immer wieder neu erprobt.

---

[511] Ders. (1997), S. 145f., Ziffer 121.
[512] Zum Aspekt der Nachhaltigkeit vgl. auch 4.4.3.
[513] Vgl. zur Bedeutung der Kommunikation auch den Ansatz von P. ULRICH. Einige Unternehmen haben bereits sogenannte Stakeholderdialoge oder andere Formen von Gesprächsplattformen ins Leben gerufen. Vgl. dazu 4.3.2.5 und 4.4.2.3.

Kapitel 3

Unternehmensethik in der Ökonomik

Eine Unternehmensethik im Sinne einer explorativen Ethik geschöpflichen Lebens[1] kann auf institutionelle Formen unternehmerischen Handelns nicht verzichten. Sie dienen dazu, das, was Unternehmen für die beteiligten Menschen und mit ihnen leisten, wahrzunehmen und zu artikulieren. Die wissenschaftliche Auseinandersetzung mit eben diesen institutionellen Formen unternehmerischen Handelns findet sich insbesondere in wirtschaftsethischen Überlegungen und Theorien der Ökonomik. Deshalb sollen im Folgenden verschiedene wirtschaftsethische Ansätze zur Unternehmensethik näher betrachtet und für die weitere Arbeit fruchtbar gemacht werden.

Bei den drei hier angeführten wirtschaftsethischen Entwürfen handelt es sich jeweils um aktuelle, zentrale und in sich geschlossene unternehmensethische Konzeptionen des deutschsprachigen Raums. Dennoch unterscheiden sie sich inhaltlich, indem sie je unterschiedliche theoretische Wurzeln haben und jeweils andere Fragen und Aspekte in das Zentrum ihrer Theorie stellen. So rekonstruiert beispielsweise Karl HOMANN die Themen der Ethik in ökonomischen Parametern und weist besonders der (staatlichen) Rahmenordnung eine entscheidende Bedeutung für die Wirtschafts- und Unternehmensethik zu. Peter ULRICH hingegen betont die Lebensdienlichkeit jeden wirtschaftlichen Handelns. Er hebt zwar den Primat der Ethik hervor, versucht aber die ökonomische Rationalität mittels einer Ethik der Vernunft darin zu integrieren. Dem Mittel der Kommunikation kommt dabei besondere Bedeutung zu. Demgegenüber beschäftigt sich Josef WIELAND vornehmlich mit der Frage nach den Führungs-, Steuerungs- und Kontrollprozessen von Unternehmen unter den aktuellen gesellschaftlichen Bedingungen und sieht in ihnen den Ort der Moral. Nur wenn die Moral darin implementiert ist, kann sie im Unternehmen zum Tragen kommen.

---

[1] Eine ausführliche Darstellung des Ansatzes einer explorativen Unternehmensethik findet sich zu Beginn in 1.1.

Im Folgenden sollen nun diese unterschiedlichen Aspekte der drei genannten Ansätze relativ ausführlich, und doch fokussiert auf ihre Relevanz für die Suche nach einer christlichen Unternehmensethik, dargestellt werden.[2] Gleiches gilt für die theoretischen Wurzeln der drei Konzeptionen, die zum besseren Verständnis hier jeweils kurz skizziert werden.

3.1   Karl Homann und die ethische Relevanz der staatlichen Ordnung

Zunächst soll der ordnungstheoretische Ansatz von Karl HOMANN in seinen relevanten Aspekten näher beleuchtet werden.[3]

Der Philosoph und Ökonom hatte ab 1990 als erster in Deutschland eine Professur für Wirtschafts- und Unternehmensethik an der wirtschaftswissenschaftlichen Fakultät Ingolstadt. Im Anschluss daran war er bis zu seiner Emeritierung 2008 Professor am Lehrstuhl für Philosophie unter besonderer Berücksichtigung der philosophischen und ethischen Grundlagen der Ökonomie (Wirtschaftsethik) an der LMU München. Seine Forschungsschwerpunkte liegen dementsprechend in der Wirtschaftsethik, der praktischen Philosophie und Institutionenökonomik sowie der Wissenschaftstheorie.

Anfang der 1990er Jahre entwickelte er seinen institutionenökonomischen Ansatz zur Wirtschafts- und Unternehmensethik. Dazu greift er sowohl systemtheoretische Gedanken als auch den „ökonomischen Imperialismus" von Gary S. BECKER oder die ökonomische Theorie des Staates von James M. BUCHANAN auf, die ihm als Fundament seiner Ausführungen dienen. Kernstück seiner Theorie sind aber die Spieltheorie und das Gefangenendilemma, mithilfe derer er seine Wirtschaftsethik und davon ausgehend schließlich seine Unternehmensethik entwickelt und systematisch in der Rahmenordnung verortet. Eben jene Zusammenhänge sollen in Grundzügen dargestellt und in ihrer Relevanz für den Gesamttext deutlich gemacht werden.

3.1.1   Gesellschaftstheoretische und methodologische Perspektiven

3.1.1.1   *Funktional differenzierte Gesellschaft*

Die Wirtschaftsethik HOMANNs gründet in der Theorie der modernen Gesellschaft, denn Moral lässt sich für ihn nur in und durch deren Funktionser-

---

[2]   Eine ausführliche vergleichende Analyse der Ansätze aus soziologischer Perspektive findet sich bei HEEG (2002).

[3]   Als Grundlagenwerk seiner Theorie gilt das zusammen mit Franz BLOME-DREES verfasste Buch HOMANN/BLOME-DREES (1992). Weitere Ausführungen seiner Theorie finden sich in verschiedenen Aufsätzen (vgl. z. B. HOMANN (2002h) und HOMANN (2003a)) oder seiner Einführung in die Ökonomik (vgl. HOMANN/SUCHANEK (2005)).

fordernisse zur Geltung bringen.[4] Demzufolge ist die soziologische Größe in seinem Konzept die moderne Gesellschaft, wie sie in ihrer globalisierten und funktional ausdifferenzierten Form in Erscheinung tritt.[5]

Hier folgt HOMANN einem Aspekt der gesellschaftstheoretischen Überlegungen der Systemtheorie des Soziologen Niklas LUHMANN.[6] Dieser hat herausgearbeitet, dass sich die moderne Gesellschaft nicht mehr wie traditionelle Gesellschaften als alles umfassend darstellen lässt, sondern, um die komplexer gewordenen Gegebenheiten zu verarbeiten, als funktional differenzierte Gesellschaften mit verschiedenen Subsystemen und ihren je eigenen Gesetzmäßigkeiten. Dementsprechend gelten Wirtschaft, Religion oder Politik als je autonome Subsysteme, ohne für andere zur übergeordneten Instanz zu werden. Sie sind operativ geschlossen und durch einen bestimmten binären Code charakterisiert. So ist die Sprache des Wirtschaftssystems beispielsweise auf den Code von „Zahlung/Nichtzahlung" festgelegt und kann keine anders codierten Sprachen der übrigen Systeme verstehen.[7]

Diese theoretische Annahme dient HOMANN als Ansatzpunkt für seine Verhältnisbestimmung von Moral und Ökonomie, wobei die eben genannte funktionale Differenzierung von Ethik und Ökonomik als Erklärung für die zu beobachtende Trennung der beiden Bereiche dient. So sind Humanität und Würde zwar beispielsweise Kategorien der Moral, könnten als solche aber keinen direkten Eingang in das ökonomische System finden, da moralische Appelle und Forderungen aufgrund ihrer individuellen Codes ein eigenes System bildeten und für das Wirtschaftssystem unverstanden blieben.

Auf die für die Wirtschafts- und Unternehmensethik zentrale Frage, wie die beiden Systeme dennoch in eine Beziehung zueinander gebracht werden können, gibt es für HOMANN nur eine Antwort: „Moral kommt nur *in* der Logik und *in* den Kategorien der Wirtschaft zur Geltung — oder gar nicht."[8] Seiner Meinung nach gibt es zwischen den beiden Bereichen eine Übersetzung beziehungsweise Rückübersetzung, denn „Ethik und Ökonomik sind als zwei Diskurse ein und derselben Problematik menschlicher Interaktionen aufzufassen".[9] HOMANN spricht hier von einem Paralleldiskurs, bei dem konflikt-

---

4   Vgl. HOMANN (2002i), S. 3. HOMANN grenzt sich dadurch klar gegen die Handlungstheorie als mögliche Grundlage einer wirtschaftsethischen Theorie wie traditionell geschehen ab. Vgl. z. B. HOMANN (2002f), S. 142–145.

5   Vgl. HOMANN/BLOME-DREES (1992), S. 9–13.

6   Vgl. z. B. HOMANN (2002f), S. 145f.

7   Vgl. z. B. LUHMANN (1997a) und LUHMANN (1997b), LUHMANN (2009) oder LUHMANN (2011). Eine eingehendere Betrachtung der Systemtheorie Niklas LUHMANNS findet sich unten im Zusammenhang mit Josef WIELAND (vgl. 3.3.1.2), da dieser sich nicht nur auf die Theorie LUHMANNs als soziologischem Anknüpfungspunkt beruft, sondern sie zu einem theorieimmanenten Bestandteil seiner eigenen Arbeit geworden ist.

8   HOMANN/KIRCHNER (2002), S. 139. Ähnlich auch schon HOMANN/BLOME-DREES (1992), S. 19.

9   HOMANN (2002c), S. 52. Im Original teilw. kursiv gedruckt. Homann weist allerdings auch ausdrücklich darauf hin, dass das Subsystem Ökonomik unbenommen dessen und darüber hinaus immer auch „als Ganzes der sittlichen Rechtfertigung bedarf." (Ders. (2002c), S. 54. Im Original teilw. kursiv gedruckt.)

behaftete Fragestellungen, wie zum Beispiel das Thema Umweltschutz, sowohl als Konflikt unterschiedlicher ethischer Aspekte als auch als Konflikt verschiedener ökonomischer Aspekte betrachtet werden könne. Durch Übersetzung der einen Sprache in die andere gelänge es jedoch, die moralische Intention der Ethik in die strategischen Handlungsabläufe der Ökonomie zu transformieren oder umgekehrt. Dementsprechend liegt die Grundidee des Paralleldiskurses für HOMANN darin, „die Gewinne aus der theoretischen Ausdifferenzierung zu realisieren (...) und die drohenden Verluste dadurch zu vermeiden, dass man ökonomische Analysen (...) bei Bedarf in einen ethischen Diskurs (zurück-)übersetzt".[10] Auf diese Weise kann ihm zufolge durch das Instrument der (Rück-)Übersetzung der von der funktionalen Differenzierung angezeigte Dualismus von Ethik und Ökonomik vermieden werden.[11]

3.1.1.2 Ökonomischer Imperialismus

Im Zusammenhang dieser Verhältnisbestimmung von Ethik und Ökonomik greift HOMANN des weiteren auf die Theorie des sogenannten ökonomischen Imperialismus von Gary S. BECKER zurück.[12]

BECKER dehnt in seiner Arbeit den Untersuchungsgegenstand der Ökonomik umfassend auf alle Bereiche menschlichen Lebens aus, so dass selbst Themen wie Kriminalität, Strafe oder Ehe[13] als Situationen menschlichen Verhaltens nicht in soziologischer Perspektive, sondern mit Hilfe des ökonomischen Ansatzes[14] verstanden und erklärt werden können. Ausgehend von der Definition von Ökonomie als „Allokation knapper Mittel zur Verfolgung konkurrierender Ziele"[15] begründet er dies damit, dass „alles menschliche Verhalten (...) so betrachtet werden [kann], als habe man es mit Akteuren zu tun, die ihren Nutzen, bezogen auf ein stabiles Präferenzsystem, maximieren und sich in verschiedenen Märkten eine optimale Ausstattung an Information und anderen Faktoren schaffen".[16] Dabei sei der ökonomische Ansatz gerade nicht auf den klassischen Marktbereich oder materielle Wünsche und Güter beschränkt, sondern könne auch sogenannte „Schattenpreise", also nichtmonetäre Faktoren,[17] zum Gegenstand haben.

Diese Theorie des ökonomischen Imperialismus hat für die Arbeit HOMANNs insofern Bedeutung, als dass mit der Rekonstruktion der unterschiedlichsten Themen in ökonomischen Parametern dies auch für die genuinen

---

10   Ders. (2002c), S. 54. Im Original teilw. kursiv gedruckt.

11   Vgl. HOMANN/BLOME-DREES (1992), S. 13, HOMANN (2002c) oder HOMANN (2002e) u. ö.

12   Vgl. dazu im Folgenden z. B. BECKER (1982).

13   Vgl. zu den genannten Themen z. B. Ders. (1982), S. 39ff. bzw. 187ff.

14   Dieser ist keine genuine Idee BECKERS, sondern findet sich in Grundzügen bereits bei Adam SMITH oder Jeremy BENTHAM.

15   Ders. (1982), S. 2.

16   Ders. (1982), S. 15.

17   So umfasst der Vorteilsbegriff bei BECKER z. B. auch Dinge wie Gesundheit, Muße oder den Nutzen, den man von einer Ehe erwarten kann, bzw. der zum Beenden einer solchen führt.

Themen der Ethik möglich wird. Und so stellt er fest: „Ökonomik ist die Methode der Vorteils-/Nachteils-Kalkulation, die auf das Problem zugeschnitten ist, warum die Akteure das tun, was sie tun oder tun sollen und warum sie letzteres oft nicht tun. Wer diese Frage als Frage der Ethik behandeln will, muß sich der ökonomischen Methode befleißigen."[18]

Auf diese Weise findet HOMANN seine Antwort auf die Frage der Implementationsbedingungen[19] von ethischen Forderungen. Damit Normensysteme erfolgreich sein können und vom Einzelnen befolgt werden, müssen die ethischen Forderungen jeweils auch gewollt sein. Mit Hilfe der ökonomischen Methode im Anschluss an BECKER kann nun das Sollen der Ethik übersetzt werden in Vorteils-/Nachteilskalküle und in Anreize. Oder anders gesagt: erst dadurch, dass Moral durch ökonomisches Vorteilsstreben vom Zustand des Sollens in den des Wollens gebracht werde, kann sie laut HOMANN erfolgreich sein.[20] Aus diesem Grund spricht er explizit von einer Anreizethik[21] und plädiert für eine ethische Neubewertung des Vorteilsstrebens, um die Implementationsfrage in die Ethik zurückzuholen.[22]

3.1.1.3 Aspekte der Konstitutionenökonomie

Für einen wirklich nachhaltigen Erfolg der Moral bedarf es HOMANN zufolge allerdings nicht nur eines einseitig individuellen Vorteilsstrebens im Sinne der Besserstellung des Einzelnen. Vielmehr müsse dieses Vorteilsstreben, um nachhaltig erfolgreich zu sein, stets von einer Wechselseitigkeit und der Besserstellung aller geprägt sein.[23] Hierfür beruft sich HOMANN in seinem Ansatz auf Aspekte der Konstitutionenökonomie wie sie sich bei James M. BUCHANAN finden.[24]

Dieser geht bei der Erarbeitung seiner ökonomischen Theorie des Staates von der Vertragslehre Thomas HOBBES' aus und folgt ihm in der Annahme, dass es aufgrund der gegebenen gesellschaftlichen Ordnung und des wirtschaftlichen Marktes wenigstens einen mit minimalen Sanktionsmöglichkeiten ausgestatteten Gesellschaftsvertrag geben müsse. Nur durch diesen „Rechtsschutzstaat" könne der Rückfall in den von HOBBES angenommenen Naturzustand verhindert werden.

Darüber hinaus kennt BUCHANAN den sogenannten „Leistungsstaat", in dem basierend auf gemeinsamen Übereinkünften der Bürger die öffentlichen und kollektiven Güter bereitgestellt werden.[25] Das dabei für den Einzelnen

---

18 HOMANN (2002g), S. 255.
19 HOMANN spricht in seinen Texten stets von „Implementation" nicht von „Implementierung", auch wenn damit sinngemäß dasselbe gemeint zu sein scheint. Deshalb findet dieser Begriff im Kontext von HOMANNS Ansatz auch hier Verwendung.
20 Vgl. dazu z. B. HOMANN (2002e).
21 Zum Thema Anreiz vgl. HOMANN (2002a).
22 Vgl. HOMANN (2002e), S. 178
23 Vgl. z. B. Ders. (2002e), S. 181.
24 Vgl. zum Folgenden BUCHANAN (1984) und BUCHANAN (1985).
25 Vgl. BUCHANAN (1984), S. 50ff.

entstehende „Paradox, regiert zu werden"[26] und damit zwischen individueller Freiheit und freiheitseinschränkenden Kollektiventscheidungen hin- und hergerissen zu sein, löst BUCHANAN folgendermaßen: er nimmt an, dass sich die Entscheidungen des Kollektivs als aus denen des Individuums ableiten lassen und beruft sich somit auf den Grundgedanken der konstitutionellen Demokratie.[27] Ursprung der Regeln einer Gesellschaft könne also immer nur der Einzelne sein,[28] doch Kriterium zur Beurteilung von Interaktionen sei der Konsens der Akteure. Dieser Konsens müsse nach ökonomischen Gesichtspunkten der Zweckmäßigkeit und Effizienz bestimmt werden, denn je größer der Vorteil für möglichst viele sei, desto geringer sei das Defektionspotential und der Vertragsbruch beziehungsweise das Veto Einzelner. BUCHANAN vertritt hier im Anschluss an das Gefangenendilemma, bei dem für jeden Spieler die beste Alternative der Vertragsbruch ist,[29] die These, dass es eines rechtsschützenden Dritten, also eines Staates, bedarf, der einen solchen Vertragsbruch verhindert. Die zentralen Probleme der gegebenen gesellschaftlichen Ordnung seien also allesamt Konflikte, die konstitutionell überdacht und entsprechend gelöst werden müssen.[30]

Besonderen Wert legt BUCHANAN in seiner Staatstheorie auf Interaktionen und unterscheidet „zwei Stadien gesellschaftlicher Interaktion".[31] So differenziert er zwischen den für ein Miteinander notwendigen und ausgewählten Regeln, die seiner Vorstellung nach einer bestimmten Hierarchie unterliegen,[32] und den unter den beschlossenen Regeln stattfindenden Handlungen. BUCHANANs Blick richtet sich also nicht auf die *Resultate* von Handlungen, sondern er ist vielmehr auf die Handlungs*regeln* fokussiert. Eine Möglichkeit zur Verständigung über diese Regeln beziehungsweise eine Regelveränderung stellen für ihn die öffentlichen Diskurse[33] dar.

HOMANN folgt diesem Ansatz BUCHANANs zum einen in der vertragstheoretischen Interpretation der Demokratie, indem er in ihr „ein Konzept der Legitimation kollektiven Handelns"[34] sieht. So sind bei ihm wie schon bei BUCHANAN Individuum und Staat aufeinander angewiesen und durch Interaktionen miteinander verbunden. Gerade dieser Aspekt der Interaktionen findet bei HOMANN dezidiert Eingang, und so übernimmt er die „Ökonomik menschlicher Interaktion"[35], wie er den Ansatz BUCHANANs nennt, und spricht im Kontext seiner eigenen Wirtschaftsethik von Ökonomik als ‚In-

---

26   Vgl. Ders. (1984), S. 129ff.
27   Vgl. BUCHANAN (1985), S. 45f.
28   BUCHANAN vertritt somit einen normativen Individualismus, bei dem es kein gesellschaftlichen Maximanden mehr gibt, sondern alleinige Legitimationsgrundlage für Entscheidungen der Einzelne ist. Vgl. Ders. (1985), S. 36—38.
29   Zur Idee des Gefangenendilemmas vgl. 3.1.1.4.
30   Dies macht er z. B. am Dilemma der Bestrafung deutlich. Vgl. BUCHANAN (1984), S. 186ff.
31   Ders. (1984), S. XIII.
32   Auf diese Weise sind Regeln immer nur relative Absolute.
33   Zur Bedeutung von Diskursen vgl. auch den Ansatz P. ULRICHs in 3.2.
34   HOMANN (2003c), S. 32.
35   HOMANN (2003d), S. 91 Im Original kursiv gedruckt.

teraktionsökonomik'[36]. Die einzelne Interaktion, die mittels expliziter oder impliziter Verträge zustande kommt, ist für ihn der Ausgangspunkt von wirtschaftsethischen Entscheidungen in modernen Gesellschaften, da aus ihr alle Produktivität entsteht. Doch aufgrund der Unvollständigkeit von Verträgen[37] geht mit einer Interaktion nicht nur ein Kooperationspotential, sondern immer auch ein gewisses Konfliktpotential einher, denn HOMANN weiß: „Abhängigkeiten machen Partner ausbeutbar."[38] Zur produktiven Bewältigung dieser Abhängigkeiten bedürfe es deshalb allgemein zustimmungsfähiger, institutioneller Arrangements, die von den eigentlichen Handlungen zu unterscheiden und hierarchisch geordnet seien.[39] Dabei ist das Ziel jeder Interaktion klar definiert als „Solidarität aller".[40]

3.1.1.4 Spieltheorie, Dilemmasituation und Homo oeconomicus

Die Grundstruktur vieler der bisher genannten Zusammenhänge sieht HOMANN im Anschluss an BUCHANAN in den Dilemmastrukturen der Spieltheorie[41] gegeben.[42] So nutzt er sie als Instrumentarium zur Illustration der fundamentalen Probleme von Interaktionen und macht sie dadurch zur zentralen Idee seiner Wirtschaftsethik.[43]

Für HOMANN liegt in der Unterscheidung zwischen Spielregeln und Spielzügen eine Parallele zur bereits genannten Differenz zwischen Rahmenordnung und den darin stattfindenden Handlungen.[44] Verfassung, Gesetze oder moralische und kulturelle Verhaltensstandards als Spielregeln legen fest, wer wie spielen darf und bilden den Rahmen, innerhalb dessen die einzelnen Wirtschaftsakteure ihre je eigenen Ziele verfolgen, also ihre Spielzüge machen. Dabei komme es auf dem „Spielfeld Markt" zu einem „äußerst artifiziellen Zusammenspiel (...) von Konsens und Wettbewerb"[45], das bestimmte Funktionsbedingungen, wie beispielsweise den Grundsatz der Gleichheit, die An-

---

[36]   HOMANN (2002g), S. 263.
[37]   Das Theorem der Unvollständigkeit von Verträgen übernimmt HOMANN aus der sogenannten Neuen Institutionenökonomik (vgl. HOMANN (2002f), S. 161f). Eine ausführlichere Darstellung dieser Theorie findet sich im Zusammenhang der Governanceethik unter 3.3.1.3 dieser Arbeit.
[38]   HOMANN/KIRCHNER (2002), S. 140.
[39]   Vgl. HOMANN (2002g), S. 261 und HOMANN/KIRCHNER (2002), S. 148ff. Eine ausführlichere Darstellung dieses Zusammenhangs findet sich im Folgenden unter 3.1.2.1.
[40]   HOMANN/BLOME-DREES (1992), S. 15 oder HOMANN (2002f), S. 153 u. ö.
[41]   Die ursprünglich aus der Mathematik stammende Spieltheorie befasst sich mit „Spielen" im Sinne von interdependenten Entscheidungssituationen mit mehreren Beteiligten, die sich in ihren Entscheidungen und ihrem Handeln gegenseitig beeinflussen.
[42]   Dabei geht er jedoch über den Ansatz von Buchanan hinaus, indem er die Dilemmastrukturen weiter universalisiert, sie unter weitere Bedingungen setzt und methodologisch reflektiert als Heuristik einer Interaktionsökonomik einsetzt. Vgl. HOMANN (2002j), S. 216.
[43]   Vgl. HOMANN/BLOME-DREES (1992), S. 20–34, HOMANN (2002d), HOMANN (2002b) u. ö.
[44]   Vgl.HOMANN/BLOME-DREES (1992), S. 23ff.
[45]   Ders. (1992), S. 26.

erkennung und Veränderung der Regeln durch alle Akteure oder deren „Wille zum Sieg", erfüllen müsse.

Davon ausgehend stellt HOMANN die Frage nach der Rolle der Moral innerhalb eines solchen Spiels beziehungsweise Wettbewerbs, denn unter Markt- und Wettbewerbsbedingungen sind „freiwillige moralische Leistungen einzelner (Unternehmen), sofern sie zu Kostenerhöhungen führen, (...) durch die Konkurrenz ausbeutbar".[46] Diese Problematik illustriert er mit Hilfe des sogenannten Gefangenendilemmas,[47] einem zentralen Bestandteil der Spieltheorie, bei dem aufgrund der Vorteilserwägungen der beiden Gefangenen kollektiv betrachtet das schlechteste Ergebnis zustande kommt. Dies bedeutet, „die Logik der Situation zwingt sie zu einer kollektiven Selbstschädigung".[48] HOMANN überträgt dieses Schema nun auf die moderne Wettbewerbswirtschaft und hält fest, dass hier Gleiches gelte und aufgrund der Spielregeln der Märkte die Spielzüge der Akteure in einer kollektiven Selbstschädigung münden. Der Wettbewerb der Marktwirtschaft stelle sich also als Dilemma dar, in dem zwar die Spielzüge durch die Spielregeln diszipliniert seien, in dem aber auch wenig bis gar kein Platz bliebe für moralisch orientiertes Handeln des Einzelnen, da es zu Wettbewerbsnachteilen für ihn führe. Zugespitzt könnte sogar gesagt werden, dass ein einzelner Akteur allen anderen (durch sein unmoralisches, aber gewinnbringendes Verhalten) die eigene Entscheidung aufzwingen könne.

Die einzig mögliche Lösung zur Überwindung dieser differenzierten Dilemmastrukturen sieht der deutsche Wirtschaftsethiker in der paradigmatisch simultanen Abarbeitung von Moral und Effizienz auf unterschiedlichen Ebenen, nämlich „die Effizienz in den Spielzügen, die Moral in den Spielregeln".[49] Und so kommt HOMANN zur Kernthese seiner Theorie: „Der systematische Ort der Moral in einer Marktwirtschaft ist die Rahmenordnung."[50] Moralisches Verhalten müsse also wettbewerbsneutral durch entsprechende Regeln ermöglicht und gestaltet werden. Dies habe wiederum Konsequenzen für die Legitimation wirtschaftlichen Handelns, da die Spielzüge nun „‚moralfrei' in dem Sinne sind, daß sie von unmittelbaren moralischen Intentionen und

---

46   Ders. (1992), S. 28.

47   HOMANN erklärt die Situation wie folgt: „Zwei Untersuchungsgefangene (...) werden vor einen Haftrichter geführt. Er konfrontiert sie mit dem Entscheidungsproblem, eine ihnen zur Last gelegte Straftat entweder zu gestehen oder zu leugnen. Gestehen beide, so werden sie zu acht, leugnen beide, so werden sie (...) zu zwei Jahren Freiheitsstrafe verurteilt. Treffen die beiden Gefangenen jedoch unterschiedliche Entscheidungen, so greift eine Kronzeugenregelung. Wer gesteht, kommt frei; wer leugnet, erhält die Höchststrafe von zehn Jahren. Mit diesen Informationen versehen, werden beide Gefangenen in getrennte Zellen geführt. Sie erhalten keine Gelegenheit, ihr Verhalten aufeinander abzustimmen, sondern müssen ihre individuelle Entscheidung bekanntgeben, ohne zu wissen, wie der jeweils andere sich entschieden hat." (Ders. (1992), S. 29f).

48   Ders. (1992), S. 32.

49   Ders. (1992), S. 35.

50   Ders. (1992), S. 35 Im Original kursiv gedruckt. Damit greift HOMANN auf die Unterscheidung von Adam SMITH zurück, der ebenfalls zwischen Rahmenordnung und Handeln in ihr differenziert. (Vgl. HOMANN (2002i), S. 4.)

Rücksichtnahmen freigesetzt werden".[51] Die Gewinnmaximierung eines Unternehmens sei zudem als dessen moralische Pflicht zu erachten, da sie unter den Bedingungen einer geeigneten Rahmenordnung der Steigerung des Allgemeinwohls diene. Die Normativität von Moral wird somit auf der Metaebene verortet.[52]

Dementsprechend bedient sich HOMANN auch des vielfach kritisierten Bildes vom *homo oeconomicus* und integriert es in seinen Ansatz.[53] Er sieht in ihm ein Analyseinstrument, das sehr gut „für die rein positive Abschätzung der aggregierten Folgen menschlichen Handelns in diesen universalen asymmetrischen Interaktionsstrukturen"[54] eingesetzt werden kann. Die Ökonomik als Theorie von Situationsstrukturen bedient sich dieses Bildes, um die Folgen des durch Anreize geschaffenen Verhaltens ableiten zu können. Damit vertritt HOMANN nicht das Menschenbild eines *homo oeconomicus*, sondern schreibt dem Menschen lediglich ein solches Verhalten in Dilemmasituationen zu.[55] Er ist „der Kern [s]einer Situationstheorie".[56]

3.1.2 Grundidee der Ordnungsethik Homanns

3.1.2.1 Ordnungsethische Wirtschaftsethik

Unter Einbeziehung der oben genannten theoretischen und gesellschaftlichen Aspekte entwickelt HOMANN seine Wirtschaftsethik als Ordnungsethik und kommt zu folgender allgemeinen Aufgabenbestimmung: „Wirtschaftsethik (...) befaßt sich mit der Frage, welche moralischen Normen und Ideale[57] unter den Bedingungen der modernen Wirtschaft und Gesellschaft (...) zur Geltung gebracht werden können."[58]

Der grundlegende Ausgangspunkt seiner wirtschaftsethischen Theorie ist dabei die wirtschaftliche Interaktion, die, wie schon festgestellt, die Solidarität aller zum Ziel hat und sowohl über Kooperations- als auch Konfliktpotential verfügt. Aufgrund der Unvollständigkeit der Verträge bestehe die Gefahr der Ausbeutung des kooperativen Verhaltens, denn in der modernen Gesellschaft haben die persönlichen Face-to-Face-Beziehungen gegenüber systemischen Sozial- und Denkstrukturen wegen zunehmender Interdependenzen in Großgesellschaften ihre Relevanz verloren.[59] So komme es zu asymmetri-

---

51   HOMANN/BLOME-DREES (1992), S. 38.
52   Vgl. z. B. HOMANN (2002f), S. 158—170.
53   Die Kritik bezieht sich darauf, dass es sich beim Bild des *homo oeconomicus* um ein gefährliches Bild handelt, sofern es normativ gesehen wird, und zudem empirisch verkürzt ist. Vgl. HOMANN (2002d).
54   Ders. (2002d), S. 82.
55   Vgl. HOMANN/BLOME-DREES (1992), S. 92—98 oder HOMANN (2002a), S. 200f.
56   Ders. (2002a), S. 115. Im Original teilweise kursiv.
57   Für HOMANN sind Normen festgeschriebene Regeln, die befolgt werden müssen, wohingegen sich Ideale an moralischen Ideen ausrichten und somit Ausdruck einer Weiterentwicklung der Moral innerhalb einer Gesellschaft sein können. Vgl. HOMANN/BLOME-DREES (1992), S. 14 und auch HOMANN (2003b), S. 76—80.
58   HOMANN/BLOME-DREES (1992), S. 14.
59   Vgl. z. B. HOMANN (2002a), S. 196 oder HOMANN (2002e), S. 182f.

schen Interaktionsstrukturen und den damit verbundenen Konflikten, deren
Symmetrie laut HOMANN nur durch „sanktionsfähige Ordnungen und der
Etablierung entsprechender Opportunitätskostenstrukturen"[60] wiederherge-
stellt werden kann.

Um das Konfliktpotential zu verdeutlichen, greift der Wirtschaftsethiker als Heuristik auf das Bild vom *homo oeconomicus* und das Gefangenendilemma der Spieltheorie zurück.[61] Letzteres zeige Dilemmastrukturen
auf verschiedenen Ebenen, die unterschiedlich zu bewerten seien. Die Dilem-
mastruktur auf der Ebene des instrumentell eingesetzten Marktwettbewerbs
solle zwar beibehalten werden, um das entstehende Kooperationspotential
nutzen zu können und damit Dilemmata im positiven Sinne produktiv zu
machen. Allerdings sollten demgegenüber die Dilemmastrukturen auf Verfas-
sungsebene überwunden werden, damit eine soziale Ordnung als Korrektiv
etabliert werden könne. So hängt laut HOMANN letztlich das Gesamtresul-
tat der gesellschaftlichen Interaktionen davon ab, inwiefern gewünschte Dilemmastrukturen beibehalten beziehungsweise gefördert und unerwünschte
überwunden werden können.[62]

Möglich wird diese „Überwindung der Dilemmastrukturen und die Realisierung von Kooperationsgewinn"[63] für ihn letztlich durch Moral. Diese tritt
in Form von formellen und informellen Anreizen auf, beziehungsweise lässt
sich erst aufgrund von diesen realisieren,[64] denn „Kern, Prinzip und treibende Kraft aller Moral ist das Streben nach individueller Besserstellung"[65].
Für HOMANN ist damit allerdings keine defekte Form der Besserstellung
gemeint, bei der es um den eigenen Vorteil auf Kosten anderer geht, sondern
um ein Vorteilsstreben in seiner paretosuperioren Form, der wechselseitigen
Besserstellung aller.[66]

Da Moral, um Bestand haben zu können, stets einer sozialen Kontrolle
bedürfe, brauche es in der modernen Gesellschaft ein Sicherungssystem institutioneller Form.[67] Dementsprechend sieht HOMANN die Lösung der Implementationsfrage von Moral in einer „Selbstkontrolle entlang [von] Anreizen
in Verbindung mit einem formellen Kontrollapparat, also Vorteilskalkulation
in Verbindung mit Recht".[68] Die wirtschaftlichen Akteure legen ihm zufolge

---

[60] HOMANN/KIRCHNER (2002), S. 158.
[61] Vgl. 3.1.1.4.
[62] Vgl. HOMANN (2002f), S. 147—149.
[63] Ders. (2002f), S. 149.
[64] HOMANN grenzt sich mit seinem Verständnis von Moral als „Anreizmoral" dezidiert
      ab gegenüber dem traditionellen Moralverständnis, bei dem die Motive der einzelnen
      Akteure Beweggrund zu moralischem Handeln sind (Motivmoral). Vgl. Ders. (2002f),
      S. 151—155.
[65] HOMANN (2002e), S. 181 u. ö.
[66] Vgl. HOMANN (2002f), S. 155—157. HOMANN weist an anderer Stelle auch ausdrücklich
      darauf hin, dass weder Goldene Regel noch das christliche Liebesgebot das Streben
      nach Besserstellung verbieten, sofern der darin enthaltene Gedanke der Reziprozität
      berücksichtigt wird (vgl. HOMANN (2002e), S. 182 u. ö.). Er plädiert deshalb für eine
      Neubewertung des Vorteils-Begriffs.
[67] Vgl. Ders. (2002e), S. 183.
[68] HOMANN (2002a), S. 199.

als Norm-Unterworfene die Inhalte dieser Normen selbst und gemeinsam fest, so dass es zu einem Konsens aufgrund individueller ökonomischer Kalkulationen kommt, der abhängig ist von kontingenten Formen der Implementation. Das Handeln erfolgt dann unbedingt.[69] Folglich setzt sich Moral also nicht in den Handlungsmotiven, sondern in dessen Bedingungen durch;[70] HOMANN vertritt damit einen ordnungsethischen Ansatz der Wirtschaftsethik.

3.1.2.2 Unternehmensethik als integraler Bestandteil

Ausgehend von diesem Grundkonzept der Wirtschaftsethik, entwickelt HOMANN die Unternehmensethik als deren integralen Bestandteil. Er gesteht nämlich ein, dass aufgrund der Unvollständigkeit von Verträgen die „Voraussetzung einer vollkommenen Rahmenordnung (...) aus pragmatischen und systematischen Gründen niemals vollständig gegeben"[71] ist. So gebe es immer wieder Situationen, in denen Unternehmen für ihre „Spielzüge" keine entsprechenden „Spielregeln" zur Verfügung hätten, was zur Folge habe, dass es sowohl aus praktischen wie theoretischen Aspekten notwenig sei, diese Lücken zu füllen. Deshalb sind Unternehmen laut HOMANN dazu aufgefordert, den Bedarf an moralischer Verantwortung, der über die Vorgaben hinausgeht, zu identifizieren und Fortschreibungsmöglichkeiten aufzuzeigen.[72] Im Konfliktfall kommt ihnen also eine Legitimationsverantwortung zu.[73] Dementsprechend hält er in seiner Arbeitsdefinition von Unternehmensethik fest: „Unternehmensethik thematisiert das Verhältnis von Moral und Gewinn in der Unternehmensführung und befaßt sich mit der Frage, wie moralische Normen und Ideale unter den Bedingungen der modernen Wirtschaft von den Unternehmen zur Geltung gebracht werden können."[74] Entscheidender Bezugspunkt ist für ihn auch hier wieder der institutionelle Zusammenhang, also die Spielregeln, an denen sich die Handlungsempfehlungen für die Spielzüge ausrichten. Da individualethische Präferenzen im Wettbewerb an ihre Grenzen stießen, könne ein Einzelner aufgrund der Dilemmasituation durch Tugend und entsprechendes Handeln nicht mehr das Ergebnis bestimmen. Ein Unternehmen habe allerdings die Möglichkeit, nicht nur in ökonomischer Hinsicht erfolgsorientiert zu handeln, sondern sich auch politisch einzubringen

---

[69]   Vgl. HOMANN (2002f), S. 149f. So sind hier bei HOMANN mit dem Gedanken der Unbedingtheit und dem Gedanken der Kontingenz „zwei grundlegende Gedanken einer modernen Moralphilosophie methodisch sauber miteinander verbunden." (Ders. (2002f), S. 150).

[70]   Vgl. HOMANN (2002a), S. 199. Dementsprechend plädiert Homann an anderer Stelle für „Bedingungswandel statt Gesinnungswandel" (HOMANN (2002b), S. 100. Im Original kursiv gedruckt.).

[71]   HOMANN/BLOME-DREES (1992), S. 114.

[72]   HOMANN vertritt damit einen non-kognitivistischen Ansatz, der nicht Moral zu begründen versucht, sondern in dessen Zentrum es um hypothetische Aussagen über die Realisierbarkeit von Moral geht.

[73]   Vgl. Ders. (1992), S. 123ff.

[74]   Ders. (1992), S. 117.

und die Rahmenordnung zu verändern beziehungsweise zu erweitern.[75] Adressaten der Unternehmensethik sind für den Wirtschaftsethiker also in erster Linie die Unternehmen und ihre unmittelbaren wirtschaftlichen Handlungen. Die individuelle Moral der einzelnen Akteure, Unternehmer oder Manager, ist jedoch „bei der Gestaltung, bei der Akzeptierung und bei der Befolgung der Regeln für diese Handlungen"[76] unerlässlich.

Allerdings stehen die Unternehmen laut HOMANN vor einer doppelten Schwierigkeit: zum einen müssen sie eigene moralische Überlegungen anstellen und zum anderen haben sie sich mit den moralischen Anforderungen kritischer Anspruchsgruppen[77] auseinanderzusetzen. Legitimationsanstrengungen gegenüber Dritten seien deshalb durchaus auch im eigenen Interesse der Firmen zu sehen, denn sie könnten hilfreich sein, um negative Imagefolgen und damit finanzielle Verluste zu vermeiden.[78] Generell gelte deshalb im Anschluss an KANT für Unternehmen der Grundsatz der Universalisierbarkeit, wenn es um die Frage der Begründung moralischer Vorsätze geht. Nur wenn Normen verallgemeinerungsfähig sind, können sie allgemein Akzeptanz finden und Teil der Rahmenordnung werden.

HOMANN entwirft unter Berücksichtigung dieser Aspekte schließlich ein dreistufiges Modell zur Implementation von ethischen Normen durch Unternehmen. Dieses überträgt er als idealtypisches Modell auf den Entscheidungsprozess im Unternehmen mit dem Ziel, „eine Kultur der Begründbarkeit entstehen zu lassen".[79] So müsse zuerst die veränderte Handlungssituation anhand eines Vier-Quadranten-Schemas, bei dem das Verhältnis von moralischer Akzeptanz und Rentabilität berücksichtigt wird, analysiert werden. In einem nächsten Schritt sollten die potentiellen Strategien zur Implementation der moralischen Anliegen abgewogen werden. Hier stünden die beiden weiter oben genannten Möglichkeiten der „Wettbewerbsstrategie" und der „ordnungspolitischen Strategie" zur Auswahl.[80] Der letzte Schritt bestehe schließlich darin, „den verschiedenen unternehmerischen Handlungsfeldern im Spannungsfeld von Moral und Gewinn die geeigneten Handlungsstrategien zuzuordnen".[81] Laut HOMANN bedeutet dies konkret, dass sich Unternehmen zuerst überlegen müssen, ob die moralischen Anforderungen, die an sie gestellt werden, ethisch gut begründet sind, also ob sie dem Grundsatz der Universalisierbarkeit entsprechen. Zudem müsse geklärt werden, ob die Rahmenordnung in Bezug auf dieses Thema defizitär ist. Schließlich sollten sich die Unternehmen für den Fall einer defizitären Rahmenordnung fragen, wel-

---

[75]   Vgl. Ders. (1992), S. 118ff. HOMANN weist darauf hin, dass „sowohl der originär ökonomische als auch der politische Handlungstyp interessengeleitet ist" (Ders. (1992), S. 123), stellt aber gerade die besondere Bedeutung des zweiten Handlungstyps heraus und fordert dessen verstärkten Einsatz.

[76]   Ders. (1992), S. 40. Vgl. auch Ders. (1992), S. 14.

[77]   So z. B. Mitarbeiter oder Umweltschutzverbände etc.

[78]   HOMANN sieht darin einen Ausdruck, „daß Unternehmen gesellschaftliche Veranstaltungen sind" (Ders. (1992), S. 130. Im Original kursiv gedruckt.).

[79]   Ders. (1992), S. 159. Vgl. zum Folgenden Ders. (1992), S. 131ff.

[80]   Beide Begriffe finden sich in: Ders. (1992), S. 136.

[81]   Ders. (1992), S. 140.

che Handlungsmöglichkeiten unter der Bedingung des Wettbewerbs bestehen, um „den moralischen Anforderungen situationsgerecht zu begegnen".[82]

3.1.3 Impulse

Wie hier gerade gezeigt, stellt HOMANN in seinem wirtschaftswissenschaftlichen Konzept insbesondere die Rolle der staatlichen Ordnung beziehungsweise deren Korrektur durch Unternehmen in den Mittelpunkt. Eine explorative Ethik des geschöpflichen Lebens im Medium der Ökonomie sowie entsprechende Impulse lassen sich bei ihm nur in einzelnen Aspekten seines Ansatzes erkennen.

Durch seine besondere Betonung der Rahmenordnung wird deutlich, dass sich Ökonomie und unternehmerisches Handeln nie ausschließlich für sich betrachten lassen. Vielmehr werden sie in den weitreichenden Kontext der politischen Aufgaben gestellt und damit über sich selbst hinaus verwiesen.[83]

Wo die staatliche Rahmenordnung allerdings eine Lücke aufweist, sind für HOMANN ganz besonders Unternehmen in ihrer ethischen Kompetenz gefragt. In diesem Fall müssen sie sich sowohl mit den eigenen ethischen Überlegungen als auch mit denen von verschiedenen Anspruchsgruppen auseinandersetzen und zu ethischen Entscheidungen kommen. Dazu bedarf es eines fortwährenden moralischen Lernens.[84] Demzufolge geht also auch HOMANN implizit davon aus, dass Ethik stets etwas Exploratives eignet. Allerdings spricht er meist nur von der Implementierung einer *Moral* und nicht eines *Ethos*. Deshalb muss eine christliche Ethik der explorativen Rechenschaft vom geschöpflichen Leben an dieser Stelle über den Ansatz von HOMANN hinausweisen. Schließlich geht es ihr um mehr als nur moralische Anforderungen und Regeln. Stattdessen betont sie insbesondere die Bedeutung des gelebten Ethos, das als solches immer wieder erprobt, erkundet und mitgeteilt werden muss.

Im Gegensatz zu Josef WIELAND, der Unternehmen selbst als moralische Akteure versteht und damit die Organisationsebene hervorhebt,[85] betont HOMANN insbesondere die individualethischen Entscheidungen innerhalb der Unternehmen.[86] Für ihn sind also die Rolle und Verantwortung des einzelnen Menschen im Betrieb zentral. So geht er davon aus, dass moralische Ideen nur in den Köpfen der Mitarbeiter möglich sind und durch deren Handeln im Unternehmen eingebracht werden. Darin wird der erfahrbare und erkennbare Lebenskontext des individuellen Menschen als Geschöpf Gottes, wie ihn eine Ethik geschöpflichen Lebens in den Fokus rückt, besonders wahrgenommen. Unternehmen können also nur ethisch handeln, indem jeder einzelne Stakeholder dazu die Bereitschaft mitbringt und sich adäquat verhält. Inwie-

---

[82] Ders. (1992), S. 159.
[83] Ähnlich betonen dies auch die kirchlichen Denkschriften. Vgl. dazu insbes. 2.4.2 und 2.4.3.
[84] Vgl. HOMANN (2003a), S. 204ff.
[85] Vgl. 3.3.2.2.
[86] Zum Verhältnis von Wirtschafts-, Unternehmens- und Individualethik vgl. 1.2.

fern geeignete Strukturen und Anreize zu einem solchen Verhalten beitragen können, ist stets zu überlegen. Dennoch sind die einzelnen Individuen bereits von ihrer geschöpflichen Bestimmung her immer auch auf Beziehung angelegt. Bei HOMANN lässt sich dieser Beziehungsaspekt des je einzelnen Geschöpfs zu anderen in seinem Rückgriff auf die Spieltheorie festmachen.[87] Diese betont wegen ihrer Grundkonzeption die notwendige Investition in ein Miteinander und in Kooperationen von Menschen.

Darüber hinaus betont HOMANN die Besserstellung aller als Kern und treibende Kraft der Moral. Eine solche Besserstellung darf allerdings nicht auf Kosten anderer gehen, sondern ist stets in ihrer paretosuperioren Form zu verstehen. Gerade hierin lassen sich die beiden Handlungsrichtlinien des Gebots der Nächstenliebe und der Goldenen Regel erkennen,[88] wie sie einem christlichen Ethos entsprechen. Somit wird bei HOMANN mit der Forderung nach Besserstellung aller das Verhältnis von Vorteilsdenken und Solidarität beziehungsweise Gerechtigkeit neu und einem christlichen Ethos entsprechend bestimmt. Ein wirtschaftlicher Vorteil besteht demzufolge nicht der Besserstellung einzelner, sondern nur insofern, als dass er auch die Kriterien der Solidarität und Gerechtigkeit in Bezug auf alle Beteiligten erfüllt.[89] Welch weitreichende Konsequenzen dies haben kann, wird nicht zuletzt an der aktuellen Diskussion um Lohngerechtigkeit und überhöhte Managergehälter deutlich. Auch der Umgang in einem Unternehmen mit Menschen, die den gängigen Leistungsanforderungen nicht (mehr) gerecht werden können, ist beispielsweise daraufhin zu befragen. So muss im Alltag immer wieder genau differenziert werden, wer von welcher Unternehmensentscheidung profitiert.

Dennoch lassen sich Fehlverhalten und ethische Missstände nicht gänzlich vermeiden. So zielen sowohl die beiden biblischen Prinzipien als auch HOMANNs Forderung auf die Möglichkeit eines „Besser" ab. Sie gehen jeweils davon aus, dass es um eine Verbesserung des Ist-Zustands und nicht um die Erreichung eines optimalen Zustands, „des Guten"[90], geht. Die Erprobung dessen, was es heißt, im Medium von Unternehmen als Geschöpf Gottes zu leben, kann demzufolge auch misslingen; der eschatologische Vorbehalt bleibt bestehen. Doch gerade deshalb bedarf es der zentralen Aufgabe, immer wieder zu erproben, zu erkunden und mitzuteilen, was geschöpfliches Leben meint — auch im Medium der Ökonomie.

---

[87] Hier sei trotzdem kritisch angemerkt, dass eine feste Verankerung der Unternehmensethik auf der Ebene der Institution und Organisation, also in deren Strukturen, im Ansatz HOMANNs vernachlässigt ist beziehungsweise allein auf die Ordnungsebene des Staates bezogen bleibt.

[88] Vgl. dazu auch die Überlegungen LUTHERs in 2.2.3.2.

[89] Die beiden Aspekte der Solidarität und Gerechtigkeit hebt auch insbesondere die Denkschrift *Gerechte Teilhabe* hervor. Vgl. 2.4.2.

[90] Theologisch betrachtet, stellt nur Gott „das Gute" dar. Vgl. zur Thematik von Gut und Böse auch die Ausführungen von RICH (RICH (1991), S. 107ff.) oder SEDLÁČEK (2012).

3.2 Peter Ulrich und die kommunikative Integration der Ethik

Ein weiterer wirtschaftsethischer Ansatz im deutschsprachigen Raum wurde von dem schweizer Ökonom Peter ULRICH entwickelt.[91] Er war von 1987 bis zu seiner Emeritierung 2009 der erste Inhaber des Lehrstuhls für Wirtschaftsethik an der Universität St. Gallen sowie Gründer und Leiter des dortigen Instituts für Wirtschaftsethik. Zudem war er Mitglied des Executive Committee des European Business Ethics Network (EBEN) und Vorstand des Deutschen Netzwerks Wirtschaftsethik (DNWE).

In seinem Ansatz der integrativen Wirtschafts- und Unternehmensethik geht es darum, „das buchstäblich fragwürdig gewordene Verhältnis zwischen ökonomischer Sachlogik und ethischer Vernunft von Grund auf zu klären und es in zukunftsfähiger, lebensdienlicher Weise neu zu bestimmen".[92] Dabei greift ULRICH auf die „große Transformation" von Karl POLANYI zurück, hebt außerdem im Anschluss an Immanuel KANT die besondere Bedeutung der Vernunft hervor und bezieht zudem die diskursethischen Überlegungen von Jürgen HABERMAS und Karl-Otto APEL in seine Theorie mit ein. Die Unternehmensethik lässt sich für ihn im Rahmen seiner wirtschaftsethischen Theorie schließlich als einer der Orte bestimmen, an denen die „Moral des Wirtschaftens in einer wohlgeordneten Gesellschaft freier Bürger"[93] zum Tragen kommt, wobei er der Integration von Wirtschaft und Unternehmen in die Gesellschaft besondere Bedeutung beimisst. Diese Zusammenhänge sollen nun im Folgenden näher erläutert und dargestellt werden. Schließlich sollen auch sie für eine Unternehmensethik im Sinne einer explorativen Ethik des geschöpflichen Lebens fruchtbar gemacht werden.

3.2.1 Gesellschaftstheoretische und methodologische Perspektiven

3.2.1.1 Große Transformation

Ausgangspunkt der wirtschaftsethischen Überlegungen ULRICHs sind die „komplexen Realitäten der ‚fortgeschrittenen' Industriegesellschaft in ihrer zeittypischen Wahrnehmbarkeit".[94] Dazu gehört auch, dass die sozioökonomischen Herausforderungen der Zeit nicht nur technisch-funktionale Probleme, sondern immer mehr ethische, also praktisch-philosophische Probleme

---

91 Im Anschluss an seine Habilitationsschrift (vgl. ULRICH (1987)) stellt ULRICH seinen wirtschaftsethischen Ansatz grundlegend dar. Vgl. v. a. ULRICH (2008). Daneben finden sich seine Überlegungen mit unterschiedlichen Schwerpunktsetzungen in zahlreichen weiteren Aufsätzen oder Monographien. Sein Grundlagenwerk sowie eine Auswahl an weiteren Texten sollen Basis dieses Abschnitts sein.

92 Ders. (2008), S. 12.

93 ULRICH (2010c), S. 89.

94 ULRICH (1990e), S. 179.

darstellen.[95] So betont er nicht zuletzt in seiner Abschiedsvorlesung an der
Hochschule St. Gallen 2009, dass aktuell eine „Orientierungskrise [zu beob-
achten ist], in deren Zentrum das unklar gewordene Verhältnis zwischen der
Marktwirtschaft und der Gesellschaft, in der wir leben möchten, steht".[96]

Für ihn hat diese Orientierungskrise ihren Ursprung in der zunehmend
verselbständigten ökonomischen Rationalität, die sich systematisch von den
praktischen Kriterien des guten Lebens der Menschen abgetrennt hat. Dies
beschreibt der ungarisch-österreichische Wirtschafts- und Sozialwissenschaft-
ler Karl POLANYI als „große Transformation",[97] die mit der Herausbildung
der liberalen Marktwirtschaft im Zuge der Industriellen Revolution seit dem
18. Jahrhundert begonnen hat. Im Zuge dessen kam es, so seine These, nicht
nur zu ökonomischen und sozialen Veränderungen, sondern zu einer vollkommenen Herauslösung und Verselbständigung der Ökonomie aus der Gesellschaft. Dies stelle historisch betrachtet ein Novum dar und differenziere
die bürgerliche Gesellschaft von allen anderen Gesellschaftsformationen. Die
wirtschaftlichen Handlungen der Einzelnen seien nun nicht mehr wie in einer
integrierten Gesellschaft in einen übergreifenden gesellschaftlich-kulturellen
Kontext eingebettet, sondern fänden im Rahmen einer freien Marktwirtschaft
statt, die nicht in die übrige gesellschaftliche Lebenswelt integriert sei.

ULRICH greift diese Idee auf und führt sie fort, indem er die „große Transformation" noch längst nicht als beendet ansieht, von ihr allerdings einen epo-
chalen Richtungswechsel fordert. Da nämlich der ökonomische Rationalisie-
rungsprozess fortwährend sein eigenes unverzichtbares soziokulturelles Fundament untergrabe, bedürfe es einer neuen Phase der Gegenbewegung, die
„in ihrem Kern in der systematischen Wiederankoppelung der ökonomischen
Rationalisierungsdynamik an die externalisierten Kriterien lebenspraktischer
Vernunft"[98] bestehe. Dabei geht es ULRICH um nicht weniger als die „Vision
rationalen wirtschaftlichen Handelns aus dem Blickwinkel der Lebenswelt"[99]
und einen längst fälligen Paradigmenwechsel von der reinen, autonomen Ökonomie hin zur praktischen Sozialökonomie.[100]

3.2.1.2 Vernunftethik

Um die verselbständigte ökonomische Rationalität wieder an die Kriterien
des guten Lebens der Menschen anzubinden, bedarf es laut ULRICH einer
Ethik der Vernunft, denn sie ist für ihn die „Ausgangsidee eines für alle Menschen als gültig und verbindlich einsehbaren, da vernünftig begründbaren

---

95   Vgl. ULRICH (1987), S. 18.
96   ULRICH (2009), S. 3. Im Original teilw. kursiv gedruckt.
97   Vgl. POLANYI (1995).
98   ULRICH (1987), S. 12.
99   Ders. (1987), S. 13.
100   In diesem Zusammenhan sei auch auf den Ansatz von Birger P. PRIDDAT verwiesen.
      Rationalität kann für ihn nicht das alleinige Kriterium ökonomischer Erkenntnisbemü-
      hungen sein, da damit immer schon bestimmte Entscheidungsmöglichkeiten ausfallen
      würden. Deshalb plädiert er für eine Öffnung der Entscheidungsmöglichkeiten über
      den Aspekt der Vernunft hinaus. Vgl. PRIDDAT (2005).

Standpunkts der Moral (Moral Point of View)".[101] Nur eine Ethik, die als humanistischen Kern das Reziprozitätsprinzip (Prinzip der Gegenseitigkeit) habe und dieses verallgemeinere zum Universalisierungsprinzip, sei explizit kulturunabhängig und rational nicht bestreitbar. Nur sie entspricht laut ULRICH der normativen Logik der Zwischenmenschlichkeit und stellt das grundlegende und universale Prinzip der Moral dar, denn der „Primat der Ethik (genauer: des moralischen Gesichtspunkts) vor allen anderen möglichen Gesichtspunkten"[102] bedarf keiner Begründung. Die Gründe der Moral, nämlich die unbedingte wechselseitige Anerkennung der Menschen, stünden stets höher als die Gründe des Eigeninteresses.

In der Philosophiegeschichte findet ULRICH nun unterschiedliche Entfaltungslinien einer solchen Vernunftethik, die als Versuch der Begründung des Moralprinzips angesehen werden können, so zum Beispiel die Goldene Regel[103], das christlich-jüdische Gebot der Nächstenliebe[104], der Kategorischen Imperativ KANTs oder die Diskursethik.[105]

Gerade den beiden letztgenannten kommt besondere Relevanz in ULRICHs Theorie zu. So war es für ihn insbesondere KANT, der mit seinem Kategorischen Imperativ als erster die „regulative Idee der Legitimation sozialen Handelns durch vernünftige Konsensfindung auf den Weg gebracht"[106] hat. In seiner *Grundlegung zur Metaphysik der Sitten* schreibt KANT: „Handle nur nach derjenigen Maxime, durch die du zugleich wollen kannst, dass sie ein allgemeines Gesetz werde."[107] Und in der *Kritik der praktischen Vernunft* heißt

---

[101] ULRICH (2008), S. 51. Im Original teilw. kursiv gedruckt. Die Bedeutung der Vernunft für seinen Ansatz betont ULRICH auch schon in seiner Habilitationsschrift. Vgl. ULRICH (1987), insbesondere S. 21–90.

[102] ULRICH (2008), S. 63f. u.ö.

[103] In der biblischen Version findet sie sich in Mt 7,12 und ähnlich auch in Lk 6,31.

[104] Im Alten Testament findet es sich in Lev 19,18: „Du sollst deinen Nächsten lieben wie dich selbst." Es wird in der Bergpredigt Jesu in Mt 5,43–47 erweitert und die Universalität des Geltungsanspruchs betont: „Ihr habt gehört, dass gesagt ist: ,Du sollst deinen Nächsten lieben' und deinen Feind hassen. Ich aber sage euch: Liebt eure Feinde und bittet für die, die euch verfolgen, damit ihr Kinder seid eures Vaters im Himmel. Denn er lässt seine Sonne aufgehen über Böse und Gute und lässt regnen über Gerechte und Ungerechte. Denn wenn ihr liebt, die euch lieben, was werdet ihr für Lohn haben? Tun nicht dasselbe auch die Zöllner? Und wenn ihr nur zu euren Brüdern freundlich seid, was tut ihr Besonderes? Tun nicht dasselbe auch die Heiden?" (Übersetzung nach LUTHER). Zu den Prinzipien der Goldenen Regel und der Nächstenliebe vgl. auch den Ansatz LUTHERs in 2.2.3.2 und die Ausführungen von HOMANN in 3.1.3.

[105] Vgl. Ders. (2008), S. 59ff. Für ULRICH legen der Kategorische Imperativ wie auch das Gebot der Nächstenliebe im Gegensatz zur Goldenen Regel, die als wechselseitiger Vorteilstausch stärker teleologisch ausgerichtet ist und damit eher einer strategischen Reziprozität entspricht, stärker Wert auf die unbedingte wechselseitige Anerkennung als Person. Ihnen ist dementsprechend verstärkt eine ethische Reziprozität und ein deontologisches Moment inne. Grundsätzlich lässt sich bei allen Ansätzen aus der Philosophiegeschichte nicht nur eine Differenzierung zwischen strategischer (teleologischer) und ethischer (ontologischer) Reziprozität feststellen, sondern auch eine zunehmende Verallgemeinerung des Reziprozitätsprinzips vom direkten Vis-a-vis zweier konkreten Personen hin zu einem universal gedachten, abstrakten Gegenüber.

[106] Ders. (2008), S. 75.

[107] KANT (2000a), S. 51.

es: „Handle so, dass die Maxime deines Willens jederzeit zugleich als Prinzip einer allgemeinen Gesetzgebung gelten könne."[108] Dabei sind mit dem Begriff der Maxime jeweils nicht nur Handlungsregeln gemeint, sondern Handlungsgrundsätze „welche eine allgemeine Bestimmung des Willens enthalten, die mehrere praktische Regeln unter sich hat".[109] Sie beziehen sich also auf situationsunabhängige, von autonomen Personen selbst gewählte Willensbestimmungen, die losgelöst von den einzelnen Handlungssituationen Geltung haben und sich am „Sollen" als Legitimationskriterium orientieren. Die Transzendentalphilosophie KANTS bleibt dadurch eine metaphysische Idee einer absoluten Vernunft und eines objektiven moralischen Gesetzes, in der ein transzendentales Vernunftsubjekt in Gedanken die Universalisierbarkeit seiner Handlungsmaximen prüft.

Für ULRICH betont der Kategorische Imperativ damit zwar den Aspekt des Universalisierungsprinzips, verbietet für sich genommen aber nicht gänzlich, Personen als Mittel zum Zweck einzusetzen. Dieser moralische Gesichtspunkt im Sinne einer normativen Logik der Zwischenmenschlichkeit findet sich ihm zufolge erst in der sogenannten Zweckformel KANTS explizit ausgedrückt. Darin heißt es: „Handle so, dass du die Menschheit, sowohl in deiner Person, als in der Person eines jeden andern, jederzeit zugleich als Zweck, niemals bloss als Mittel brauchest."[110] Die Würde einer Person, eines Subjekts mit freiem Willen, ist also unverbrüchlich und jederzeit vorrangig zu wahren. Eine Handlung ist deshalb unmoralisch, wenn ein anderer Mensch „unmöglich in meine Art, gegen ihn zu verfahren, einstimmen"[111] kann. Oder anders formuliert: sie ist nur dann moralisch legitim, wenn der je andere als autonomes Subjekt aus freiem Willen zustimmen kann.

3.2.1.3 Diskursethische Aspekte

Auch wenn KANT als Wegbereiter besondere Bedeutung zukommt, so gelingt, wie ULRICH schreibt, eine strikt reflexive Begründung des humanistischen Moralprinzips erst der kommunikativen Ethik bzw. Diskursethik, wie sie von Jürgen HABERMAS[112] und Karl-Otto APEL[113] in je ähnlicher Weise entwickelt worden ist.[114]

Diese beiden gehen davon aus, dass wir Menschen in einer historisch gewachsenen Lebenswelt leben, die auf einem überlieferten kulturellen Erfahrungs- und Sprachschatz als Bezugspunkt basiert. Dabei wäre keine rationale Verständigung möglich ohne Sprache und ein vorausgesetztes kommunikatives (Gegenseitigkeits-)Ethos, das die Gesprächspartner je als mündige

---

[108] KANT (2000c), S. 140.
[109] Ders. (2000c), S. 125.
[110] KANT (2000a), S. 61.
[111] Ders. (2000a), S. 61.
[112] Vgl. dazu HABERMAS (1991b), insbes. HABERMAS (1991a).
[113] Vgl. dazu v. a. APEL (1991) und APEL (1988b) sowie APEL (1988c), insbes. APEL (1988a).
[114] Vgl. ULRICH (2008), S. 57; 81—99.

Personen anerkennt, die willens sind in einen vernünftigen Dialog einzutreten. So kann die Diskursethik, wie HABERMAS pointiert zusammenfasst, „auf den sparsamen Grundsatz (...) gebracht werden (...), daß nur die Normen Geltung beanspruchen dürfen, die die Zustimmung aller Betroffenen als Teilnehmer eines praktischen Diskurses finden (oder finden können)".[115] Des weiteren betont er, dass „nur die Normen als gültig akzeptiert werden, die einen allgemeinen Willen ausdrücken".[116]

Ähnlich argumentiert auch APEL, indem er von einem „Apriori der Argumentation" ausgeht. Hierbei ist die Situation der rationalen Argumentation für jeden Argumentierenden unhintergehbar, das heißt „er kann sie nicht bestreiten, ohne sich zugleich selbst die argumentative Kompetenz streitig zu machen".[117] Mit dieser Unhintergehbarkeit der rationalen Argumentation wird laut APEL auch eine Gemeinschaft der Argumentierenden anerkannt, denn eine Aussage kann nicht gerechtfertigt werden, „ohne im Prinzip eine Gemeinschaft von Denkern vorauszusetzen, die zur intersubjektiven Verständigung und Konsensbildung befähigt sind".[118] Dies setze aber wiederum voraus, dass alle Mitglieder einer Argumentationsgemeinschaft der moralischen Norm folgen, sich gegenseitig als gleichberechtigte Diskussionspartner anzuerkennen.

In Bezug auf die Argumentationsgemeinschaft unterscheidet APEL zwischen zwei Gestalten. Erstens gebe es „eine reale Kommunikationsgemeinschaft, deren Mitglied (...) [man] selbst durch einen Sozialisationsprozeß geworden ist und zweitens [existiere] eine ideale Kommunikationsgemeinschaft, die prinzipiell imstande sein würde, den Sinn seiner Argumente adäquat zu verstehen und ihre Wahrheit definitiv zu beurteilen".[119] Dabei stelle die ideale Form diejenige dar, auf die es hinzuarbeiten gelte, auch wenn sie in der ersten bereits als deren Möglichkeit präsent sei.

Wichtig sind die beiden Erscheinungsformen der Kommunikationsgemeinschaft schließlich auch für die Ethik, denn APEL leitet daraus zwei regulative Prinzipien für sie ab. „Erstens muß es in allem Tun und Lassen darum gehen, das Überleben der menschlichen Gattung als der realen Kommunikationsgemeinschaft sicherzustellen, zweitens darum, in der realen die ideale Kommunikationsgemeinschaft zu verwirklichen. Das erste Ziel sei die notwendige Bedingung des zweiten Ziels; und das zweite Ziel gebe dem ersten seinen Sinn – den Sinn, der mit jedem Argument schon antizipiert ist."[120] Reale und ideale Kommunikationsgemeinschaft befinden sich also immer in einem spannungsreichen, aber untrennbaren Verhältnis zueinander.

Damit steht die Diskursethik ganz in der Traditionslinie KANTs, weist jedoch über diese hinaus, indem sie die noch unbestimmt gebliebene Idee der

---

[115] HABERMAS (1991a), S. 103.
[116] Ders. (1991a), S. 73. Im Original teilw. kursiv gedruckt.
[117] APEL (1991), S. 62.
[118] APEL (1988a), S. 399.
[119] Ders. (1988a), S. 429. Im Original teilw. kursiv gedruckt.
[120] Ders. (1988a), S. 431.

praktischen Vernunft bzw. ethischen Rationalität als immer schon *kommuni-kativ*-ethische Rationalität fortführt.[121]

Dies betont auch ULRICH in seinem Ansatz. Für ihn liegt das Besondere der Diskursethik darin, dass die Vernunft im Dialog kein transzendentales Faktum mehr bleibt. Vielmehr findet sich das Grundprinzip zwischenmenschlicher Reziprozität mit seiner unbedingten wechselseitigen Anerkennung der Menschen als Subjekte als ein der Kommunikation immanenter Bestandteil immer schon darin wieder. Das Universalisierungsprinzip kommt insofern zur Geltung, als die vorgestellte Argumentationsgemeinschaft als Gemeinschaft *aller* mündigen Personen guten Willens unbegrenzt ist und jegliche normative Ansprüche *gegenüber jedermann* mittels Argumentation begründbar und damit konsensfähig sein sollen.[122] So ist die Diskursethik in ihrer Form des idealen Diskurses, den es immer wieder anzustreben gilt, eine besondere Explikationsform des allgemeinen „Moral Point of View", die nicht mehr an eine absolute Vernunft gebunden ist,[123] sondern auf reale Verständigungssituationen und deren allgemeine Strukturen als Reflexionsrahmen bezogen ist. Die praktische Bedeutung der Diskursethik liegt deshalb für ULRICH „in der normativ-kritischen Orientierungskraft ihres prozeduralen Ideals der diskursiven Klärung moralischer Fragen für reale Versuche der Verständigung über konfligierende Geltungsansprüche".[124]

Dementsprechend gewinnt er aus der Diskursethik vier normative Leitideen des kommunikativen Ethos für die Praxis,[125] die reflexiv nachvollziehbar sind. Hier ist zunächst die grundsätzliche Bereitschaft der Gesprächspartner zum Dialog und zur Verständigung darin zu nennen. Im Vordergrund steht dabei für ULRICH aber nicht der Erfolg des Diskurses, sondern die Verständigungsprozesse und die Diskussion der Legitimität der Ansprüche. Dementsprechend muss als Konsequenz, wie er in seinem zweiten Punkt ausführt, auch ein Interesse an legitimem Handeln bei den Beteiligten vorhanden sein und jede mögliche Handlungsoption wie schon die Diskussion darüber der normativen Bedingung der Legitimität unterliegen. Als dritten Aspekt gewinnt ULRICH aus der Diskursethik, die immer schon als Verantwortungsethik zu verstehen ist, ein dreistufig-differenziertes Konzept einer Verantwortungsethik, das verschiedene Möglichkeiten der Verantwortungsübernahme unter jeweils unterschiedlichen Prämissen der Verständigungsgegenseitigkeit aufzeigt.[126] Dabei verweist er sowohl auf die Möglichkeit der Verantwortungs-

---

[121] Vgl. Ders. (1988a), S. 416f.,421, APEL (1988b), S. 115.

[122] Vgl. ULRICH (2008), S. 84. Es geht hier, wie ULRICH explizit betont, nicht um ein „Konsensprinzip" in Form einer Universalität, was den Inhalt des Diskurses betrifft. Die Diskursethik sei nämlich nicht als Garant für ein erfolgreiches Ergebnis der Konsensfindung zu sehen. Vielmehr stehe die Reflexion der prinzipiellen Bedingungen dafür im Fokus. Vgl. dazu auch ULRICH (1990c), S. 202.

[123] Dies war wie oben dargelegt bei KANT der Fall. Vgl. 3.2.1.2.

[124] ULRICH (2008), S. 86. Im Original teilw. kursiv gedruckt.

[125] Vgl. Ders. (2008), S. 86—99.

[126] Sind die Voraussetzungen der Verständigungsgegenseitigkeit erfüllt, handelt laut UL-RICH derjenige verantwortlich, der sich bemüht mit den Betroffenen einen Legitimitätsdiskurs zu führen. Sind die Voraussetzungen prinzipiell nicht erfüllbar, so entspricht

übernahme auf individual- als auch auf ordnungsethischer Ebene. Viertens und letztens sieht ULRICH im Diskurs der unbegrenzten kritischen Öffentlichkeit den Ort der Moral in einer modernen und freiheitlich-demokratischen Gesellschaft mündiger Bürger.

Somit ist für ULRICH die Diskursethik insgesamt als bisher aussagekräftigste Explikation einer Vernunftethik mit ihrem Reziprozitäts- und Universalisierungsprinzip eine wichtige Orientierungshilfe auf der praktischen Ebene der Individualethik, der Institutionenethik und der Ebene der Meta-Institution der gesellschaftlichen Öffentlichkeit. Sie dient „als notwendiges Element der rationalen Klärung und Ordnung von Präferenzen",[127] denn sie gibt im Dialog den von moralischen Fragen Betroffenen Raum.[128]

3.2.2 Theorie der Integrativen Wirtschafts- und Unternehmensethik

3.2.2.1 *Integrative Wirtschaftsethik*

Entsprechend den eben dargestellten gesellschaftstheoretischen und methodologischen Perspektiven geht ULRICHs wirtschaftsethisches Konzept im Anschluss an die „große Transformation" zunächst von der vielfach postulierten Trennung von Ökonomie und Ethik aus. Da für ihn eine „moderne Wirtschaftsethik grundsätzlich als eine Vernunftethik des Wirtschaftens zu entfalten"[129] ist, kann nur die Diskursethik als aussagekräftigste Explikation einer solchen die verselbständigte ökonomische Rationalität wieder an die Kriterien des guten Lebens der Menschen anbinden.

Dabei ist für ULRICH die „Wirtschaftsethik nicht als äußerliches Korrektiv einer unvernünftig gewordenen ökonomischen Rationalität, sondern als Ansatz zu deren ethischer Neufundierung von innen her"[130] zu verstehen. Das methodische Ziel einer solchen integrativen Wirtschaftsethik liege darin, im politisch-ökonomischen Denken eine ethisch-vernünftige Orientierungshilfe zu sein, deren kritische Grundlagenreflexion auch vor scheinbar gegebenen ökonomischen Bedingungen nicht Halt macht.[131] Stattdessen solle sie sich allen Grundfragen vernünftigen Wirtschaftens öffnen, um dadurch „an die politisch-ökonomische Vertragstheorie als kritisches Regulativ aller ethisch vernünftigen ökonomischen Effizienzurteile anschlussfähig"[132] zu sein. So for-

---

ein stellvertretend-fiktiver Dialog verantwortlichem Handeln, und sind die Voraussetzungen lediglich aus pragmatischen Gründen vorläufig nicht erfüllbar, so bedeutet Verantwortungsübernahme letztlich Verbesserung der Kommunikationsverhältnisse durch politische Mitverantwortung. Vgl. Ders. (2008), S. 94.

[127] ULRICH (1990c), S. 206. Im Original teilw. kursiv gedruckt.

[128] Vgl. ULRICH (2008), S. 85.

[129] Ders. (2008), S. 101. Im Original teilw. kursiv gedruckt.

[130] ULRICH (1990d), S. 115.

[131] Vgl. ULRICH (2008), S. 13. ULRICH spricht in diesem Zusammenhang immer wieder von einem „Reflexionsabbruch" oder „Reflexionsstopp". Vgl. auch Ders. (2008), S. 123 u. ö.

[132] ULRICH (1990c), S. 202. Im Original teilw. kursiv gedruckt.

dert ULRICH also eine dezidiert grundlagenkritische Form der Wirtschaftsethik und grenzt sich gegen ein korrektives oder funktionales Ethikverständ-
nis explizit ab.[133]

Ausgehend von diesen Annahmen schreibt er seiner integrativen Wirt-
schaftsethik drei Aufgaben zu: die Ökonomismuskritik, die lebensweltliche
Erweiterung der ökonomischen Vernunft und die Festlegung der Orte der
Moral des Wirtschaftens.

Ökonomismuskritik Zunächst fordert ULRICH eine Kritik der „reinen"
ökonomischen Vernunft, also der scheinbaren ethischen Wertfreiheit der ökonomischen Rationalität, durch ethisch-kritische Reflexion ihres normativen
Anspruchs. „Das Stichwort dieser ersten Aufgabe lautet: Ökonomismuskritik."[134] Dabei wendet er sich gegen die häufig postulierte Zwei-Welten-Kon-
zeption mit einer wertfreien Ökonomik auf der einen und einer außeröko-
nomischen Wirtschaftsethik auf der anderen Seite. Wirtschaftliche Probleme dürfen ebenso wenig als rein ökonomische Probleme aus dem ethisch-
praktischen Gesichtspunkt des vernünftigen Handelns herausgelöst werden,
wie das Kosten-Nutzen-Denken verabsolutiert oder die normative Logik der
Zwischenmenschlichkeit auf eine reine Logik des wechselseitigen Vorteils-
tauschs verkürzt werden dürfe.[135] Statt eines ökonomischen Determinismus
und Reduktionismus solle vielmehr eine kritische Selbstreflexion der ökonomischen Vernunft erfolgen. Folgt die Wirtschaftsethik nun dieser Aufgabe und
fragt „nach der lebenspraktischen Vernünftigkeit dessen (...), was aus ökonomischer Sicht als ‚rational' bezeichnet wird"[136], so kommt sie laut ULRICH zu
der Einsicht, dass es „gar kein von ethischen und politischen Voraussetzungen
‚freies' marktwirtschaftliches System"[137] gibt.

Sozialökonomische Rationalitätsidee Wirtschaftsethik muss also, um
tragfähig zu sein, als „regulative Idee sozialökonomischer Rationalität"[138]
konzipiert sein. Deshalb fordert ULRICH unter Betonung eines Primats der
Ethik die lebensweltliche Erweiterung der ökonomischen Vernunft in Form
einer „sozialökonomischen Rationalitätsidee"[139]. Diese meint für ihn jede
Handlung oder jede institutionelle Regelung, „die freie und mündige Bürger
in der vernunftgeleiteten Verständigung unter allen Betroffenen als legitime

---

[133] Vgl. ULRICH (1990e), S. 181ff., ULRICH (2008), S. 103ff. u. ö.
[134] Ders. (2008), S. 125. Im Original teilw. kursiv gedruckt. Vgl. dazu auch UL-
       RICH (1990d), ULRICH (1990e), S. 205ff. und ULRICH (2010c), S. 33ff. in Fortführung
       von ULRICH/THIELEMANN (1992), S. 35ff.
[135] Vgl. ULRICH (2008), S. 137–215.
[136] ULRICH (1990e), S. 207.
[137] ULRICH (2009), S. 8.
[138] ULRICH (1990c), S. 210. Im Original kursiv gedruckt.
[139] Vgl. dazu z. B. Ders. (1990c), S. 208ff. oder ULRICH (2008), S. 129–132.

Form der Wertschöpfung bestimmt haben (könnten)",[140] wobei die Knappheit der Güter und mögliche Konflikte unter den Beteiligten stets umfassend zu berücksichtigen seien. Auf diese Weise gelinge in der Kommunikation über die Bedingungen einer lebensdienlichen Ökonomie die Integration der ökonomischen Rationalität. Konkrete Leitbilder dieser regulativen Idee als Moral Point of View seiner Wirtschaftsethik sieht ULRICH in den beiden elementaren Fragen nach einem guten Leben und einem gerechten Zusammenleben im Kontext des Wirtschaftens. Mit diesen Aspekten von Sinn und Legitimität des Wirtschaftens schließt er an die Relationalität des Funktionalitätsaspekts der ökonomischen Vernunft und ihrer Begriffe der „Effizienz" und „Nutzenmaximierung" an und fragt, wie sie in ihrer Lebensdienlichkeit erfasst werden können.[141]

Im Hinblick auf die teleologisch ausgerichtete Frage nach dem Sinn weist ULRICH zunächst auf die grundlegende „Abhängigkeit allen Wirtschaftens vom Kontext einer kulturell gewollten Lebensform"[142] hin und unterscheidet dann zwischen den beiden Stufen der Ökonomie des Lebensnotwendigen und der Ökonomie der Lebensfülle. Um diese zweite Stufe, die über die Sicherung der humanen Lebensgrundlagen hinausgeht, zu erreichen, bedürfe es als Voraussetzung entsprechender kollektiver, politischer Entscheidungen in Bezug auf die gewollte gesellschaftliche Lebensform.

Im Anschluss an die allgemeine Frage nach Gerechtigkeit, welche gerade im Konfliktfall als Anspruch des Moralprinzips geltend gemacht werde, stellt ULRICH als zweites die ontologisch-ethisch ausgerichtete Frage nach der (moralischen) Legitimität wirtschaftlichen Handelns. „Als legitim kann eine Handlungsweise bezeichnet werden, wenn sie unter Berücksichtigung ihrer gesamten erkennbaren Folgen die moralischen Rechte aller Handlungsbetroffenen (auch die des oder der Handelnden selbst) wahrt."[143] Damit ist die Frage der Legitimität eng verknüpft mit der Frage der Verantwortbarkeit einer Handlung, was ULRICH zu der klaren Aussage bringt: „Legitimität kommt vor Erfolg."[144] Moralische Legitimität, die über juridische Legalität hinausgeht, bedürfe als Voraussetzung stets sowohl der personalen Tugend der handelnden Personen als auch der institutionellen Grundstruktur einer wohlgeordneten Gesellschaft, die miteinander verzahnt sind. Dementsprechend sei eine Gerechtigkeit, die nachträglich eine ungleiche materielle Verteilung kompensiert und korrigiert, nur bedingt wünschenswert. Vielmehr komme es darauf

---

[140] Ders. (2008), S. 132. Im Original kursiv gedruckt. Der Zusatz „könnten" weist darauf hin, dass es sich beim wirtschaftsethischen Diskurs um eine regulative Idee handelt, deren Ergebnis erst noch in der Praxis umgesetzt werden muss, und nicht um ein operatives Entscheidungskriterium.

[141] Vgl. Ders. (2008), S. 217—308. Ein „rein" ökonomisches System kennt eigentlich keine Relationalität, sondern nur Funktionalität. Doch da Funktionalität immer auch ein relationaler Begriff ist, also die Fragen stellt, „wofür" und „für wen" ist etwas funktional bzw. effizient, bedarf sie richtungsweisender Vorgaben durch die Ethik. Vgl. Ders. (2008), S. 218f.

[142] Ders. (2008), S. 223.

[143] Ders. (2008), S. 251.

[144] Ders. (2008), S. 252.

an, eine Gerechtigkeit zu etablieren, die in einer im Sinne des Politischen Liberalismus[145] wohlgeordneten Gesellschaft mit moralischen Personen als freie und gleiche Bürger ihren festen Platz hat.[146] Dementsprechend fordert ULRICH emanzipatorische Wirtschaftsbürgerrechte, denn „in einer zivilisierten Marktwirtschaft [kann nur] eine neue Kategorie von Bürgerrechten, die sich auf die sozioökonomischen Voraussetzungen unseres Status als real freie Bürger beziehen"[147], eine Gesellschaftspolitik, die nicht auf Kompensation ausgerichtet ist, realisieren.

So wird unter anderem an der Frage nach der Legitimität wirtschaftlichen Handelns als Leitidee der sozialökonomischen Rationalitätsidee deutlich, dass Wirtschaftsethik für ULRICH immer auch politische Ethik ist, die die Voraussetzungen für einen zwanglosen Diskurs unter mündigen Bürgern sicherstellt.[148] Dabei ist der Bürger, den er als Wirtschaftsbürger fasst, immer zugleich moralische Person und Wirtschaftssubjekt.[149] Ohne ihn „bliebe die Gestaltung und Wahrnehmung aller institutionellen Orte der Moral des Wirtschaftens ‚subjektlos'"[150], und umgekehrt hätte der gute Wille der Wirtschaftsbürger ohne gehaltvolle Wirtschafts- und Gesellschaftsordnung keinen Ort.

Orte der Moral des Wirtschaftens Im Anschluss daran verwundert es nicht, dass ULRICH als die fünf Orte, an denen jeweils Moral und Marktlogik vermittelt werden, folgende nennt: Das private und berufliche Handeln des Einzelnen in seiner Funktion als Wirtschaftsbürger sowie sein öffentliches Handeln als Staatsbürger, „die staatlich gesetzte Rahmenordnung des Marktes",[151] die im Rahmen dieser Ordnung agierenden Unternehmen und darüber hinaus „der unpersönliche Marktmechanismus selbst, dem dann als solchem eine Binnenmoral zugesprochen wird".[152] Systematisiert geht es also

---

[145]   Hier knüpft ULRICH an die Idee John RAWLS' an und setzt sich mit ihr kritisch auseinander. Vgl. Ders. (2008), S. 264—278.

[146]   ULRICH schließt sich hier der Forderung einer „Civil Society, einer Bürgergesellschaft" (Ders. (2008), S. 280. Im Original teilw. kursiv gedruckt.) als drittem Weg zwischen normativem Individualismus und folgenreichem Sozialetatismus an. Die drei Leitideen dieser Bürgergesellschaft sind neben einer umfassenden sozialen Integration ihrer autonomen Mitglieder als Bürger (Bürgerstatus) das Verständnis von „Gesellschaft als Netzwerk egalitärer Bürgervereinigungen" (Ders. (2008), S. 281. Im Original kursiv gedruckt.) sowie eines zivilisierten Staates und Marktes. An anderer Stelle spricht er in diesem Zusammenhang auch von einem „Republikanischen Liberalismus" (ULRICH (2010c), S. 75—78, in Nachfolge von ULRICH (2002), S. 84—87).

[147]   ULRICH (2009), S. 15.

[148]   Dabei übernimmt die Rahmenordnung nur die Funktion der Implementierung von Moral, denn, „[g]edanklicher Ort der Moral*begründung* ist die unbegrenzte Öffentlichkeit aller mündigen Bürger." (ULRICH (2008), S. 363, Anm. 8).

[149]   Vgl. Ders. (2008), S. 282.

[150]   Ders. (2008), S. 311.

[151]   Ders. (2008), S. 311.

[152]   Ders. (2008), S. 311.

um die drei Topoi der Wirtschaftsbürgerethik, der Ordnungsethik[153] und der Unternehmensethik.

3.2.2.2 Integrative Unternehmensethik

Da im Zusammenhang dieses Buchs besonders die Unternehmensethik interessiert, soll hier ausführlicher auf ULRICHs integrativen Ansatz eingegangen werden.[154]

Das Grundproblem jeder Unternehmensethik besteht für ihn im spannungsreichen Verhältnis von Gewinnstreben und Legitimität unternehmerischen Handelns. Ihr Ziel liege deshalb „in der kritischen Reflexion der ethischen Voraussetzungen legitimen Gewinnstrebens ohne Reflexionsstopp vor normativ vorausgesetzten ‚Richtigkeitsvermutungen‘ oder empirisch gegebenen Sachzwängen".[155] ULRICH konzipiert also entsprechend seiner wirtschaftsethischen Gesamttheorie auch die Unternehmensethik grundlagenkritisch und „als Vernunftethik des unternehmerischen Wirtschaftens im Ganzen".[156] Sie ist im Sinne seiner integrativen Ethik nicht als Korrektiv wirtschaftlichen Handelns zu verstehen, sondern „als die *konstitutive* normative Voraussetzung jeder legitimen und sinnvollen [unternehmerischen] Erfolgsstrategie".[157] Dementsprechend setze sie jenseits des Gewinnprinzips an, denn das Streben nach Gewinn könne nie ein ethisch begründbares Kriterium für unternehmerisches Handeln sein, sondern stelle immer nur *einen* Aspekt der betriebswirtschaftlichen Wertschöpfung dar. „Legitimes Gewinnstreben ist stets moralisch begrenztes Gewinnstreben",[158] fasst ULRICH entsprechend zusammen und wendet sich mit dieser Haltung gegen eine instrumentalistische, karitative oder korrektive Unternehmensethik.[159] Vielmehr stellt er die Lebensdienlichkeit als konstitutive ethische *und* auch als funktionale Erfolgsgrundlage in den Vordergrund, wodurch alle Entscheidungen eines Unternehmens stets in die ethische Wertorientierung eingebettet sein und auch von hier ihre Begründung erfahren müssen. Die Basisnorm sei dabei die geschäftliche Integrität einer Unternehmung.[160] Dies bedeute im Sinne der integrativen Unternehmensethik, dass das Unternehmen für die Sicherung seiner Existenz und seines Erfolgs innerhalb der ordnungspolitischen Rahmenbedingungen „ausschliesslich mit gesellschaftlich legitimen und sinnvollen Strategien un-

---

[153] In ULRICH (2010c), S. 145–169 behandelt ULRICH die Ordnungsethik in ihrem globalen Kontext als Weltwirtschaftsethik.

[154] Vgl. dazu v. a. ULRICH (2008), S. 427–499, ULRICH (2004) und ULRICH (2010c), S. 113–143.

[155] ULRICH (2008), S. 429.

[156] Ders. (2008), S. 429f. Im Original teilw. kursiv gedruckt.

[157] Ders. (2008), S. 463.

[158] Ders. (2008), S. 450. Im Original kursiv gedruckt.

[159] Vgl. ULRICH (2004), S. 7f und ULRICH (2010c), S. 134–138. An anderer Stelle spricht sich ULRICH gegen eine instrumentalistische ethische Selbstbindung der Unternehmen aus. Vgl. ULRICH (1999a), S. 167–171. Vgl. dazu auch die Bedeutung von Werten für Unternehmen in 4.1.2.

[160] So hat der Begriff der Integrität beispielsweise in die „Allgemeinen Geschäftsgrundsätze" der Diehl Stiftung & Co. KG Eingang gefunden. Vgl. dazu unten 4.3.2.2.

ternehmerischer Wertschöpfung"[161] arbeiten solle. In der Erfüllung eben dieser unternehmerischen Wertschöpfungsaufgabe unter Berücksichtigung von Sinnorientierung und Legitimitätsprämisse (Integrität) sieht ULRICH einen ersten systematischen Ort, um Ethik und Geschäftserfolg zu integrieren, und bezeichnet ihn dementsprechend als Geschäftsethik.

Da die Geschäftsethik zu ihrer Umsetzung jedoch der ordnungspolitischen Möglichkeiten und Unterstützung bedarf, ist eine „Ergänzung der Geschäftsethik um eine zweite grundlagenkritische Reflexionsebene innerhalb der Unternehmensethik notwendig, auf der es um die Hinterfragung des normativen Geltungsanspruchs der bestehenden Spielregeln des Wettbewerbs und um die republikanische Mitverantwortung der ‚Privatwirtschaft' für die branchen- und insbesondere die ordnungspolitischen Rahmenbedingungen geht".[162] Im Rahmen einer solchen republikanischen Unternehmensethik sollen die Unternehmen also laut ULRICH mittels Corporate Citizenship ihrer branchen- und ordnungspolitischen Verantwortung nachkommen und für ethisch verantwortbare Standards eintreten. Dies könne neben der Umgestaltung der wirtschaftlichen Anreizsysteme auch in Form von Branchenvereinbarungen oder Selbstverpflichtungsprogrammen geschehen. Entsprechend der republikanischen Unterordnung der partikulären Privatinteressen unter das Wohl der *res publica*, gelte auf dieser Ebene ebenfalls die Unterordnung der Gewinninteressen unter die Lebensdienlichkeit. Ziel sei eine „Vitalpolitik als konstitutive ordnungspolitische Voraussetzung einer lebensdienlichen Marktwirtschaft",[163] die durch die republikanische Gesinnung der Unternehmer und Führungskräfte als Wirtschaftsbürger zum Tragen komme.

So ist also die Konzeption von ULRICHs integrativer Unternehmensethik mit ihren beiden Ebenen der Geschäftsethik und der republikanischen Ethik *in sich* zweistufig verfasst.[164] Sie weist zudem darauf hin, dass „einer Unternehmung als einer pluralistischen Wertschöpfungsveranstaltung"[165] immer auch eine öffentliche Relevanz zukommt. Der öffentliche Dialog mit allen Stakeholder-Gruppen ist für ULRICH deshalb der Ort, an dem die Politik eines Unternehmens als deliberative Politik in diskursethischen Kategorien ethisch-rationaler Politik konzipiert wird. So werde die Geschäftsintegrität gegenüber allen Beteiligten und im Licht einer kritischen Öffentlichkeit zur Disposition gestellt beziehungsweise begründet.[166]

Für den Wirtschaftsethiker haben die Rechte der Stakeholder ihren institutionalisierten Platz in einer „grundrechteorientierten Unternehmensverfas-

---

[161] ULRICH (2001), S. 428.

[162] ULRICH (2008), S. 464. Im Original teilw. kursiv gedruckt.

[163] Ders. (2008), S. 465.

[164] Vgl. die graphische Darstellung in Ders. (2008), S. 465 oder ähnlich in ULRICH (2010c), S. 139. ULRICH weist ausdrücklich darauf hin, dass diese Zweistufigkeit innerhalb der integrativen Unternehmensethik „zusätzlich zu und nicht etwas an Stelle (der unbestrittenen) Zweistufigkeit von Ordnungs- und Unternehmensethik" (ULRICH (2008), S. 464) anzusehen ist.

[165] Ders. (2008), S. 474. Im Original kursiv gedruckt.

[166] Vgl. Ders. (2008), S. 473—493 oder ULRICH (2004), S. 9—11.

sung".[167] Sie sei einer der konkreten Bausteine seines Ethikprogramms[168] im Sinne der integrativen Unternehmensethik. Als weitere Punkte nennt er das Ethiktraining für Mitarbeiter und eine vorgelebte Kultur der Verantwortung, um die ethische Kompetenzbildung zu fördern. Ebenso hält er ethisch konsistente Führungssysteme in Form von Anreiz-, Leistungsbeurteilungs- und Auditierungssystemen sowie bindende Geschäftsgrundsätze für unerlässlich. Darüber hinaus bedürfe es einer sinngebenden unternehmerischen Wertschöpfungsaufgabe und einer diskursiven Infrastruktur, also verschiedener „Orte" im Unternehmen, die offen seien für eine ethische Reflexion und Argumentation bei gleichzeitiger Schließung der Organisation gegenüber unethischem Verhalten.[169]

3.2.3 Impulse

Die Unternehmensethik nimmt also, wie gerade gezeigt, im wirtschaftsethischen Ansatz von ULRICH eine wichtige Stellung ein. Zwar folgt er in seinen Ausführungen nicht explizit einem explorativen Ansatz, der die Geschöpflichkeit des Menschen betont, dennoch können seine Aussagen hierfür verschiedene Impulse geben.

So ist zunächst festzuhalten, dass für ULRICH Unternehmen zu den Orten gehören, an denen sowohl Moral als auch Marktlogik vermittelt werden. Dabei unterscheidet er, wie oben erwähnt, zwischen unternehmerischem Handeln im eigentlichen Sinn, also den Unternehmensgeschäften, die im Rahmen der Geschäftsethik behandelt werden, und der grundlagenkritischen Reflexionsebene der republikanischen Unternehmensethik. In letzterer geht es darum, dass Unternehmen die Spielregeln des Marktes hinterfragen und Verantwortung für die politische Rahmenordnung übernehmen. Unternehmen sind somit als Wirtschaftsbürger zu verstehen und damit ein aktiver Teil des Staates. Dies bedeutet, dass der Verantwortungsbereich[170] von Unternehmen nicht nur auf deren hausinterne Aktivitäten begrenzt ist, sondern sich immer auch darüber hinaus erstrecken müssen. Entsprechend einer christlichen Ethik geschöpflichen Lebens gilt der Herrschafts- und Bewahrungsauftrag des Menschen also nicht nur für einen begrenzten Bereich, sondern eben für die gesamte Schöpfung. Dies kommt bei internationalen Unternehmen, die in verschiedenen Ländern agieren, besonders zum Tragen.

Mit seiner Differenzierung der Unternehmensethik in zwei Teilbereiche weist ULRICH wie HOMANN[171] außerdem darauf hin, dass das Medium Unternehmen stets mit anderen Medien, wie beispielsweise der Politik, verbunden ist und nicht isoliert betrachtet werden darf. Dementsprechend kann ethi-

---

[167] ULRICH (2008), S. 490. Im Original kursiv gedruckt.
[168] Vgl. Ders. (2008), S. 493–499.
[169] In der Praxis haben bereits einige Unternehmen sogenannte Stakeholderdialoge oder andere Diskursformen eingeführt. Vgl. dazu auch 4.2.2.4 und 4.4.2.3.
[170] Zum Aspekt der Verantwortung vgl. auch den Ansatz von RICH in 2.3.5 sowie die beiden Denkschriften von 1991 und 2008 in 2.4.1.2 und 2.4.3.2.
[171] Vgl. 3.1.2.1.

sches Handeln von Unternehmen nicht nur auf die betrieblichen Geschäfte bezogen bleiben, sondern muss auch darüber hinaus, im Rahmen von Corporate Social Responsibility- oder Corporate Citizenship-Maßnahmen, sichtbar werden.

Zentraler Orientierungspunkt bei alledem ist für den Ökonom, wie oben festgehalten, die Lebensdienlichkeit jeglicher unternehmerischen Entscheidung und Handlung. Diese ist immer wieder als konstitutive Voraussetzung allen Wirtschaftens einzufordern. Demzufolge hat Unternehmensethik also eine grundlagenkritische Aufgabe und darf nicht nur instrumentalistisch, karitativ oder korrektiv sein. Nur so kann laut ULRICH die geforderte, ethisch-kritische Selbstreflexion der ökonomischen Vernunft gelingen und ökonomischem Determinismus und Reduktionismus entgegengewirkt werden. Dies erinnert daran, dass sich auch eine christliche Unternehmensethik als Ethik geschöpflichen Lebens gegen eine Ökonomisierung des Lebens ausspricht.[172] Doch im Gegensatz zur integrativen Ethik betont sie das Werden des Menschen als Geschöpf, das der ökonomischen Logik an der einen oder anderen Stelle auch entgegenstehen kann und diese somit begrenzt.[173] ULRICH, so sei hier kritisch angemerkt, bleibt in seinem Ansatz allerdings der Logik der Ökonomie verhaftet. Für ihn soll Ökonomie zwar über ihren instrumentellen Charakter einer Ökonomie des Lebensnotwendigen hinausweisen und eine „höhere" Ökonomie der Lebensfülle ermöglichen. Doch auf diese Weise versucht er, das gute Leben, die Lebensfülle, in ökonomischer Gestalt zu realisieren. Wirtschafts- und Unternehmensethik bleibt für ihn also immer nur eine „regulative Idee sozialökonomischer Rationalität".[174]

Diesem Verständnis der Ethik als regulativer Idee entsprechend betont ULRICH den Primat der Ethik als Vernunftethik gegenüber der Ökonomie und weist unter anderem darauf hin, dass es „gar kein von ethischen und politischen Voraussetzungen ‚freies' marktwirtschaftliches System"[175] gebe. Für eine Ethik geschöpflichen Lebens lässt sich daraus schließen, dass die bestehenden Gegebenheiten und Praktiken in den einzelnen Medien, so auch im Unternehmen, stets von Neuem hinterfragt werden müssen. Immer wieder ist zu beurteilen, ob die ethischen und politischen Voraussetzungen einer christlichen Ethik entsprechen. Gegebenenfalls müssen sie neu erkundet und erprobt werden.

Im Anschluss an ULRICH können die beiden elementaren Fragen nach einem guten Leben und einem gerechten Zusammenleben im Kontext des Unternehmens als konkrete Impulse dienen. So ist ihm zuzustimmen, dass eine Gerechtigkeit, die nachträglich eine ungleiche materielle Verteilung kompensiert und korrigiert, nur bedingt wünschenswert ist. Vielmehr kommt es

---

[172] Vgl. dazu auch die Ausführungen zur biblischen Freiheit von der Übermacht des Ökonomischen in 2.1.5.
[173] Vgl. ULRICH (2007), S. 529.
[174] ULRICH (1990c), S. 210. Im Original kursiv gedruckt.
[175] ULRICH (2009), S. 8.

darauf an, dass Gerechtigkeit ihren festen Platz hat.[176] Unternehmen haben also dafür zu sorgen, dass die Forderung nach Gerechtigkeit in ihrer Unternehmenskultur implementiert ist. Wie sie inhaltlich gefüllt werden kann, muss natürlich in differenzierter Wahrnehmung aus christlicher Perspektive immer wieder erkundet und erprobt werden. Das gleiche gilt für seine Forderung nach einem guten Leben. Hier ist im Unternehmen zu fragen, wie Leben in der Existenzform der Geschöpfe bleiben kann und deshalb als „gut" zu bezeichnen ist.

Wichtig ist für ULRICH und seinen Ansatz der Vernunftethik außerdem das Gebot der Nächstenliebe[177] und daran anschließend das Prinzip der Gegenseitigkeit. Verallgemeinert zum Universalisierungsprinzip, stellt für ihn dieses Reziprozitätsprinzip den Kern der (Vernunft-)Ethik dar. Es findet sich im Dialog und seiner unbedingten wechselseitigen Anerkennung der Menschen als Subjekte[178] als ein der Kommunikation immanenter Bestandteil wieder. Der Diskurs dient somit als Möglichkeit der Normenfindung, die auf einer Zustimmung aller zu den entsprechenden Normen basiert. Indem er die Bedeutung des Diskurses hervorhebt, gibt ULRICH, einen wichtigen Impuls für die ethische Urteilsbildung in Unternehmen. Ethische Regeln und Leitlinien können folglich nicht „von oben" mit Macht durchgesetzt werden, wollen sie tragfähig sein. Vielmehr geht es darum, diese im Miteinander zu erkunden. Darin entspricht der Ansatz ULRICHs dem Verständnis der geschöpflichen Ethik, die stets die *gemeinsame* Sorge für das Leben im Medium der Ökonomik betont. Darüber hinaus gelingt ULRICH mit Hilfe des Diskurses eine Rückbindung seiner Ethik an konkrete Situationen und Orte. Auch dies entspricht einer explorativen christlichen Ethik, die immer wieder dazu auffordert, zu erkunden und mitzuteilen, was geschöpfliches Leben in der je konkreten Situation ausmacht.

Aus seinem Rückgriff auf die Diskursethik gewinnt der Wirtschaftsethiker wiederum vier normative Leitideen für die Praxis, die für ihn reflexiv nachvollziehbar sind. Neben der bereits erwähnten grundsätzlichen Gesprächsbereitschaft muss bei allen Beteiligten auch ein Interesse an legitimem Handeln vorhanden sein und jede Handlungsoption wie die Diskussion darüber dem Kriterium der Legitimität unterliegen. An dieser Stelle sei angemerkt, dass eine geschöpfliche Ethik zwar den Vorgaben der jeweiligen Legitimität entsprechen kann, aber nicht muss, sondern auch darüber hinausweisen darf.[179]

Des weiteren betont ULRICH den Aspekt der Verantwortung und unterscheidet dabei verschiedene Möglichkeiten der Verantwortungsübernahme

---

[176]   Ebenso betonen die Aussagen der Denkschriften immer wieder die Forderung nach Gerechtigkeit und ihre Verankerung in den Strukturen. Vgl. 2.4.

[177]   Auch LUTHER betont die Bedeutung der Nächstenliebe als zentrale Handlungsmaxime. Vgl. dazu oben 2.2.3.2 und 2.2.4. Bei ULRICH bleibt sie lediglich eine mögliche Entfaltungslinie einer Vernunftethik.

[178]   Indem ULRICH hier von Subjekten, und nicht von Geschöpfen spricht, bleibt er beim Menschen und seiner Vernunft stehen. Eine Ethik der Geschöpflichkeit weist darüber hinaus und stellt den Menschen in die Geschichte Gottes.

[179]   So ist es beispielsweise in manchen Ländern legal, dass Kinder in Unternehmen beschäftigt werden. Dennoch ist zu fragen, ob dies geschöpflichem Leben entspricht.

unter jeweils unterschiedlichen Prämissen der Verständigungsgegenseitigkeit und auf unterschiedlichen Ebenen.[180] Darin macht er deutlich, dass Verantwortung stets situationsbezogen neu zu bestimmen ist, aber manchmal eben auch Grenzen hat. Dies liegt nicht zuletzt daran, dass Wissen und Einsicht der Geschöpfe immer nur begrenzt sind. Dennoch können Unternehmen nicht davon entbunden werden, ihren Verantwortungsbereich stets neu zu überdenken und zu erkunden.

In seiner vierten Leitidee für die Praxis hält ULRICH schließlich fest, dass die Übernahme von Verantwortung und deren Grenzen neben anderen Themen Zentrum eines öffentlichen, kritischen Diskurses sein kann. Es darf hier allerdings nicht vergessen werden, dass auch öffentliche Diskurse nicht nur medialen, politischen oder anderen Vorgaben folgen dürfen. Auch sie müssen immer wieder zwischen ökonomischer Logik und christlichem Ethos differenzieren und sich fragen, wie geschöpfliches Leben als solches erprobt werden kann.

3.3 Josef Wieland und die Bedeutung der Governancestrukturen

Als dritter Ansatz soll die Theorie der Governanceethik des deutschen Wirtschaftsethikers Josef WIELAND eingehender betrachtet werden.[181] Der Professor ist Inhaber des Lehrstuhls für Allgemeine Betriebswirtschaftslehre mit Schwerpunkt Wirtschafts- und Unternehmensethik an der Fachhochschule Konstanz sowie Direktor des Konstanz Institut für WerteManagement und Wissenschaftlicher Direktor des Zentrum für Wirtschaftsethik gGmbH. Für seine Arbeiten erhielt er bisher neben dem Max-Weber-Preis für Wirtschaftsethik des Institut der deutschen Wirtschaft in Köln auch den mit 100.000 Euro dotierten Landesforschungspreis des Landes Baden-Württemberg für angewandte Forschung (2004).

Seine Theorie der Governanceethik ist stark empirisch orientiert und basiert neben der Systemtheorie Niklas LUHMANNs auf dem Ansatz der Neuen Institutionenökonomik und ihrer Transaktionskostentheorie sowie der aristotelischen Tugendethik. Eine besondere Rolle innerhalb des Ansatzes kommt den Organisationen und ihren Koordinations- und Kooperationsmechanismen zu, die für WIELAND als Orte der Wertansprüche und Werthaltungen fungieren. Dies soll im Folgenden skizziert und die Impulse für eine Unternehmensethik geschöpflichen Lebens sollen herausgearbeitet werden.

---

180 Vgl. dazu auch den Ansatz RICHs in 2.3.1.1, für den eine umfassende Verantwortung, die sowohl den Bereich individuellen Handelns als auch die institutionelle Ebene einschließt, den zentralen Inhalt jeder Sozialethik darstellt.

181 Nach einer ersten ausführlichen Darstellung seiner Theorie 1999 (vgl. WIELAND (2007)) und zahlreichen Aufsätzen in den vergangenen Jahren finden sich die derzeit aktuellsten, umfassenden Ausführungen seines Ansatzes in WIELAND (2005). Sie sollen diesem Abschnitt überwiegend zugrunde liegen.

3.3.1 Gesellschaftstheoretische und methodologische Perspektiven

3.3.1.1 Globalisierung und ihre Konsequenzen

Aufgrund seiner Annahme, dass für eine angemessene wirtschaftsethische Diskussion „das jeweilige gesellschaftstheoretische Referenzmodell expliziert und in die theoretische Konzeption integriert werden muss",[182] setzt WIELAND in seinem Konzept der Governanceethik beim aktuellen Kontext der globalisierten Welt und damit auch global vernetzten Ökonomie an.[183] Sichtbar wird für ihn diese gesellschaftliche Entwicklung der jüngeren Vergangenheit anhand unterschiedlicher Phänomene. Dazu gehören in Bezug auf die Ökonomie beispielsweise die Herausbildung eines weltweiten Kapitalmarktes, die Entstehung neuer (arbeitsteiliger) Entwicklungs- und Produktionsformen und in Folge davon auch neuer Organisationsformen[184] oder die andauernde Fortentwicklung und Nutzung neuer Informations- und Kommunikationstechnologien. Dabei wurde der „Ort" als entscheidender Faktor von der Größe „Zeit" abgelöst.

Dieser Vorgang der Globalisierung von Gesellschaft und Wirtschaft hat für WIELAND auch Auswirkungen für die in ihr tätigen Akteure und deren Handlungen hinsichtlich der Moral. So fasst er die bedeutendsten Konsequenzen in fünf Punkten zusammen.[185] Zum einen hätten sich die Adressaten der Wirtschaftsethik verändert, denn im Wesentlichen stünden nun nicht mehr einzelne Personen, zum Beispiel Unternehmer oder Manager, im Fokus, sondern Organisationen[186], also Unternehmen. Dadurch habe sich wiederum die moralische Problemstellung verändert. Zentral seien nun vor allem organisierte Compliance und strukturell verankertes Wertemanagement, wie sie sich im Rahmen der Corporate Governance[187] wiederfinden und nicht mehr nur die Integrität Einzelner. Aufgrund dieser geänderten Blickrichtung weg vom Einzelnen und hin zu kollektiven Akteuren,[188] würden die Unternehmen auf nationaler wie internationaler Ebene auch gesellschaftlich als Träger von

---

[182] Ders. (2005), S. 9.

[183] Vgl. z. B. WIELAND (2007), S. 17–25 und WIELAND (2005), S. 11–15. Umfassendere Überlegungen zum Thema der Unternehmensethik in einer globalisierten Welt finden sich v. a. auch in WIELAND (1997) und WIELAND (1998a).

[184] So z. B. Joint Ventures, Netzwerke u. a.

[185] Vgl. WIELAND (2005), S. 11–14.

[186] Zum Begriff der Organisation vgl. 3.3.2.2.

[187] Der Begriff der Corporate Governance (CG) umfasst allgemein den Ordnungsrahmen eines Unternehmens, den es braucht, um es zu leiten. Zur Hälfte deckt er sich mit dem der Unternehmensverfassung und meint dementsprechend als interne CG die Binnenordnung eines Unternehmens. Darüber hinaus betrifft der Teil der externen CG aber auch die Einbindung einer Firma in ihr wirtschaftliches Umfeld und betont stärker die Rolle der Unternehmensführung. Vgl. KÜPPER (2006), S. 157 und WERDER (2009), S. 23f. Eine tabellarische Übersicht über die Bestandteile von interner und externer CG findet sich bei WAGENHOFER (2009), S. 7, Tabelle 1.

[188] Zu Begriff und Bedeutung des kollektiven Akteurs im Rahmen der Governanceethik und der Moralfähigkeit kollektiver Akteure vgl. 3.3.2.2.

Verantwortung gesehen.[189] Diese könnten sie auf dem Gebiet von Corporate Social Responsibility oder Corporate Citizenship wahrnehmen. Jedoch sind laut WIELAND Integrität, Moral und Werte nicht nur etwas, das von extern an die Unternehmen herangetragen wird. Vielmehr seien sie als Voraussetzung für das Gelingen von wirtschaftlichen Transaktionen und Kooperationen zugleich immer auch ein strategischer Erfolgsfaktor für die Akteure. Daraus ergebe sich allerdings ein neues Verhältnis von Ethik und Ökonomie, denn die „Herrschaft der Ethik über die Wirtschaft als bloßem effizientem Erfüllungsgehilfen der Ethik greift nicht mehr".[190]

Der Wirtschaftsethiker weist darauf hin, dass eben diese Veränderungen zur Folge haben, dass Aufgaben, die ehemals politischer oder rechtlicher Natur waren,[191] nun der Wirtschaft zugerechnet werden. So komme den Unternehmen als Organisationen eine bedeutende und wesentliche Steuerungsaufgabe innerhalb der Gesellschaft zu. WIELAND spricht deshalb davon, „dass moderne Gesellschaften steuerungstechnisch Organisationsgesellschaften sind".[192]

3.3.1.2 Systemtheoretische Aspekte

Unter Berücksichtigung dieses empirischen Kontextes der globalisierten Welt und damit auch der global vernetzten Ökonomie stellt WIELAND die theoretische Frage der Integration der Gesellschaft, also die Frage nach der intelligiblen Ordnung der einzelnen gesellschaftlichen Bereiche, wie zum Beispiel Wirtschaft, Politik oder Familie zueinander und findet seine Antwort in der Systemtheorie des Soziologen Niklas LUHMANNs.[193]

Dieser hat seine kommunikationstheoretische Gesellschaftstheorie unter Verwendung eigener abstrakter Begrifflichkeiten entwickelt. Er geht grundlegend davon aus, dass die Gesellschaft ein komplexes System von Kommunikation darstellt, denn alle sozialen Systeme würden in ihrem Vollzug durch die Operation der Kommunikation in der Gesellschaft produziert und reproduziert.[194] LUHMANNs Kommunikationsbegriff beruht dabei darauf, dass die einzelnen Systeme funktional differenzierte Systeme sind und in Bezug auf ihre systemeigenen Operationen operational geschlossen funktionieren bei simultaner informeller Offenheit gegenüber ihrer Umwelt. Mit Hilfe eines bi-

---

[189] Vgl. hierzu z. B. WIELAND (1998a) oder WIELAND (2006a).

[190] WIELAND (2005), S. 13.

[191] So z. B. Menschenrechte und internationale Sozialstandards bzw. Korruptionsprävention.

[192] Ders. (2005), S. 15. Zum Verhältnis Ethik und Ökonomie bei WIELAND vgl. auch 3.3.2.3.

[193] Vgl. zum Folgenden v. a. LUHMANN (1994) sowie LUHMANNs abschließendes Werk mit einer umfassenden Theorie der Gesellschaft. Vgl. LUHMANN (1997a) und LUHMANN (1997b). Die gesamte Systemtheorie LUHMANNs an dieser Stelle wiederzugeben, würde nicht nur den Rahmen dieser Arbeit sprengen, sondern wäre auch nicht zweckmäßig. Dennoch sollen hier einige systemtheoretische Überlegungen LUHMANNs kurz angerissen werden, um ihre Bedeutung für die Governanceethik transparent werden zu lassen.

[194] Vgl. insbes. LUHMANN (1997a), S. 81ff.

nären Codes grenze sich jedes gesellschaftliche System von seiner Umwelt ab und halte dadurch den Prozess der Autopoiesis (Selbstreproduktion), der jedem System immanent sei, aufrecht.[195] Würde eine Gesellschaft allerdings nur aus autonomen Funktionssystemen bestehen, würde sie auseinanderbrechen. Aus diesem Grund bedarf es, so LUHMANN, „der Suche nach Formen der Integration, die zu funktionaler Differenzierung passen".[196] Dadurch kommt er zu dem Schluss, dass faktisch „alle Funktionssysteme durch strukturelle Kopplungen miteinander verbunden und in der Gesellschaft gehalten"[197] sind. Dabei würden analoge, das heißt gleichzeitige Verhältnisse, umgeformt in digitale Verhältnisse, in denen es ein Entweder-oder-Schema gibt.

WIELAND findet hier einen Anknüpfungspunkt für seinen eigenen Ansatz, indem er bei der strukturellen Kopplung autonom codierter Systeme ansetzt und diese im Hinblick auf die beiden Funktionssysteme Wirtschaft und Moral ausarbeitet.[198] Seines Erachtens verfügen moderne Gesellschaften im Gegensatz zu früheren stratifizierten Gesellschaften nicht mehr über einen archimedischen Punkt, von dem aus alle gesellschaftlichen Bereiche hierarchisch zu ordnen und zu integrieren sind.[199] In Folge der Aufklärung und letztlich der Globalisierung hätten sich stattdessen alle Sektoren zu autonomen Funktionssystemen mit je eigenen Codierungen und Entscheidungslogiken entwickelt. Es könne nicht mehr geleugnet werden, dass die geschlossene Codierung der Wirtschaft entlang der Differenz Angebot/Nachfrage eine andere sei als die des Moralsystems entlang der Unterscheidung gut/schlecht. Deshalb könne der Versuch, sämtliche Funktionssysteme in ein die anderen Systeme beherrschendes Supersystem zu integrieren,[200] in modernen Gesellschaften ebenfalls nur scheitern. Eine Integration innerhalb der modernen, funktional differenzierten Gesellschaft, so hebt WIELAND im Anschluss an LUHMANN hervor, kann nur „als temporäre Inklusion und Exklusion von Systementscheidungen in Systementscheidungen mittels Kommunikation verstanden werden, die sich über die strukturelle Kopplung autonom codierender Systeme vollzieht".[201]

Diese theoretischen Überlegungen zur Integration der differenten gesellschaftlichen Bereiche mithilfe struktureller Kopplung subsumiert WIELAND unter dem Begriff der „Simultanität der Governance".[202] Dabei verläuft die Integration der verschiedenen gesellschaftlichen Bereiche für ihn fragmentiert und temporalisiert, da sie sich jeweils ausschließlich auf ein individuelles

---

[195] So lautet der binäre Code der Religion beispielsweise Immanenz/ Transzendenz.
[196] LUHMANN (1997b), S. 778.
[197] Ders. (1997b), S. 779.
[198] Vgl. im Folgenden insbes. WIELAND (2005), S. 14−24; 50.
[199] Hierfür stehen laut WIELAND beispielsweise die alteuropäischen Gesellschaften, in denen es nur eine Entität gab, die allem zu Grunde lag, wie dies z. B. in der mittelalterlichen Scholastik der Fall war. Auch die Vorstellung eines Primats der Ethik über die Wirtschaft gehört in dieses hierarchische Denkmuster.
[200] Dies war laut WIELAND v. a. für das 19. und 20. Jahrhundert charakteristisch, indem z. B. im Funktionssystem der Wirtschaft oder Politik versucht wurde, alle Funktionssysteme abzubilden.
[201] Ders. (2005), S. 17f.
[202] Ders. (2005), S. 18.

Ereignis bezieht.[203] Indem es aufgrund dieses von allen beteiligten Systemen als relevant wahrgenommenen Ereignisses zu einem „Zugleichsein differenter Kommunikation"[204] komme, könne die kommunikative Entfremdung zwischen Moral und Ökonomie in Bezug auf dieses je konkrete Einzelereignis überwunden werden und eine Integration der Funktionssysteme stattfinden. Der Wirtschaftsethiker geht davon aus, dass es, um den dabei entstehenden wechselseitigen Lern- und Entwicklungsprozess der unterschiedlichen Funktionssysteme zu lenken und auftretendes Irritationspotential möglichst zu überwinden, schließlich der strukturellen Kopplung der Funktionssysteme bedarf. Dies bedeutet für ihn eine Integration der Funktionssysteme auf der Ebene ihrer Organisationen. Die strukturelle Kopplung stelle dabei allerdings kein eigenes Kopplungssystem dar, sondern „meint einen kategorial orientierten Kommunikationsprozess (...) und einen simultan dazu ablaufenden Strukturierungsprozess in der Governance der dazugehörenden Organisationssysteme".[205] Sie besteht demzufolge laut WIELAND in der „gelingenden Simultanität"[206] von (Faktizität schaffender) Struktur und (Normativität schaffendem) Diskurs.

Dies bedeute, dass die polylingual und polykontextual verfassten Organisationssysteme[207] die unterschiedlichen Sprachspiele der jeweiligen Funktionssysteme nicht nur verstehen müssten, sondern darüber hinaus auch deren Relevanz für eine wirtschaftliche Transaktion[208] erkennen und sie über entsprechende Governancestrukturen simultan organisieren müssten. Reflexionssysteme, wie beispielsweise das Wissenschaftssystem mit seinen unterschiedlichen Disziplinen können WIELAND zufolge diesen Prozess fördern und steuern.

Zusammengefasst lässt sich sagen, dass ausgehend von einer distinkten moralökonomischen Transaktion[209] das Organisationssystem[210] simultan die Relevanz der verschiedenen systemischen Sprachspiele der unterschiedlichen Funktionssysteme[211] mithilfe der entsprechenden wissenschaftlichen Diszi-

---

[203] In Bezug auf unternehmensethische Fragestellungen ist hier eine distinkte moralökonomische Transaktion eines Unternehmens gemeint, also eine Transaktion mit immanenter moralischer Dimension, wie z. B. Arbeitsverträge oder Kinderarbeit.

[204] Ders. (2005), S. 18. Hier unterscheidet sich WIELAND von LUHMANN, der bei strukturellen Kopplung von einer Digitalisierung von Kommunikation, also einem Beziehung schaffenden Nacheinander von Kommunikation ausgeht. Vgl. LUHMANN (1997a), S. 101f.

[205] WIELAND (2005), S. 20.

[206] Ders. (2005), S. 21.

[207] Organisationssysteme (z. B. Unternehmen) sind polylingual kommunikationsfähig und polykontextual handlungsfähig und unterscheiden sich dadurch von den Funktionssystemen (z. B. Markt), auf die dies nicht zutrifft. Dies ist eine zentrale Unterscheidung für die Theorie der Governanceethik. Vgl. Ders. (2005), S. 58.

[208] Die Bedeutung der distinkten wirtschaftlichen Transaktion als zentraler Ausgangspunkt hat WIELAND aus der Transaktionskostenökonomie übernommen. Vgl. 3.3.1.3.

[209] Für den Fall der Wirtschafts- und Unternehmensethik z. B. ein Arbeitsvertrag.

[210] Hier ist das Unternehmen gemeint.

[211] Für die Ökonomie wäre dies Angebot/Nachfrage und für die Moral das Sprachspiel gut/schlecht.

plinen[212] für diese distinkte Transaktion erfassen und über geeignete Governancestrukturen organisieren müsse.

Der moralökonomische Diskurs wird für WIELAND also erst auf der Ebene der Organisationssysteme zu einem solchen; auf der Ebene der Moral bleibt er ein moralischer Diskurs und auf der Ebene der Ökonomie ein ökonomischer. Daran wird deutlich, dass die Definition von Moral und Wirtschaft als je eigene Funktionssysteme Auswirkungen auf deren Verhältnisbestimmung hat, da strukturelle Kopplungen immer nur simultan vollzogen werden können und damit jegliche Hierarchisierung ausgeschlossen ist.

So stellt WIELAND zusammenfassend die These auf, dass es „die gelingende Simultanität begrifflicher Arbeit und der Governance differenter Systemlogiken [ist], die den Prozess gesellschaftlicher und wirtschaftlicher Kooperation in modernen Gesellschaften kommunikativ und strukturell integriert".[213] Kooperation wird dadurch zum entscheidenden Begriff struktureller Kopplung, mithilfe derer die Integration der unterschiedlichen gesellschaftlichen Systeme von Moral und Ökonomie gleichzeitig gelingen kann, ohne dass sie aufeinander reduziert werden.[214]

3.3.1.3 Aspekte der Neuen Institutionenökonomik

Die zweite große theoretische Wurzel neben der Systemtheorie bildet für WIELANDS Ansatz der Governanceethik ein Teilbereich der Volkswirtschaftslehre, die sogenannte Neue Institutionenökonomik.[215] Im Mittelpunkt der Neuen Institutionenökonomik steht das Infragestellen der traditionellen, neoklassischen Theorien in der Ökonomik. Sie geht im Gegensatz zur alten Lehre davon aus, dass auch bei freier Preisbildung eine Übereinstimmung von Angebots- und Nachfragemenge nicht zwingend gegeben sein muss. Dementsprechend richten sich die Fragestellungen der Neuen Institutionenökonomik nicht auf „das Zustandekommen von markträumenden Preisen",[216] sondern auf die Begründung von ökonomischen Institutionen sowie den wechselseitigen Einfluss von individuellem Verhalten und Institutionen. Ein weiterer zentraler Unterschied zu den davor gängigen mikroökonomischen Theorien ist die Annahme der Unvollständigkeit von Informationen und die Einbeziehung von neuen

---

212 Also Betriebswirtschaftslehre, Philosophie etc.
213 Ders. (2005), S. 23f.
214 Dies findet sich explizit in WIELAND (2006b), S. 11.
215 Die Neue Institutionenökonomik lässt sich auf den 1937 erschienenen Aufsatz *The Nature of the Firm* von Ronald COASE zurückführen (vgl. COASE (1937)), wobei der Begriff erst fast 40 Jahre später von dem Ökonom Oliver E. WILLIAMSON geprägt worden ist.
     Die Neue Institutionenökonomik darf allerdings nicht mit dem wissenschaftlichen Ansatz der „alten" Institutionenökonomik verwechselt werden. Letztere stellt einen traditionellen mikroökonomischen Ansatz dar, der die Wechselwirkungen von Institutionen der Gesellschaft und Wirtschaft analysiert und gegen Ende des 19. Jahrhunderts in den USA entwickelt worden ist. Ihre wichtigsten Vertreter sind John R. COMMONS, Thorstein B. VEBLEN und Wesley C. MITCHELL.
216 NEUBÄUMER/HEWEL/LENK (2011), S. 123.

(auch sozialen) Verhaltensweisen der einzelnen Akteure in ökonomische Prozesse.

Theoretisch kann die Neue Institutionenökonomie in drei Hauptströmun-
gen unterteilt werden: den Transaktionskostenansatz, den Prinzipal-Agent-
Ansatz und die Mikroökonomische Ungleichgewichtstheorie.[217] Bezugspunkt
der Governanceethik ist in erster Linie der erste dieser drei Ansätze, der
Transaktionskostenansatz, wie er sich vor allem bei Oliver E. WILLIAMSON
findet.[218] Dieser geht bei seiner „Erforschung der ökonomischen Institutionen
des Kapitalismus"[219] im Grunde von einer „Transaktion als Basiseinheit der
Analyse und (...) der Relevanz der Organisationsform aus".[220] Er hält fest,
dass bei der Abwicklung einer wirtschaftlichen Transaktion[221] verschiedene
Kosten, sogenannte Transaktionskosten, entstehen. Dazu zählen beispielsweise Ausgaben für die Beschaffung von Informationen über den Markt oder die
Verhandlungspartner, Aufwendungen für Vertragsverhandlungen oder nach-
trägliche Kosten für mögliche Änderungen und Ergänzungen bestehender
Verträge. Die Ex-ante-Transaktionskosten, also solche, die vor Vertragsabschluss anfallen, sind zu unterscheiden von Ex-post-Transaktionskosten für
alle nachfolgenden Ausgaben, wobei diese auch von ersteren abhängig sein
können. Dabei, so die Grundannahme der Transaktionskostentheorie, liegt
die Ursache für die eben genannten Kosten vor allem in der Unvollständigkeit
von Verträgen. Aufgrund von personaler, situationaler und informationaler
Unsicherheit sei es beinahe unmöglich alle vertragsrelevanten Ereignisse bereits vor Vertragsabschluss zu berücksichtigen. Da die ökonomische Umwelt
und das Verhalten der Transaktionspartner nie vollkommen erfasst werden
könnten beziehungsweise sich schnell und unvorhergesehen verändern könnten, sei auch ein alles umfassender Informationsstand nicht möglich.

WILLIAMSON hat infolgedessen das Bild des rationalen *homo oeconomicus*
korrigiert zugunsten der Annahme der begrenzten Rationalität des Menschen,
der immer wieder an seine kognitive Leistungsfähigkeit stößt und zugleich zu
opportunistischem Verhalten neigt, indem er stets seinen individuellen Vorteil zu erreichen sucht. Darüber hinaus hat der Ökonom erkannt, dass der
Mensch nicht nur danach strebt, sein Einkommen zu maximieren. Er sucht
ebenso nach Würde und sozialer Anerkennung, so dass in wirtschaftlichen Be-

---

[217] Vgl. Ders. (2011), S. 124.
[218] Vgl. zum Folgenden deshalb WILLIAMSON (1984) oder WILLIAMSON (1990). Eine ein-
       führende Zusammenfassung des Transaktionskostenansatzes findet sich z. B. bei NEU-
       BÄUMER/HEWEL/LENK (2011), S. 124—130. Hier sollen allerdings nur die Aspekte der
       Transaktionskostentheorie kurz skizziert werden, die später relevant sind für die Theo-
       rie der Governanceethik. Eine umfassende Darstellung der ökonomischen Theorie er-
       scheint an dieser Stelle weder sinnvoll noch notwendig.
[219] WILLIAMSON (1990), S. 20.
[220] Ders. (1990), S. 20.
[221] Auch wenn der Begriff der Transaktion dabei nicht eindeutig definiert wurde, umfasst
       er in der Regel den gesamten „Prozess der Klärung, Vereinbarung und Abwicklung
       eines Leistungsaustausches". (NEUBÄUMER/HEWEL/LENK (2011), S. 125.)

ziehungen immer auch die Aspekte von Wertesystemen berücksichtigt werden müssen.[222]

Ausgehend von diesen Erkenntnissen stellt WILLIAMSON „die Behauptung auf, dass die ökonomischen Institutionen des Kapitalismus hauptsächlich die Einsparung von Transaktionskosten bezwecken und bewirken".[223] Dementsprechend weist er den Unternehmen nicht die Funktion der Produktion zu, sondern betrachtet sie als Systeme zur Beherrschung und Überwachung der Transaktionen.

Gerade hier, bei den organisationsinternen Strukturen und Systemen der Unternehmen zur Koordination von Transaktionen und zur Kooperation, knüpft WIELAND im Kern an die Theorie WILLIAMSONS an.[224] Wie bei der Transaktionskostentheorie richtet auch WIELAND seinen Fokus auf die Transaktion als Grundeinheit der Analyse und geht ebenfalls grundsätzlich von der Unvollständigkeit von Verträgen aufgrund von personaler, situationaler und informationaler Unsicherheit aus. Damit Kooperationen trotz dieser Unvollständigkeit überhaupt entstehen können, bedürfe es einer gewissen Verlässlichkeit der Kooperationspartner.[225] Auf diesem Hintergrund wird Moral schließlich zu einem „endogenen Bestandteil ökonomischer Kooperation",[226] also zu einer wichtigen Ressource und Kompetenz, die Kooperation innerhalb einer bestimmten Transaktion ermöglicht.[227] Auf diese Weise gelingt WIELAND die institutions- und organisationsökonomische Integration seiner Theorie der Governanceethik.

3.3.1.4 Anwendungsbezug

Die Governanceethik WIELANDS ist darüber hinaus von einem explorativ-ethischen Ansatz geprägt. So ist er der Überzeugung, „dass eine Wirtschafts- und Unternehmensethik für das 21. Jahrhundert sich nicht deduktiv aus schon etablierten Großtheorien und Meisterdenkern herleiten lässt, sondern von Grund auf erarbeitet werden muss".[228] Damit ist das Modell der Governanceethik nicht nur ein theoretischer Entwurf deskriptiver und kontextueller Ethik, sondern zugleich ein dezidiert anwendungsorientiertes Konzept, das als Grundeinheit der Analyse stets „die moralische Dimension einer gegebenen und abgrenzbaren wirtschaftlichen Transaktion"[229] vor Augen hat.[230] Wertgetriebene Entscheidungen bedürfen immer eines lokalen Charakters, von dem her sie ausschließlich getroffen werden können. Begründung und Anwendung moralischer Regeln und Werte werden dadurch allerdings entkoppelt.

---

[222] Von WIELAND wird die Rolle des Faktors Mensch ausführlich in seinem Aufsatz WIELAND (2001a) behandelt.

[223] WILLIAMSON (1990), S. 19.

[224] Vgl. dazu z. B. WIELAND (2007) oder WIELAND (2005).

[225] Zum Begriff der Glaubwürdigkeit und Wahrhaftigkeit vgl. Ders. (2005), S. 84ff.

[226] Ders. (2005), S. 35.

[227] Eine Weiterführung dieses Ansatzes der Governanceethik findet sich unten in 3.3.2.2.

[228] Ders. (2005), S. 10.

[229] Ders. (2005), S. 32.

[230] Vgl. Ders. (2005), S. 43.

Dabei weist WIELAND die Begründungsaufgabe der Philosophie und Theologie zu; demgegenüber geht es in der Wirtschaft bzw. im Unternehmen jeweils um die Anwendung von Werten in einem lokalen Entscheidungsproblem.[231]

Dieser Ausgangspunkt bei der distinkten moralischen Transaktion findet schließlich seine Fortsetzung in der Betonung der Implementierung und Auditierung von Werten, die ebenfalls einen unerlässlichen Stellenwert in der Theorie der Governanceethik haben.[232] WIELAND entwirft hierfür extra ein vierstufiges EthikManagementSystem, in dem es um die konkrete Kodifizierung, Kommunikation, Implementierung und Organisation von Werten innerhalb eines Unternehmens geht. Zur Orientierung bei der Kodifizierung der Werte dient ein sogenanntes Werteviereck bestehend aus unterschiedlichen Werten aus den Bereichen Leistung, Kommunikation und Kooperation sowie moralische Werte.[233]

3.3.1.5 Tugendethische Wurzeln

Dementsprechend lehnt WIELAND einen utilitaristischen Ansatz oder eine Bedingungs- und Anreizethik für die Fragen der Wirtschafts- und Unternehmensethik ab. Stattdessen sieht er sich in der Tradition der aristotelischen Tugendethik.[234]

Der griechische Philosoph ARISTOTELES geht im Rahmen seiner praktisch philosophischen Überlegungen davon aus, dass das Gute der letzte Zweck allen menschlichen Handelns ist. Dabei sind für jedes Handeln stets zwei Dimensionen relevant: zum einen die Erkenntnis des Ziels und zum anderen die Kraft, um dieses Ziel zu erreichen, um also das Handeln anzustoßen. Edel und damit vollkommen handle, wer seine Kraft von der Erkenntnis steuern lasse, also wenn *logos* und *alogon* so zusammenarbeiten, dass das *alogon* dem *logos* gehorcht. Dazu könne und müsse der *logos* des Menschen durch Belehrung und sein *alogon* durch Nachahmung vorbildlichen Handelns erzogen werden, so dass der Mensch letztendlich das Edle als Haltung (*äthos*) verinnerliche.[235]

Maßstab für das richtige Handeln ist nach ARISTOTELES stets die Mitte zwischen einem Zuviel und einem Zuwenig, also die Mitte zwischen zwei Extremen. Da diese Mitte angesichts der Vielfalt der konkreten Entscheidungssituationen jedoch immer relativ bleibt, solle sich der Mensch zur praktischen Urteilsfindung letztlich an einem personalen Vorbild orientieren.[236]

---

[231] Vgl. WIELAND (2007), S. 26ff.

[232] So betont WIELAND beispielsweise, „dass unternehmensethische Diskurse in und zwischen den Organisationen der Wirtschaft nur über eine vorgängige Instrumentierung erzeugt werden können." (WIELAND/GRÜNINGER (2000), S. 160.)

[233] Als einzelne Werte nennt WIELAND hier beispielsweise Nutzen oder Flexibilität (Leistungswert), Achtung (Kommunikationswert), Loyalität (Kooperationswert) und Fairness (Moralischer Wert). Vgl. dazu die Übersicht in WIELAND (2007), S. 97ff und unten die Ausführungen in 3.3.2.3.

[234] Vgl. dazu z. B. GIGON (1978).

[235] Vgl. Ders. (1978), S. 744.

[236] Vgl. Ders. (1978), S. 756.

Trotzdem bemüht sich ARISTOTELES, seine Tugenden, wie er sie in der *Nikomachischen Ethik* ausführt, so weit als möglich im Sinne des Theorems der Mitte zwischen zwei Extremen zu bestimmen. So nennt er beispielsweise die Tapferkeit als Mitte zwischen Feigheit und Tollkühnheit oder die Selbstzucht als Mitte von Stumpfheit und Zügellosigkeit. Darüber hinaus kennt er als Tugenden unter anderem Gerechtigkeit, Freundschaft,[237] Klugheit, Streben nach Ehre oder Streben nach Profit und Reichtum. Entsprechend seinem Theorem der Mitte fordert er auch in Bezug auf die Affekte ein rechtes Maßhalten.[238]

Dabei ist das Ziel allen menschlichen Handelns für den griechischen Philosophen stets die *eudaimonia*, die Glückseligkeit. Diese dürfe allerdings nicht als persönliches Glücksgefühl verstanden werden, sondern „als die volle Verwirklichung aller Möglichkeiten, auf die hin der Mensch nach seiner Natur und in seiner geschichtlichen Situation angelegt ist".[239] Dies bedeutet, dass der Mensch ARISTOTELES zufolge dazu aufgefordert ist, sich fortwährend Tugenden anzueignen, um die *eudaimonia* zu besitzen und zur Vollkommenheit zu gelangen.[240]

Auf diesen aristotelischen Ansatz der Ethik greift WIELAND nun zwar zurück, geht aber zugleich darüber hinaus. So sind für ihn nicht nur die individuellen Tugenden als Charaktereigenschaft eines einzelnen Akteurs und dessen Bereitschaft moralisch zu handeln gefragt.[241] Wo Tugend nur die Bereitschaft eines Einzelnen darstellt, tugendhaft zu handeln, sei dies lediglich ein schwacher ethischer Ansatz, da Charakter alleine oft nicht ausreiche. Im Gegensatz dazu bezeichnet der Konstanzer Ökonom die Governanceethik als „eine starke Form der Tugendethik",[242] denn Tugend kann hier definiert werden „als die Bereitschaft und die Fähigkeit individueller und kollektiver Akteure, die moralisch codierten Wertvorstellungen einer gegebenen Gesellschaft, ihrer Institutionen und Organisationen durch angemessene Handlungen und Governanceprozesse vortrefflich zu realisieren".[243] Dies bedeutet für WIELAND, dass die individuellen Tugenden stets in Zusammenhang mit den institutionellen und organisationalen Möglichkeiten betrachtet werden müssen. Erst dadurch werde eine Tugendethik in ihrer starken Form begründet, in der die Gleichberechtigung von individuellen und kollektiven Akteuren herrsche und die

---

[237] Gerechtigkeit und Freundschaft nehmen bei Aristoteles eine Sonderstellung ein und sind Bindeglied zwischen Individualethik und Staatslehre, denn erste ist notwendig zur Konstitution von Institutionen und zweite ist als persönliches Verhalten notwendig, um Institutionen langfristig erhalten zu können. Vgl. Ders. (1978), S. 757f.

[238] Vgl. Ders. (1978), S. 745; 757.

[239] Ders. (1978), S. 745.

[240] ARISTOTELES ist sich aber bewusst, dass auch der vollkommene Mensch nicht gottgleich ist, sondern stets eines Gegenübers bedarf, um sich selbst zu erkennen. Vgl. Ders. (1978), S. 758.

[241] Vgl. zum Folgenden insbes. WIELAND (2006c) und auch WIELAND (2005), S. 51–54. Eine wissenschaftliche Auseinandersetzung mit dem Begriff der Tugend in der modernen Gesellschaft finden sich in der Aufsatzsammlung WIELAND (2006b).

[242] So z. B. WIELAND (2006c), S. 7 oder WIELAND (2005), S. 83 u. ö.

[243] WIELAND (2006c), S. 7. Zum Begriff des kollektiven moralischen Akteurs vgl. 3.3.2.2.

empirisch gesehen hoch effektiv und effizient sei. In diesem Sinn liegt für den Wirtschaftswissenschaftler das Ziel jeglicher tugendhaften Handlungen darin, die Bereitschaft und Fähigkeit aller gesellschaftlichen Akteure zur Kooperation zu entwickeln und zu stärken, um dadurch einen wechselseitigen Vorteil zu erlangen. So kann festgehalten werden, dass die Governanceethik auf den Begriff und den Prozess der Kooperation abstellt,[244] die einen moralischen Konsens über ihre Governance, ihre Regeln und ihre Verfahren voraussetzt und diesen im Vollzug bestätigt. Dies spiegelt sich schließlich in WIELANDs Forderung nach Kooperationsbereitschaft und -fähigkeit als normativer Maxime wider.[245]

Indem im Tugendbegriff der Governanceethik also die motivationalen und strukturellen Ressourcen miteinander verknüpft werden, „wird die Fähigkeit zu tugendhaftem Handeln zu einem konstitutionellen Zug von Tugend überhaupt".[246] Entsprechend kann WIELAND daraus folgern, dass die „Governance der Tugend (...) immer auch eine Tugend der Governance"[247] ist.

3.3.2   Theorie der Governanceethik

3.3.2.1   Grundidee der Governanceethik

Basierend auf diesen Ansätzen und Überlegungen sieht Josef WIELAND die Grundidee seiner Ethik der Governance darin, „dass sich die gegenwärtigen Fragestellungen der Wirtschafts- und Unternehmensethik mikroanalytisch darstellen lassen als die moralische Dimension distinkter wirtschaftlicher Transaktionen".[248] Die Umsetzung dieser moralischen Dimension sei sowohl eine Funktion der individuellen Selbstbindungsstrategien der beteiligten Personen, als auch der formalen und informalen Institutionen des gegebenen Umfeldes, sowie der Koordinations- und Kooperationsmechanismen der beteiligten Organisation. Für eben diesen Gegenstandsbereich der Governanceethik hat WIELAND seine „Kurzformel" der Governanceethik entwickelt:[249]

$$\mathrm{Tm}_i = \mathrm{f}\,(\mathrm{aIS}_i,\ \mathrm{bFI}_{ij},\ \mathrm{cIF}_{ij},\ \mathrm{dOKK}_i)$$

(a...d = -1, 0, 1; i = spezifische Transaktion; j = spezifischer Ort)

---

[244]   Hier knüpft WIELAND bei der Idee John RAWLS' an, dass moderne Gesellschaften „as a fair system of cooperation" (RAWLS (1993), S. 15—22) verstanden werden sollten.

[245]   Vgl. WIELAND (2006c), S. 7.

[246]   Ders. (2006c), S. 9.

[247]   Ders. (2006c), S. 9.

[248]   WIELAND (2005), S. 29. Die Idee selbst findet sich in anderer Formulierung aber auch schon in früheren Texten WIELANDs (so z. B. in WIELAND (2007)).

[249]   Diese „Grundform" der Kurzformel findet sich bei WIELAND (2001b) und WIELAND (2005), S. 29ff. An anderer Stelle hat er die hier dargestellte Version noch um weitere Abkürzungen erweitert. Vgl. Ders. (2005), S. 74. Zum besseren Verständnis wird hier im Text jedoch auf die einfachere Variante Bezug genommen.

Erklären lässt sich diese Kurzformel der Governanceethik wie folgt: Zunächst wird darin erneut der Anwendungsbezug deutlich, indem von der spezifischen Transaktion Tm$_i$ mit ihrer moralischen Dimension ausgegangen wird. Die moralische Dimension könne beispielsweise aus einer Selbstverpflichtung der Akteure resultieren oder durch gesellschaftlich akzeptierte Überzeugungen legitimiert sein. Die Abkürzung IS steht für die individuelle Selbstbindung oder Selbstgovernance einzelner Akteure, in der sich zum Beispiel deren Prinzipien oder Vorteilskalküle widerspiegeln. Hinter dem Kürzel FI verbergen sich alle formalen Institutionen einer Gesellschaft und deren moralische Ansprüche an ökonomische Transaktionen, die neutral gegenüber dem Wettbewerb kodifiziert sind, wie beispielsweise die entsprechende Gesetzgebung. Auch sie sind je nach Transaktion ($_i$) und Ort beziehungsweise Land ($_j$) unterschiedlich. IF bezeichnet demgegenüber die informellen Institutionen einer bestimmten Gesellschaft ($_j$), wie zum Beispiel religiöse oder moralische Überzeugungen einer Kultur, die dann im Rahmen einer konkreten Transaktion ($_i$) wirksam werden. OKK — und das ist die theoretische Innovation der Governanceethik gegenüber individualethischen Ansätzen — bezeichnet schließlich im Anschluss an die Neuen Institutionsökonomie die „Koordinations- und Kooperationsmechanismen einer bestimmten Organisation, mit denen sie ihre Transaktionen führt, steuert und kontrolliert".[250]

Die Koeffizienten a bis d treffen schließlich noch Aussagen über die Wirksamkeit der einzelnen Parameter IS, FI, IF und OKK innerhalb der Funktion, indem sie positiv (1), nicht (0) oder negativ (-1) auf die moralische Dimension der Transaktion Einfluss nehmen.

3.3.2.2 Besondere Bedeutung der Organisationen

Eine besondere Bedeutung innerhalb der Governanceethik kommt wie bereits erwähnt den Koordinations- und Kooperationsmechanismen von Organisationen (OKK) bei der Frage nach der moralischen Dimension einer Transaktion zu.[251] Dabei unterscheidet WIELAND im Anschluss an Douglass C. NORTH[252] begrifflich zwischen Institutionen und Organisationen. Erstere sind für beide Ökonomen keine Akteure, sondern die Spielregeln einer Gesellschaft und damit selbst Ausdruck moralischer Überzeugungen, die aufgrund ihrer Handlungsrelevanz für die einzelnen Akteure eine gesellschaftliche Funktion erfüllen. Demgegenüber werden Organisationen als Strukturformen verstanden, denn sie stellen „das Ergebnis eines gezielten konstitutionellen Aktes von Akteuren [dar], der entweder darauf ausgerichtet ist, die Spielregeln der Gesellschaft zu nutzen, sie zu ändern oder sie zu erzwingen".[253]

Folglich repräsentieren Unternehmen für WIELAND eine bestimmte Organisationsform und werden von ihm vertragstheoretisch als „vertraglich konsti-

---
[250] Ders. (2005), S. 30.
[251] Vgl. zum Folgenden vor allem WIELAND (2001c). Eine ergänzte und überarbeitete Fassung davon findet sich inWIELAND (2005), S. 139ff.
[252] Vgl. NORTH (1992).
[253] WIELAND (2005), S. 152.

tuierte Kooperationsprojekte individueller Akteure zur Erwirtschaftung von Kooperationsrenten"[254] definiert. Dies bedeutet, dass einzelne Akteure im Sinne der Argumentationstradition von HOBBES[255] auf ihre jeweiligen individuellen Ressourcen, Rechte und Freiheiten zugunsten des Kooperationsprojektes und der damit ermöglichten Kooperationsrenten verzichten. Nur aufgrund dieser eingeschränkten Handlungspräferenzen der einzelnen Akteure könne sich ein kollektiver Akteur überhaupt erst konstituieren.

Dies gilt für WIELAND auch in Bezug auf die moralischen Ansprüche und Werte, denn eine Kooperation zwischen Individuen hat als menschliches Verhalten immer auch eine moralische Dimension. So stelle ein kollektiver Akteur nie die Zusammenfassung der Werte aller einzelnen Akteure dar, sondern er „konstituiert seine Identität (...) durch die Definition seiner moralischen Präferenzen und die Dominierung der individuellen moralischen Präferenzen durch die der Organisation".[256] Aufgrund dieses differenztheoretischen Ansatzes[257] und der Definition des kollektiven Akteurs als einer konstitutionellen Kooperationsform individueller Akteure kann WIELAND von „kollektiven moralischen Akteuren" sprechen.[258] So könne dem theoretisch Rechnung getragen werden, was, wie oben geschildert, aufgrund der globalisierten wirtschaftlichen Situation gesellschaftlich bereits geschehen ist, nämlich dass Unternehmen als Organisationen Adressaten des moralökonomischen Diskurses sind.

Die Vertrags- und Organisationsorientierung der Governanceethik WIELANDS wird also mithilfe der Kategorien „Kooperation" und „Ressourcen" theoretisch umgesetzt. Im praktischen Gelingen der Kooperationen innerhalb einer Organisation als auch zwischen Organisationen sieht er den entscheidenden Schlüssel für globales Wirtschaften und die Wirtschaftsethik, weshalb er die Ökonomie der Zukunft auch als „Kooperationsökonomie" bezeichnet.[259] Zentral hierfür sind die globalen und lokalen Governancestrukturen, also die Führungs-, Steuerungs- und Kontrollstrukturen, mit deren Hilfe die Wertansprüche und Werthaltungen in eine Organisation eingebaut werden. Dies

---

[254]   Ders. (2005), S. 154.

[255]   Der Philosoph Thomas HOBBES sieht die Gemeinschaft als eine Kooperationsleistung, die erbracht werden muss und die auf Verträgen basiert. So wird der Staat — bei HOBBES „Leviathan" gennant — als Vertragskonstrukt betrachtet, „the Multitude (...) united in one Person" (HOBBES (1651), S. 87, KAP. XVII).

[256]   WIELAND (2005), S. 155.

[257]   Indem er gerade den Unterschied zwischen individuellem und kollektivem Akteur in den Blick rückt, wendet sich WIELAND gegen einen identitätstheoretischen Ansatz, der nach den Übereinstimmungen von Merkmalen individueller und kollektiver Akteure fragt. Vgl. Ders. (2005), S. 140—142.

[258]   Zur wissenschaftlichen Diskussion um die Frage, ob es überhaupt sinnvoll ist, von kollektiven moralischen Akteuren zu sprechen, und wenn ja, in welcher Verfasstheit dies möglich wäre, vgl. WIELAND/HUBIG (2001). Grundsätzlich sei hier darauf hingewiesen, dass die Bezeichnung von Unternehmen als kollektive moralische Akteure nicht eine Personifizierung von Unternehmen meint, sondern im Sinn der gemeinsamen Verantwortung einer Gruppe zu verstehen ist.

[259]   Dazu ausführlich z. B. WIELAND (1998b). Vgl. zu Begriff und Bedeutung der Kooperation auch 3.3.1.5.

macht die Koordinations- und Kooperationsmechanismen einer Organisation in gewisser Weise zum „Kernstück der Governanceethik".[260]

3.3.2.3 Moralische und ethische Aspekte

Im Rückblick auf das bisher Gesagte kann festgehalten werden, dass der Gegenstandsbereich der Governanceethik darin liegt, innerhalb der Führung, Steuerung und Kontrolle von wirtschaftlichen Transaktionen die Funktionen und Wirkungen von Moralregimes zu analysieren und zu gestalten.

Als Adressaten der moralischen Erwartungen und Regeln fungieren laut WIELAND stets individuelle und kollektive moralische Akteure. Die moralischen Überzeugungen, Tugenden und Werte[261] werden dabei „als individuelle oder organisationale Regeln, Ressourcen und Kompetenzen verstanden"[262], die der Ermöglichung von Kooperation dienen und sich im Zusammenwirken von moralischen Überzeugungen Einzelner, formaler und informaler Institutionen sowie organisationaler Governancestrukturen realisieren.[263] In der Wirksamkeit dieses Zusammenspiels zeige sich schließlich die moralische Qualität einer wirtschaftlichen Transaktion. Dementsprechend verortet WIELAND in den Governancestrukturen eine Entscheidungs- und Gestaltungsaufgabe der Akteure, was die Wahl der passenden Governancestruktur für die jeweilige distinkte moralökonomische Transaktion betrifft.[264] Auf diese Weise wird deutlich, dass seine Governanceethik stets prozessorientiert ist und wegen möglicher moralischer Dilemmata nicht auf das moralisch Gute zielt, sondern immer nur das moralisch Bessere im Blick haben kann.[265]

Entscheidend für den Prozess der Gestaltung von Governancestrukturen sind laut WIELAND die Anreize, die moralisches Handeln induzieren.[266] So geht er im Anschluss an KOHLBERG und TUGENDHAT davon aus, dass es neben ökonomischen Anreizen, die auf ein Habenwollen zielen, bei jedem Akteur auch „eine emotional-moralische Motivation (den Willen, das Rechte zu tun) und ein Bedürfnis nach Wertschätzung (Vermeidung von Scham, Gewissen)"[267] gibt. Gerade diese moralischen Anreize würden auf Identitätsbildung zielen, da sie Selbst- und Fremdwertschätzung implizierten, und sind damit die Voraussetzung für eine gelingende Kooperation. So definiert WIELAND moralische Anreize also als „moralisch codierte Wertschätzungen, welche die Werte, um derentwillen man geschätzt werden will oder sich selbst schätzt, in Erscheinung treten lassen, mit Leben erfüllen und damit bestätigen"[268].

Ihren normativen Ausdruck finden die lokal wirkenden Governancestrukturen für WIELAND schließlich in sogenannten Ethikmanagementsystemen

---

[260] WIELAND (2005), S. 42.
[261] WIELAND differenziert hier begrifflich nicht genau.
[262] Ders. (2005), S. 38f.
[263] Vgl. Ders. (2005), S. 27.
[264] Vgl. Ders. (2005), S. 28 u. ö.
[265] Vgl. z. B. WIELAND (2007), S. 82f oder WIELAND (2005), S. 43.
[266] Vgl. Ders. (2005), S. 105ff.
[267] Ders. (2005), S. 131.
[268] Ders. (2005), S. 131.

beziehungsweise Wertemanagementsystemen[269] der Unternehmen.[270] Dabei handelt es sich um „firmenspezifische Instrumente, die darauf abstellen, die moralische Verfassung eines Teams oder einer Organisation und deren Leitwerte zu definieren und in der alltäglichen Praxis mit Leben zu erfüllen".[271] Ihre Funktion sei es, der jeweiligen Unternehmung durch Selbstbeschreibung und Selbstbindung eine Identität zu geben und dadurch gegenüber möglichen Kooperationspartnern Erwartungssicherheit zu signalisieren. Darüber hinaus stellten sie Kriterien zur Auswahl möglicher Kooperationspartner dar.

Die Struktur eines Ethikmanagementsystems beschreibt WIELAND als einen vierstufigen Prozess, bei dem am Anfang die Kodifizierung der für die Identität eines Unternehmens relevanten Werte steht. Diese ließen sich den Bereichen der Leistungswerte, Interaktionswerte (bestehend aus Kommunikations- und Kooperationswerten) und moralischen Werte zuordnen, so dass ein Werteviereck mit unterschiedlichen Einzelwerten entsteht. Dazu gehörten beispielsweise Leistungswerte wie Kompetenz und Kreativität, Kommunikationswerte wie Achtung und Offenheit, Kooperationswerte wie Teamgeist und Konfliktfähigkeit, und moralische Werte wie Fairness und Verantwortung.

Konkret umgesetzt werde die Kodifizierung dieser Werte dann im Rahmen von Verhaltensstandards, wie zum Beispiel einem Code of Ethics oder Code of Conduct, in dem eine gezielte Mischung aus allen vier Wertebereichen aufgenommen werde. Die nächste Stufe füllt laut WIELAND die kodifizierten Verhaltensstandards mittels Kommunikation mit Leben, indem sie innerhalb des Unternehmens, gegenüber anderen Unternehmen und in Bezug auf die Gesellschaft kommuniziert werden. Im Anschluss daran würden die Werte mithilfe der Instrumente des Wertemanagements, also durch Compliance- oder Werteprogramme sowie Ethikauditsystemen[272] im Unternehmen implementiert. Abschließend gehe es in einer vierten Stufe um die Organisation des Wertemanagements im Rahmen von Compliance Offices oder gezieltem Qualitätsmanagement und der Erklärung des Ethikmanagementsystems zur „Chefsache". So besteht Unternehmensethik im Sinne der Theorie der Governanceethik also nicht (nur) in der Umsetzung der Tugenden Einzelner, sondern als Managementaufgabe (auch) im Einbau von Wertansprüchen und Werthaltungen eines Unternehmens in seine Governancestrukturen.

3.3.3 Impulse

Wie schon die vorhergehenden wirtschaftsethischen Ansätze verfolgt auch die Governanceethik keine explizite Ethik des geschöpflichen Lebens. Doch

---

[269] WIELAND verwendet meist den Begriff des Ethikmanagementsystems, betont allerdings einmal explizit, dass „die Governanceethik im Anwendungsbezug von Wertemanagementsystemen und nicht von Ethikmanagementsystemen spricht" (Ders. (2005), S. 131).

[270] Zum Folgenden vgl. insbes. WIELAND (2007), S. 97ff und WIELAND/GRÜNINGER (2000).

[271] Ders. (2000), S. 132.

[272] Dabei orientieren sich Complianceprogramme sehr stark an der Rechtsförmigkeit, wohingegen Werteprogramme und Ethikauditsysteme ihren Fokus auf selbstverpflichtende und selbstgesteuerte Strukturen richten. Vgl. WIELAND (2007), S. 103.

im Vergleich zu den beiden anderen Konzepten kann gerade sie wichtige Impulse für eine christliche Unternehmensethik geschöpflichen Lebens geben, die sich als explorative Ethik versteht. So ist auch die Governanceethik WIELANDs explorativ konzipiert, indem sie bei Tm, also bei der jeweils spezifischen Transaktion, ansetzt. Dementsprechend steht das gelebte Ethos, das immer wieder neu erprobt werden muss, im Mittelpunkt. Für jede individuelle Entscheidungs- oder Handlungssituation eines Unternehmens ist zu fragen, wie Menschen in ihrer Existenzform der Geschöpfe bleiben können. Auf diese Weise sind auch die aktuellen gesellschaftlichen Gegebenheiten der Globalisierung in die Überlegungen und Erprobungen eingeschlossen.

Wie schon HOMANN weist WIELAND allerdings darauf hin, dass keine vollkommenen Ergebnisse das Ziel von unternehmerischen Entscheidungen sein können, sondern die Governanceethik wegen möglicher moralischer Dilemmata stets nach moralisch besseren Ergebnissen strebt. Dies macht deutlich, dass sich Fehlverhalten und ethische Missstände in dieser Welt wie in Unternehmen letztlich nicht vermeiden lassen, und entspricht darin einer Ethik geschöpflichen Lebens.[273] Doch gerade deshalb bleibt es zentrale Aufgabe, immer wieder zu erproben, zu erkunden und mitzuteilen, was geschöpfliches Leben meint, und damit ein „Besser" zu ermöglichen.

Diese Aufgabe verortet WIELAND im wirtschaftlichen Kontext insbesondere bei den Organisationen, also den Unternehmen. Zwar knüpft er an die systemtheoretischen Überlegungen LUHMANNs an und leugnet nicht, dass sich in Folge von Aufklärung und Globalisierung alle Sektoren zu autonomen Funktionssystemen mit je eigenen Codierungen und Entscheidungslogiken entwickelt hätten. Allerdings sieht der Wirtschaftsethiker für jede Tm die Möglichkeit der Integration der Funktionssysteme Ökonomie und Moral auf der Ebene ihrer Organisationen im Rahmen eines Kooperations- und Kommunikationsprozesses. Moral ist damit für ihn nichts, was außerhalb der Ökonomie zu verorten ist und an sie herangetragen wird. Vielmehr finden moralische Kommunikation und Kooperation im Medium der Organisation statt.[274] Kooperation wird für WIELAND somit zum entscheidenden Begriff struktureller Kopplung, mithilfe derer die Integration der unterschiedlichen gesellschaftlichen Systeme von Moral und Ökonomie gleichzeitig gelingen kann, ohne dass sie aufeinander reduziert werden.[275] Damit Kooperationen trotz der Unvollständigkeit von Verträgen überhaupt entstehen können, bedarf es einer gewissen Verlässlichkeit der Kooperationspartner.[276] Auf diesem Hintergrund wird Moral schließlich zu einem „endogenen Bestandteil ökonomischer Kooperation"[277] ohne eine ausschließlich strategische Funktion zu haben. Auch aus Sicht einer Ethik geschöpflichen Lebens spielt Kooperati-

---

[273] Zum Umgang mit Schuld und Scheitern vgl. auch die Aussagen von LUTHER und RICH in 2.2.4 und 2.3.5.

[274] Vgl. ULRICH (2010a), S. 212–216 und auch 1.1.

[275] Vgl. auch die Betonung von Menschengerechtem und Sachgemäßem in RICHs Ansatz in 2.3.

[276] Zum Begriff der Glaubwürdigkeit und Wahrhaftigkeit vgl. WIELAND (2005), S. 84ff.

[277] Ders. (2005), S. 35.

on eine wichtige Rolle. Allerdings weist sie an dieser Stelle über den Ansatz
von WIELAND hinaus. Im Sinne einer Ethik geschöpflichen Lebens bedeutet
Kooperation nämlich immer ein Einbeziehen des Anderen als Anderen, das
im geschöpflichen Angewiesensein des Menschen auf ein Gegenüber gründet.
Dementsprechend ist Kooperation „nicht auf den gemeinsam herstellbaren
Vorteil begrenzt (...). Sie schließt ein, dass es gut sein könnte, dem zu folgen,
was mit dem Anderen hinzukommt: nicht als Anerkennungsanspruch oder
als Geltungsanspruch, sondern weil dieser Andere *etwas* ins Spiel bringt, das
Aufmerksamkeit verdient",[278] auch wenn es dem ökonomischen Nutzen und
der ökonomischen Logik entgegensteht.[279]

Neben diesen grundlegenden Impulsen finden sich in WIELANDs Ansatz
aber auch ganz konkrete Aspekte, die für die Erprobung geschöpflichen Lebens wichtig sind. Ein solcher stellt das von ihm vorgeschlagene Ethik- bzw.
Wertemanagementsystem dar, das als firmenspezifisches Instrument die moralische Verfassung eines Unternehmens und dessen Leitwerte definiert und
mit Leben füllt. Insbesondere in seinem sogenannten Werteviereck nennt der
Wirtschaftsethiker verschiedene Leistungs-, Kommunikations- und Kooperationswerte sowie moralische Werte, die der Orientierung dienen können. Darin wird deutlich, dass die von WIELAND geforderten Governancestrukturen
eines immerwährenden Gestaltungsprozesses bedürfen. Dies entspricht dem
Verständnis eines Ethos als menschlicher Lebensform im Modus des Erler-
nens und weist darauf hin, dass Unternehmensethik in einem Betrieb stets
fest verankert sein muss, um mehr als „Dekoration" oder Programm zu sein
und auch gelebt werden zu können.[280]

Allerdings sei hier kritisch angemerkt, dass das Werteviereck, wie WIE-
LAND es darstellt, teilweise ergänzungsbedürftig ist. So fehlt darin beispielsweise der Bereich der nicht-menschlichen Schöpfung, so dass Themen wie
Nachhaltigkeit und Umweltverantwortung unberücksichtigt bleiben.[281] Auch
die Möglichkeit misslungener wirtschaftlicher Transaktionen und Scheitern
wird in der Theorie der Governanceethik zwar benannt, aber Aussagen zum
Umgang damit wie auch zum Aspekt der Würde des Menschen[282] werden
nicht getroffen. Darüber hinaus sei festgehalten, dass das Werteviereck sehr
funktional ausgerichtet ist, das heißt Begriffe wie Nächstenliebe oder Hoffnung können hier keinen Platz finden. In einer christlichen Unternehmensethik müssen aber auch sie als Charakteristika gelebten Glaubens in die Überlegungen einbezogen werden.[283] Gerade sie stellen ein wichtiges Kriterium bei
der Differenzierung zwischen christlichem Ethos und ökonomischer Logik dar.

---

[278] ULRICH (2007), S. 505.
[279] Vgl. auch 2.1.5.
[280] Vgl. dazu auch die Ausführungen zu Unternehmen und Werten in 4.1.2.
[281] Zur Nachhaltigkeit vgl. 4.4.3.
[282] Zur Würde des Menschen aus biblischer Sicht vgl. 2.1.1.
[283] Dies betont insbesondere das Sozialwort der Kirchen. Vgl. 2.4.4.1.

Kapitel 4

Unternehmensethik in Unternehmen

Nach den Impulsen aus Theologie und Kirche sowie den wirtschaftsethischen Ansätzen zum Thema Unternehmensethik ist es nun unerlässlich, die unternehmerische Praxis selbst auf ihre Anregungen für eine christliche Unternehmensethik hin zu befragen, um die Suche zu vervollständigen.

4.1 Grundlegendes

4.1.1 Unternehmen als Orte der Mitteilung, Erkundung und Erprobung

Dem Ansatz einer explorativen Ethik des geschöpflichen Lebens folgend,[1] steht auch im Folgenden die Existenz des einzelnen Menschen als Geschöpf Gottes im Zentrum der Überlegungen. Es geht darum, in der spannungsvollen Auseinandersetzung mit der Wirklichkeit Antworten auf die Frage zu suchen, wie Menschen in ihrer Existenzform der Geschöpfe bleiben und als solche leben können. Die geschöpfliche Existenz des Menschen muss also stets von Neuem erprobt, erkundet und mitgeteilt werden. Hierfür ist innerhalb der *conditio humana* immer wieder nach Unterscheidungen für das zu suchen, was den Menschen Mensch sein lässt und was nicht.

Konkret geschieht dies in den einzelnen Unternehmen. Sie können gleichzeitig Orte der Mitteilung, Erkundung und Erprobung menschlicher Existenz sein. Damit unterscheiden sie sich von den Überlegungen der Theologie und Ökonomik in den beiden vorangehenden Kapiteln. Zwar kann dort auch versucht werden mitzuteilen, wie Menschen im Medium von Unternehmen in

---

[1] Eine ausführliche Darstellung des Ansatzes einer explorativen Unternehmensethik findet sich zu Beginn in 1.1.

ihrer Existenzform der Geschöpfe leben, allerdings bleiben diese Überlegungen stets im Modus des *Mitteilens*. Erst in den Unternehmen selbst wird nicht nur mitgeteilt, wie ein (christliches) Ethos aussehen soll, hier kann es darüber hinaus *auch erkundet und erprobt* werden.[2]

An dieser Stelle sei allerdings vermerkt, dass dies in der Realität nicht zwingend praktiziert werden muss. So fehlt in manchen Betrieben eine Werte-Erprobung, also das bewusste Leben von Werten im eigenen Haus beziehungsweise weiterreichendes Engagement, (noch) ganz. Manche Betriebe sind gerade erst dabei, Strukturen zu schaffen, um bestimmte Werte zu implementieren. Andere hingegen beschränken sich bisher lediglich auf die Kontrolle der Einhaltung von notwendigsten gesetzlichen Vorgaben und führen überhaupt keine unternehmensethische Diskussion. Theoretisch sind aber auch sie potentielle Orte der Mitteilung, Erkundung und Erprobung eines (christlichen) Ethos. Dementsprechend soll es im Folgenden sowohl um das gehen, was Unternehmen mitzuteilen haben, als auch um die Unternehmensethik in ihrer alltäglichen Erkundung und Erprobung.

4.1.2 Unternehmen und Werte

Immer wieder war bereits die Rede von Werten, an denen sich Unternehmen orientieren, oder von ganzen Wertkodizes, die die Unternehmen ihrem Handeln zugrunde legen. In den folgenden Kapiteln wird darauf im Kontext der jeweiligen Firma näher einzugehen sein. Allerdings darf nicht vergessen werden, dass die postulierten Werte stets auf individuellen Entscheidungen der Unternehmen beruhen. Jede Firma definiert für sich, was für sie „von Wert" ist und was nicht.[3]

Dabei kommt den ethischen Werten stets ein Eigenwert zu, der sich als solcher nicht direkt in Zahlen abbilden lässt. Anders ist das bei materiellen Werten eines Unternehmens, wie beispielsweise der Anzahl der Gebäude oder der Höhe des erwirtschafteten Gewinns. Diese können genau beziffert, also be- und verrechnet werden.

Allerdings können die aufgrund ihres Eigenwertes gelebten ethischen Werte für ein Unternehmen zugleich als ökonomischer Wert zu Buche schlagen. So lässt sich beispielsweise durch Ehrlichkeit und Transparenz die Anzahl der Kunden steigern und führt damit zu einer Gewinnsteigerung, die sich wiederum finanziell berechnen lässt. Dies muss aber nicht immer der Fall sein. Die Einhaltung ethischer Werte kann auch finanziell unbemerkbar bleiben

---

[2]   Dies geschieht nicht zuletzt unter Einbeziehung der Mitteilungen aus Theologie und Ökonomik.

[3]   Grundlegendes zum Wertbegriff findet sich beispielsweise bei WERNER (2002). Er gibt im Zuge seiner Arbeit über die Bedeutung des Wertbegriffs für die Theologie u. a. eine systematische Entfaltung des Wertbegriffs, sowie seiner Eigenschaften und Sinngehalte (vgl. S. 123ff.).
Eine Konkretisierung der ethischen Werte im Unternehmen als Leistungswerte, Interaktionswerte (bestehend aus Kommunikations- und Kooperationswerten) und moralische Werte findet sich bei Josef WIELAND in seinem sog. Werteviereck. Vgl. dazu oben 3.3.2.3.

oder im Gegenteil zu materiellem Verlust führen. Unternehmen wissen in der Regel um dieses Risiko, gehen es aber bewusst ein, wenn sie ihr Ethos immer wieder neu erkunden und erproben.

Letztlich kann und darf die Erprobung von Werten also nur um der ethischen Werte selbst geschehen. Erfolgt sie aus reinem Kalkül oder Mittel zum Zweck, würde dies letztlich einer Verkehrung der ethischen in materielle Werte gleichkommen. Das Ethos würde den ökonomischen Rationalitäten unterworfen werden.[4]

4.1.3 Auswahl der Unternehmen

Aus der Vielfalt von Unternehmen weltweit, aber auch in Deutschland, sollen hier drei Unternehmen exemplarisch herausgegriffen werden. Ausgehend vom regionalen Bezug der potentiellen Unternehmen und ihrem Firmensitz in der Metropolregion Nürnberg wäre es wünschenwert, wenn eine möglichst große Bandbreite an unterschiedlichen (wirtschaftlichen) Aspekten Berücksichtigung finden würde. So erscheint es sinnvoll, nicht nur rein regional agierende Betriebe auszuwählen, sondern auch solche, die trotz des Bezugs zur fränkischen Heimat global wirtschaften. Des weiteren soll neben Produktionsbetrieben aus unterschiedlichen Branchen auch ein Dienstleistungsbetrieb auf sein Ethos hin befragt werden. Die Anzahl der Mitarbeiter sowie das erwirtschaftete Umsatzvolumen sollten ebenfalls variieren. Gleiches gilt für die rechtliche Verfasstheit der Firmen, beispielsweise eine Aktiengesellschaft oder ein Unternehmen, das sich seit mehreren Generationen in Familienbesitz befindet.

Neben all diesen äußeren Kriterien, die zu berücksichtigen sind, sollte vorausgesetzt sein, dass sich die einzelnen Unternehmen bereits mit dem Thema Unternehmensethik befasst haben und es in ihrem Hause prinzipiell eine Rolle spielt. Von Firmen, die sich schon eingehend damit auseinandergesetzt haben und die Thematik für sich als relevant erkannt haben, können sicherlich weitaus mehr Impulse für eine christliche Unternehmensethik gewonnen werden, als von solchen, in denen dies nicht der Fall ist. Deshalb stellt die Rolle der Ethik im Unternehmen hier ein wichtiges Auswahlkriterium dar.

Basierend auf all diesen unterschiedlichen Aspekten werden hier die folgenden drei Unternehmen herausgegriffen: die TeamBank AG mit ihrem Produkt easyCredit, der Mischkonzert Diehl Stiftung & Co. KG sowie der Sportartikelhersteller Puma AG. Die Text- und Referenzbasis der einzelnen Firmen wird dabei jeweils individuell festzulegen sein.

4.1.4 Methodik

Aufgrund der besonderen Konstellation, dass Unternehmen nicht nur Orte der (theoretischen) Mitteilung, sondern auch der (praktischen) Erkundung und Erprobung einer geschöpflichen Ethik sein können, sollen auf der einen Seite die Leitlinien ethischen Handelns aufgegriffen werden. Diese sind

---

[4] Vgl. 1.1.1.

in der Regel schriftlich fixiert und lassen sich wie schon zuvor die Aussagen aus Theologie und Ökonomik deskriptiv-analytisch aus der theologischen Perspektive einer explorativen Ethik geschöpflichen Lebens nach wichtigen beziehungsweise prägnanten Impulsen durchforsten.

Andererseits, zumindest soweit als möglich, ist auch das einzubeziehen, was über das praktizierte Ethos zu sagen ist. Hierfür können Aussagen in den unternehmensethischen Leitlinien genauso herangezogen werden wie verschiedene andere Hinweise über die Entstehung, die Implementierung oder das Controlling der ethischen Konzeptionen in den einzelnen Firmen sowie deren gelebte Unternehmenskultur.

Insgesamt sei hier darauf hingewiesen, dass es sich bei diesem Kapitel nicht um eine soziologische Erhebung handeln soll, die einen statistisch-repräsentativen Anspruch geltend machen möchte.[5] Vielmehr geht es darum, in wahrnehmender Weise, also *deskriptiv-analytisch* und damit semantisch-sensibel aus der theologischen Perspektive einer explorativen Ethik geschöpflichen Lebens auf die einzelnen Aussagen der Unternehmen zu blicken. Eine lückenlose Analyse ist dabei nicht angestrebt, vielmehr soll das Ziel sein, einzelne, prägnante Aspekte hervorzuheben.

Dass damit sicher nur bedingt festgehalten werden kann, wie das im Unternehmen erprobte Ethos konkret umgesetzt wird, ist nicht zu leugnen. Allerdings darf bezweifelt werden, dass statistische Methoden eine gelebte Praxis besser wiedergeben können, denn auch sie bleiben letztlich auf Zahlen und Fakten beschränkt. Das Ethos in seiner Erprobung kann immer nur begrenzt erhoben werden; wo der Versuch unternommen wird, es zu analysieren und festzuhalten, bleibt dieser Versuch letztlich immer auf das Ethos in seiner Mitteilung angewiesen.

4.2 TeamBank AG und easyCredit

4.2.1 Über das Unternehmen

Die TeamBank AG Nürnberg ist heute Teil der Genossenschaftlichen Finanz-Gruppe Volksbanken Raiffeisenbanken[6] und innerhalb dieser der Experte für private Ratenkredite mit ihrer Produktlinie easyCredit und easyCredit-Card[7]. Doch dies war nicht immer so. Blickt man in die Historie der Team-Bank AG,[8] so reichen ihre Wurzeln zurück bis zur Gründung der Franken WKV Bank, der Hanseatischen Kreditbank und der Noris Kaufhilfe, in den 1950er Jahren. Damals gehörten zum Tagesgeschäft dieser Universalbanken

---

[5] Es geht also nicht um eine Analyse im Sinne der sogenannten empirischen Sozial-forschung, bei der mittels Beobachtung, Experiment, Befragung oder Inhaltsanalyse Daten und Informationen der erfahrbaren Wirklichkeit gewonnen und schließlich mit Hilfe unterschiedlicher Methoden interpretiert werden. Vgl. dazu beispielsweise FRIED-RICHS (1990).

[6] Vgl. *Genossenschaftliche FinanzGruppe Volksbanken Raiffeisenbanken.*

[7] Vgl. *TeamBank Produkte.*

[8] Vgl. *TeamBank Geschichte.*

noch alle gängigen Dienstleistungen für den Zahlungs-, Kredit- und Kapital-verkehr. Im Laufe der Jahre integrierte die Franken WKV Bank die Han-seatische Kreditbank und zwei weitere Banken, um schließlich 1998 mit der Noris Verbraucherbank zur norisbank AG zu fusionieren. Zwei Jahre später war easyCredit der erste im Internet angebotene Ratenkredit mit Online-Sofortzusage. Im Jahr 2003 wurde schließlich die DZ BANK AG, die Deut-sche Zentral-Genossenschaftsbank in Frankfurt am Main,[9] neue Eigentümerin der norisbank AG und damit Mitglied des Genossenschaftlichen FinanzVer-bunds. 2006/2007 kam es dann letztmals zur Umfirmierung. Nach der Abgabe der Filialen und des Retail-Geschäfts der norisbank AG an die Süddeutsche Bank GmbH entstand aus der übrig gebliebenen Konsumentenkreditsparte die TeamBank AG als Spezialistin für die Vergabe von privaten Ratenkre-diten. Das bereits bestehende Produkt easyCredit wurde übernommen, aber völlig überarbeitet.[10]

Heute beschäftigt das Nürnberger Kreditinstitut rund 1000 Mitarbeiter und ist über die sogenannten easyCredit-Shops sowie die Filialen ihrer Part-nerbanken in Deutschland und Österreich zu erreichen.[11] Mit gut einer halben Million Kunden konnte die TeamBank eine Bilanzsumme von rund 7,3 Milli-arden Euro und einen Betriebsgewinn von 167 Millionen Euro erwirtschaften und ist damit Deutschlands drittgrößter Anbieter von Konsumentenkredi-ten.[12]

4.2.2 Unternehmensethik in der Mitteilung und Erprobung

4.2.2.1 Wurzeln

Mit der Aufnahme in die Gruppe der genossenschaftlichen Banken und der Neufirmierung als TeamBank AG begannen für das Kreditinstitut auch die ersten Überlegungen zum Thema Unternehmensethik. Zum einen wollte man den genossenschaftlichen Werten wie Solidarität oder Partnerschaftlichkeit entsprechen.[13] Zudem ergab eine Neubewertung der Marktposition 2006, dass für Kunden nicht nur die Kosten eines Kredits zählten, sondern gerade auch der Gedanke der Fairness. Kunden zeigten sich unzufrieden über versteckte Kosten oder reißerische Sonderkonditionen und legten stattdessen Wert auf Dinge wie flexible Rückzahlungsmöglichkeiten und Transparenz.[14] Dement-sprechend forderte der Vorstand der TeamBank AG eine Neupositionierung.

---

[9] Die DZ BANK Gruppe ist selbst wiederum Teil der Genossenschaftlichen Finanz-Gruppe Volksbanken Raiffeisenbanken.Vgl. *DZ BANK Gruppe.*

[10] Näheres dazu findet sich unten in 4.2.2.1.

[11] Vgl. *TeamBank Standorte.*

[12] Stand der Zahlen: März 2012. Vgl. *TeamBank Zahlen und Fakten* und LOCH et al. (2012), S. 66.

[13] Vgl. A.1. Die genossenschaftlichen Werte finden sich auf der Homepage des genossen-schaftlichen Bankenverbunds wieder. Vgl. *Genossenschaftliche FinanzGruppe Volks-banken Raiffeisenbanken: Werte.*

[14] Vgl. LOCH et al. (2012), S. 66.

Auf seine Initiierung hin überarbeiteten Personalchef, Betriebsrat und Führungskreis das Produkt easyCredit mit Blick auf die genossenschaftlichen Werte umfassend. Zentral wurden nun die Ideen von Fairness und Transparenz, auch wenn zu diesem Zeitpunkt noch nicht absehbar war, ob sich dies (finanziell) auszahlen würde.[15]

4.2.2.2 Leitbild und Werte

Als Ergebnis eines längeren Prozesses[16] steht heute das Prinzip des ehrbaren Kaufmanns[17] im Zentrum der unternehmensethischen Überlegungen der TeamBank AG. „Für easyCredit ist der ‚ehrbare Kaufmann' das Leitbild für nachhaltige und sozial verantwortliche Unternehmenspolitik. Es steht für ein ausgeprägtes Verantwortungsbewusstsein für das eigene Unternehmen und die Gesellschaft und bildet bei der TeamBank die Basis für die gemeinsam erarbeiteten Werte."[18] Diese Unternehmenswerte, die gleichermaßen „das Handeln gegenüber Kunden, Partnerbanken, Dienstleistern und Kollegen"[19] prägen, sind in sieben Kernsätzen formuliert und gehen in entsprechenden Markenregeln auf. So wird der alltägliche Umgang mit dem Produkt und der Marke easyCredit zum Spiegel einer gelebten Unternehmenskultur der TeamBank AG.[20]

Im einzelnen lauten die sieben Unternehmensleitsätze und die entsprechenden Markenregeln wie folgt:[21]

- Wir übernehmen Verantwortung (wir finden immer die beste Lösung).

- Wir verdienen uns Vertrauen (wir halten, was wir versprechen).

- Wir machen es einfach (wir sorgen dafür, dass für die Kunden alles reibungslos läuft).

- Wir begeistern Kunden (wir sorgen dafür, dass die Kunden uns ihren Freunden weiterempfehlen).

---

[15] Vgl. A.1.
[16] Zum Prozess selbst und den verschiedenen Formen der Implementierung vgl. unten 4.2.2.4.
[17] Zum ehrbaren Kaufmann vgl. 4.2.3.
[18] *TeamBank Unternehmenskultur.*
[19] *TeamBank Unternehmenskultur.*
[20] Es fällt allerdings auf, dass Produkt, Marke und Unternehmen von der Bank selbst teilweise synonym verwendet werden und so die Marke wie ein Unternehmen als kollektiver Akteur verstanden wird. Deutlich wird dies beispielsweise u. a. in der Produktinformationsbroschüre, wenn es heißt: „easyCredit legt Wert auf eine partnerschaftliche und faire Kundenbeziehung. Deshalb haben wir die wichtigsten Punkte zu unserem verantwortungsvollen Kredit übersichtlich in dieser Broschüre zusammengestellt." (*Der Kredit, der Verantwortung übernimmt. Stand: 12/2012 (Download)*). Zum Verständnis des Unternehmens als kollektiven Akteurs vgl. oben den Ansatz von WIELAND in 3.3.2.2.
[21] Übernommen aus: LOCH et al. (2012), S. 67. Vgl. zur Entstehungsgeschichte unten 4.2.2.4.

- Wir sind die Besten (wir streben nach Leistung im Interesse der Kunden).

- Wir sind ein Team (bei uns ziehen alle an einem Strang).

- Wir sind fair (wir fragen, handeln und helfen).

Zwar ist nirgendwo eine Hierarchie dieser Sätze zu finden, doch es fällt auf, dass die ersten sechs Leitsätze weitgehend als Teilaspekte der letzten Aussage – „Wir sind fair." – verstanden werden können. So gehören Partnerschaftlichkeit[22], Kompetenz[23] und Verlässlichkeit[24] laut eigenen Angaben genauso zur Fairness wie eine einfache Produktgestaltung und Kundeninformation[25].

Insofern verwundert es nicht, dass der Wert der Fairness besonders häufig verwendet wird und sich in zahlreichen Texten des Unternehmens wiederfindet.[26] Zudem wird Fairness als einziger Wert explizit auf einer eigenen Seite des Internetauftritts der Bank behandelt: „Fairness und Vertrauen sind die Basis für eine gute Partnerschaft – und zugleich die wichtigsten Leistungen, die Sie von easyCredit erwarten können."[27] Was dies konkret bedeutet, wird anhand von fünf verschiedenen „Fairness-Pluspunkten" aufgezeigt.[28]

Insgesamt versucht das Unternehmen immer wieder, den Fairness-Begriff in seiner Relationalität und Bedeutungsvielfalt zu konkretisieren.[29] So finden sich nicht nur Aussagen, die die Fairness in der Beziehung zwischen Kreditinstitut und Kunde betreffen, sondern es werden „fairerweise" auch die Konsequenzen des easyCredits für das Leben des Kunden angesprochen.

Das verantwortungsvolle Handeln der Bank ist hierbei ein unerlässlicher Bestandteil. Dies zeigt sich exemplarisch an der Produktinformationsbroschüre, die unter der Überschrift steht: „Der Kredit, der Verantwortung übernimmt."[30] Darin wird nicht nur auf die Bedeutung der persönlichen Bedürf-

---

22 Vgl. Satz 4 und 6.
23 Vgl. Satz 5.
24 Vgl. Satz 1 und 2.
25 Vgl. Satz 3. Vgl. dazu auch *Der Kredit, der Verantwortung übernimmt. Stand: 12/2012 (Download)*, S. 2; Rückendeckblatt.
26 So wird das Unternehmen beispielsweise immer wieder als „Der faire Partner." (*TeamBank Geschichte, TeamBank Zahlen und Fakten* u. ö.; vgl. auch *Der Kredit, der Verantwortung übernimmt. Stand: 12/2012 (Download)*, S. 7) betitelt und der Kunde „beim fairen Ratenkredit-Experten" (*TeamBank*; vgl. auch *TeamBank Pressemitteilung vom 24.05.2012*; *TeamBank Pressemitteilung vom 27.11.2012*) willkommen geheißen. Auch das Produkt selbst ist „zweimal fair" (*TeamBank Produkte*; vgl. auch*Der Kredit, der Verantwortung übernimmt. Stand: 12/2012 (Download)*, S. 6f; 10).
27 *TeamBank Fairness.*
28 Hierzu zählen neben einer Best-Preis-Garantie auch eine auf den individuellen Bedarf abgestimmte Flexibilität, Sicherheit was Kompetenz, Verlässlichkeit und Partnerschaftlichkeit der Bank angeht, eine objektive und faire Kreditentscheidung sowie die Empfehlung, einen Schutzbrief abzuschließen, der im Fall von finanziellen Engpässen greift. Vgl. *TeamBank Fairness.*
29 Eine eindeutige Definition fehlt allerdings.
30 Die Broschüre steht auf der Homepage als Download zur Verfügung (vgl. *TeamBank easyCredit: Produktinformation*). Auffällig ist die Formulierung der Überschrift, wobei

nisse und finanziellen Spielräume der jeweiligen Kunden verwiesen,[31] sondern
es wird auch mit der Möglichkeit gerechnet, dass ein Kunde in eine finanzielle
Notlage gerät und seine Rückzahlungen nicht oder nur eingeschränkt leisten
kann. Um dem zu begegnen, offeriert die Bank verschiedene Möglichkeiten,
wie Ratenreduzierung, -aussetzung oder -übernahme.[32]

In der Produktinformationsbroschüre findet sich neben dieser Möglichkeit
des Scheiterns bei der Rückzahlung auch der Fall, dass der Kreditantrag gar
nicht erst genehmigt wird. Wenn die TeamBank einem Kunden bei Antrag-
stellung eine Absage erteilt, dann möchte sie ihn damit „verantwortungsvoll
vor einer finanziellen Überforderung schützen".[33] In jedem Einzelfall begrün-
de das Kreditinstitut seine Entscheidung und versuche, dem Kunden mögliche Perspektiven aufzuzeigen, seine finanzielle Situation zu verbessern. Damit
entspricht die TeamBank AG ganz ihrem provokativ gewählten Motto: „Lieber ein zufriedener Nicht-Kunde, als ein unzufriedener Kunde."[34] Auf diese
Weise wird dem Aspekt der Verantwortung für den Menschen mehr Bedeutung zugemessen als einer möglichen Gewinnerzielung.

Durch die starke Fokussierung auf den Kunden beziehungsweise Menschen, seine (finanziellen) Bedürfnisse und Möglichkeiten ist allerdings der
ökologische Aspekt in der Wertediskussion der TeamBankAG bis jetzt viel
zu kurz gekommen. Er wird weder auf der Homepage noch in anderen publi-
zierten Texten erwähnt.

4.2.2.3 Engagement und Sponsoring

Demgegenüber wirkt sich die starke Fokussierung der TeamBank AG auf den
Kunden beziehungsweise Menschen positiv auf die Bereiche der Corporate
Social Responsibility und Corporate Citizenship aus, denn das Kreditinstitut
engagiert sich im Rahmen vielfältiger Projekte. Zur Begründung heißt es: „Als
Nürnberger Unternehmen sind wir der Metropolregion Nürnberg verbunden.
Es ist für uns selbstverständlich, dass wir uns für die Region sowie die Belange
ihrer Bürger einsetzen."[35]

---

der Kredit personalisiert wird. Er nimmt hier menschliche Züge an und wird zum
verantwortungsvollen Partner hochstilisiert, was aus Sicht eines christlichen Ethos
der Geschöpflichkeit kritisch zu hinterfragen ist.

[31] Vgl. z. B. *Der Kredit, der Verantwortung übernimmt. Stand: 12/2012 (Download)*,
S. 4.

[32] So ermöglicht beispielsweise das „Leistungspaket Sicherheit" eine generelle Raten-
reduzierung und Ratenaussetzung (vgl. *Der Kredit, der Verantwortung übernimmt.
Stand: 12/2012 (Download)*, S. 6f), wohingegen der „easyCredit-Schutzbrief" je nach
Wunsch bei Arbeitsunfähigkeit, Arbeitslosigkeit, Kurzarbeit, Scheidung und Tod die
Kredithöhe in Teilen bzw. insgesamt abdeckt. Vgl. *Der Kredit, der Verantwortung
übernimmt. Stand: 12/2012 (Download)*, S. 10f.

[33] *Der Kredit, der Verantwortung übernimmt. Stand: 12/2012 (Download)*, S. 14.

[34] Dieses Motto findet sich zwar weder auf der Homepage des Unternehmens noch in
der Produktinformationsbroschüre, ist aber zusammen mit den sieben Leitsätzen auf
einem großen Plakat abgedruckt, das in der Eingangshalle der Zentrale in Nürnberg
hängt.

[35] *TeamBank Engagement und Sponsoring.*

Ein Teil dieses Engagements steht in direkter Beziehung zum Produkt des Finanzdienstleisters, wie beispielsweise der seit 2011 jährlich ausgelobte *easyCredit-Preis für Finanzielle Bildung.* Hier werden Projekte der Partnerbanken prämiert, die bei Kindern, Jugendlichen oder Erwachsenen das Wissen über das Finanzwesen fördern und für einen verantwortungsvollen Umgang mit Geld sensibilisieren. Auch die Gründung von „Deutschland im Plus – die Stiftung für private Überschuldungsprävention" durch die TeamBank gehört zu den Projekten aus dem Finanzsektor. „Die unabhängige Stiftung will durch Information, Beratung und Prävention aktiv gegen die Überschuldung in Deutschland vorgehen."[36]

Darüber hinaus fördert die Bank aber auch Projekte aus den Bereichen Sport oder Kultur, wie beispielsweise den „Nürnberger KulturRucksack"[37] für Kinder oder den Fairnesspreis beim Nürnberger Streetsoccercup des Jugendamtes der Stadt Nürnberg. Auch die Gestaltung von 140 neuen Dienstfahrzeugen durch Künstler und Designer im Rahmen der Aktion „Kunst bewegt" gehört dazu.

Außerdem vergibt die TeamBank AG Spenden für „gemeinnützige Institutionen wie sozial karitative Einrichtungen, Alten- und Jugendhilfe, Verbraucherberatung sowie humanitäre Hilfe".[38] Diese müssen aus der Metropolregion Nürnberg stammen oder im Bezug zu einer der Partnerbanken stehen.

Bereits an der Vielfalt dieser Projekte wird deutlich, dass die TeamBank AG immer wieder versucht, eine nachhaltige und dauerhafte Integration des Leitbilds und der Werte in die Prozesse, Strukturen und Unternehmenskultur zu schaffen. Auf diese Weise wird Ethik im Unternehmen nicht nur immer wieder mitgeteilt, sondern auch aktiv erkundet und erprobt.

4.2.2.4 Implementierung

Die Erkenntnis, dass Werte einer nachhaltigen Implementierung bedürfen und letztlich gelebt werden müssen, gewann die TeamBank AG schon relativ bald nach der Neugestaltung ihres Produkts easyCredit unter Berücksichtigung der genossenschaftlichen Werte.[39]

Auf den anfänglichen Widerstand aus den Reihen der eigenen Vertriebspartner, der Gruppe der Volksbanken Raiffeisenbanken reagierte das Kreditinstitut mit zahlreichen Schulungen der Berater und Filialmitarbeiter. Auf diese Weise gelang es dem Unternehmen mit seiner Idee von Fairness und Transparenz relativ schnell bei den Kunden Fuß zu fassen. Dies hatte allerdings zur Folge, dass schon bald andere Banken das Konzept zu imitieren versuchten. Nun bestand die besondere Herausforderung „darin, dass die Bankmitarbeiter das Konzept der Fairness nicht nur als Marketingchance

---

[36] *TeamBank Engagement und Sponsoring.*
[37] „Ziel ist hierbei professionelle Kunst unterschiedlicher Sparten für Kinder aus allen sozialen Schichten zugänglich und dadurch erlebbar zu machen." (*KulturRucksack: Idee des Projekts.* Im Original teilw. dick gedruckt.)
[38] *TeamBank Engagement und Sponsoring.*
[39] Vgl. 4.2.2.1.

betrachteten, sondern auch als Unternehmenskultur und nachhaltige Strategie".[40]

So entstand schließlich als Basis der Unternehmenskultur das Leitbild des
ehrbaren Kaufmanns und die diesem entsprechenden sieben Leitsätze.[41] Für
ihre Führungskräfte veranstaltete die TeamBank AG außerdem eine Wertemesse. Sie diente als didaktisches Mittel, um die substanziellen Inhalte der
Werte innerhalb der Führungsmannschaft zu verankern. Weitere Mitarbeiter
formulierten im Anschluss daran schließlich die den Leitsätzen entsprechenden Markenregeln.[42]

Seitdem gab und gibt es verschiedene Versuche, den begonnenen Ethikprozess weiter zu verankern und auch zu visualisieren.[43] Das größte Projekt
stellt hierbei seit 2008 EasyTown, die Vision einer Stadt, dar.[44] Sie existiert
heute sowohl als Architekturmodell[45] im Erdgeschoss der TeamBank-Zentrale
in Nürnberg als auch für alle Mitarbeiter jederzeit abrufbar im Intranet. Die
Gebäude und Plätze der Stadt repräsentieren verschiedene zentrale Themen,
wie beispielsweise die automatisierten Prozesse bei der Kreditvergabe. Jede
Abteilung kann an EasyTown „mitbauen" und dazu beitragen, dass die Vision des verantwortungsbewussten Partners für faire Verbraucherkredite weiter
verwirklicht wird. Mit jeder umgesetzten Maßnahme wird bei den einzelnen
Themen im Modell ein weiterer Baustein farbig eingesetzt und im Intranet
entsprechend angezeigt. Auch können Gebäude erweitert oder umgebaut werden.[46] „Anfangs war es nur eine grafische Visualisierung, die den Beteiligten
zeigen sollte, wie ihre Arbeit zur neuen Strategie beiträgt. Mittlerweile ist
EasyTown aber der wichtigste Katalysator für Weiterentwicklungen geworden."[47] Hieran wird deutlich, wie sehr inzwischen die gesamte Belegschaft in
den Prozess einbezogen ist und wie er ohne sie gar nicht (mehr) stattfinden
könnte.

Dementsprechend hält das Unternehmen an seiner Entscheidung fest, alle
Fragen, die die Unternehmenswerte und -kultur angehen, im Bereich Human
Resources anzusiedeln und nicht in der Unternehmensstrategie.[48] Unterneh-
mensethik wird damit zu einem „persönlichen" Thema, das jeden einzelnen
Menschen betrifft, und ist nicht (nur) eine Frage strategischer Überlegungen.

Im Jahr 2010 rief die TeamBank AG schließlich noch einen sogenannten
Kundenbeirat ins Leben.[49] Kunden können sich hierfür bewerben, um min-
destens drei Jahre lang an den jährlichen ein bis zwei Tagungen teilzunehmen

---

[40] LOCH et al. (2012), S. 67.
[41] Vgl. 4.2.2.2.
[42] Vgl. A.1. Zu den Markenregeln siehe oben 4.2.2.2.
[43] Vgl. A.1.
[44] Das Modell wurde dann 2010 nochmals überarbeitet. Derzeit ist die Version 3.0 in
      Arbeit. Vgl. A.1.
[45] Gebaut wurde das Modell von Mitarbeitern der TeamBank AG Nürnberg.
[46] Vgl. A.1.
[47] Ders. (2012), S. 68.
[48] Vgl. A.1.
[49] Die Satzung des Kundenbeirats steht im Internet als Download zur Verfügung unter:
      TeamBank Kundenbeirat.

und sich im Dialog aktiv einzubringen. „Der Kundenbeirat trägt mit seinen anregenden Diskussionen, innovativen Verbesserungsvorschlägen und vielen neuen Impulsen für unser Unternehmen zu mehr Kundenorientierung bei."[50] Er habe nicht nur die Aufgabe, „die TeamBank aus Kundensicht zu beraten" und damit „ein Vermittler zwischen easyCredit und unseren Kunden zu sein", sondern er gibt auch „Feedback über Produkt- und Dienstleistungsqualität" und entwickelt „Anregungen und Ideen zur kontinuierlichen Verbesserung des easyCredit".[51] Damit stellt er ein wichtiges Instrument der Produkt-, aber auch der Wertediskussion innerhalb des Kreditinstituts dar.[52]

4.2.2.5 Controlling

Dementsprechend kann der Kundenbeirat der TeamBank AG auch als eine Möglichkeit der Kontrolle der Unternehmensethik gewertet werden. Seine dialogische Grundstruktur ermöglicht es dem Unternehmen nicht nur, gezielt nach der Wahrnehmung der Kreditnehmer zu fragen und die Ergebnisse entsprechend reflektieren.[53] Die Kunden können der Bank auch direkt und von sich aus Rückmeldungen zur Mitteilung, Erkundung und Erprobung der Werte geben.

Aber auch andere, völlig unabhängige Institutionen dienen der TeamBank AG als Kontrollinstanz.[54] Dabei werden Zertifikate bewusst angestrebt und in Auftrag gegeben, wie beispielsweise das Siegel des TÜV SÜD nach DIN EN ISO 9001:2008[55] oder das Zertifikat des Audits *berufundfamilie*[56]. Darüber hinaus lässt sich die Bank in Konkurrenz zu anderen Unternehmen von externen Einrichtungen bewerten, wie zum Beispiel durch die Initiative *Fair Company* des Wirtschaftsmagazins *Karriere*.[57]

Beständig versucht das Kreditinstitut aber auch hausintern den Stand der Unternehmensethik zu eruieren und zu verbessern. Dafür werden jährlich Mitarbeiterbefragungen durchgeführt, teils als offene Befragung via Intranet. Eine der letzten Befragungen ergab beispielsweise unter anderem, dass der gesamte Themenbereich der Führungskultur weiter verbessert werden sollte.[58] In einer Konferenz der obersten Führungskräfte wurde deshalb überlegt

---

50 *TeamBank Kundenbeirat.*
51 Alle Zitate des Satzes aus *TeamBank Kundenbeirat.*
52 Zur Bedeutung von Kommunikation und Diskurs vgl. auch den Ansatz von P. ULRICH in 3.2. Er geht davon aus, dass im öffentlichen Dialog mit allen Stakeholder-Gruppen die Integrität eines Unternehmens gegenüber allen Beteiligten und im Licht einer kritischen Öffentlichkeit zur Disposition gestellt beziehungsweise begründet werde. So ist der Dialog der Ort, an dem ethische Regeln und Leitlinien erkundet werden.
53 Allerdings sei hier kritisch angemerkt, dass das Thema der Unternehmensethik kein zwingender Bestandteil der Beiratstagungen ist.
54 Vgl. *TeamBank Auszeichnungen und Zertifikate.*
55 Nähere Informationen zum Audit finden sich im Internet unter *TÜV Süd Informationen ISO 9001.*
56 Nähere Informationen zum Audit finden sich im Internet unter *Audit berufundfamilie.*
57 Nähere Informationen über die Initiative finden sich im Internet unter: *Initiative Fair Company.*
58 Vgl. A.1.

und beschlossen, dass zukünftig jede Führungskraft mit allen ihren Mitarbeitern quartalsweise explizite Mitarbeiter- beziehungsweise Feedbackgespräche führen muss. Darüber hinaus sollte jeder Vorgesetzte vier Führungsversprechen bezüglich des eigenen Verhaltens geben können: Fairness, Entwicklung, Verantwortung und Orientierung. Dieser Prozess wurde vom Kreditinstitut 2012 begonnen und stellt aktuell einen der Entwicklungspunkte im Bereich der Unternehmensethik dar.

4.2.3 Impulse

Obwohl aktuell bei der TeamBank AG weitere Entwicklungen im Bereich der Unternehmensethik gemacht werden oder geplant sind, so können doch auch die bereits implementierten und gelebten Werte und Strukturen einige Impulse für eine christliche Ethik geschöpflichen Lebens geben.

Dazu gehört zum einen der Aspekt der Fairness, der in der Unternehmenskultur der Bank seit ihrer Firmierung als TeamBank AG eine zentrale Rolle spielt. Insbesondere in der expliziten Verantwortung für ihre Kunden wie Nicht-Kunden und in der Berücksichtigung der Bedürfnisse, Möglichkeiten und Grenzen wird der Gedanke von einem fairen Miteinander deutlich.[59]

Ursprünglich stammen die Begriffe „fair" und „Fairness" aber nicht aus dem Finanzgeschäft, sondern aus der Sprache des Sports. Sie bezeichnen die Einhaltung von bestimmten Spielregeln und können unter anderem als Synonym für „anständig" beziehungsweise „Anstand" verwendet werden.[60] In jüngerer Zeit hat vor allem der amerikanische Philosoph John RAWLS den Fairness-Begriff entscheidend geprägt. Im Zusammenhang seiner Gerechtigkeitstheorie, die eine Theorie der Verfahrensgerechtigkeit ist, soll mittels fairen Verhaltens und fairer Voraussetzungen das Ziel gesellschaftlicher Gerechtigkeit erreicht werden.[61] Wichtig ist an dieser Stelle insbesondere seine Feststellung des sogenannten Differenzprinzips, wonach „[s]oziale und ökonomische Ungleichheiten (...) den am wenigsten begünstigten Angehörigen der Gesellschaft den größten Vorteil bringen"[62] müssen. Nur dann und insoweit sind diese gerechtfertigt. Das Prinzip der Fairness muss also im Anschluss an RAWLS stets den größtmöglichen Vorteil für den Schwächsten im Blick haben.[63]

---

[59] Vgl. beispielsweise Leitsatz 7 des Unternehmens: „Wir sind fair (wir fragen, handeln und helfen)." oder die fünf „Fairness-Pluspunkte". Vgl. dazu oben 4.2.2.2.

[60] Ein kurzer zusammenfassender Überblick zur etymologischen Herkunft des Begriffs sowie seiner Verwendung im Alltag findet sich beispielsweise bei STUDER (2005), S. 9-12.

[61] Er stellt sich im Grunde die Frage, wie in einer gleichen und fairen Ausgangssituation freie und vernünftige Menschen eine gerechte Grundstruktur der Gesellschaft gestalten können. Vgl. grundlegend RAWLS (1975). In RAWLS (2003) findet sich der weiterentwickelte Stand seiner Theorie.

[62] Ders. (2003), §13, S. 78. Damit widerspricht er dem Nutzenprinzip des Utilitarismus. RAWLS geht allerdings so weit, auch die Verteilung der natürlichen Begabungen als solche sozialen Ungleichheiten zu verstehen.

[63] So auch H. G. ULRICH. Gerechtigkeit im Sinne von Fairness meint für ihn, „wenn einer im gemeinsamen Spiel einen Vorteil hat, dann soll der Schwächste im Spiel zugleich den größtmöglichen Vorteil haben." (ULRICH (2010b), S. 184).

Eine so verstandene Gerechtigkeit, die immer auch den Schwächsten im Blick hat, zielt auf mehr als nur Teilhabe oder Beteiligung.[64] Im Sinne eines christlichen Ethos fragt Fairness danach, wie auch der schwächste Mensch Geschöpf bleiben und als solches leben kann. So müssen sich also auch Unternehmen immer wieder fragen, wie sie sich „ihren" Schwächsten, so zum Beispiel Zulieferbetrieben aus Dritte-Welt-Ländern oder Leiharbeitern, gegenüber verhalten. Der faire Umgang mit ihnen ist im Unternehmensalltag immer wieder neu zu erproben. Deutlich wird dies am Beispiel von zahlungsunfähigen Kunden bei der TeamBankAG. Wie oben bereits festgehalten, bietet das Kreditinstitut in Situationen, in denen Kunden ihre Raten nicht zurückzahlen können, verschiedene Vorsorgemaßnahmen und Hilfestellungen an. Nicht zuletzt zählt dazu auch das Engagement in der Stiftung für private Überschuldungsprävention. Im Sinne LUTHERs kann hier wohl davon gesprochen werden, dass das Handeln der TeamBank den Prinzipien der Nächstenliebe und Billigkeit entspricht.[65] Profit und Zins werden der Frage nach Gerechtigkeit untergeordnet. Dennoch darf natürlich nicht vergessen werden, dass die Bank durch die Kreditvergabe auch Gewinn erwirtschaften möchte.[66]

All diese Aspekte sind jedoch stets als Teil der Idee vom ehrbaren Kaufmann zu verstehen, die die TeamBank AG als zentrales Leitbild verwendet. Damit knüpft sie an das mittelalterliche Kaufmannsrecht von Treu und Glauben an.[67] Damals „entwickelten sich unter dem Einfluss von Kaufmannsgilden spezielle Verhaltensnormen, welche den Charakter von freiwilligen Selbstbindungen besaßen".[68] Die Einhaltung dieser Regeln, wie beispielsweise Integrität, Anstand oder Fairness, konnte einen Kaufmann zu einem angesehenen und verlässlichen Geschäftspartner machen. „Insofern lässt sich formulieren, dass die Ehre des Kaufmanns für selbigen eng mit seinem wirtschaftlichen Erfolg verflochten war und damit einen zentralen Vermögenswert darstellte."[69] Dies versucht die TeamBank AG aufzugreifen, indem sie die mittelalterliche Idee vom ehrbaren Kaufmann zur Leitidee ihre Unternehmensethik macht.

Allerdings weisen Thomas BESCHORNER und Thomas HAJDUK zu Recht darauf hin, dass das Leitbild des ehrbaren Kaufmanns um verschiedene Perspektiven erweitert werden muss, um heute noch tragfähig zu sein.[70] Aus ihrer

---

[64] Zur Teilhabegerechtigkeit vgl. insbesondere 2.4.2.

[65] Vgl. 2.2.3.2 und 2.2.3.4.

[66] Vgl. zu LUTHERs Aussagen zu Geld und Finanzen 2.2.3.5.

[67] Vgl. KLINK (2008), S. 62f. Ausführlich erörtert er die geschichtlichen Ursprünge des ehrbaren Kaufmanns bereits in KLINK (2007), S. 13ff.

[68] LIN-HI (2010), S. 9.

[69] Ders. (2010), S. 10.

[70] Vgl. BESCHORNER/HAJDUK (2011) und BESCHORNER/HAJDUK (2012). Damit widersprechen sie Daniel KLINK, der davon überzeugt ist, „dass sich der ehrbare Kaufmann seit dem Mittelalter kaum geändert hat. (...) Der Begriff eignet sich als übergeordneter Titel eines kulturellen Leitbildes für individuelles Verhalten mit zeitgemäßem Inhalt". (KLINK (2007), S. 57.) Er vertritt darüber hinaus die These, „dass Kaufleute keiner gesonderten Ethik oder speziell entwickelter Ethik- oder Verhaltenskodizes bedürfen: der Ehrbare Kaufmann als Leitbild der Betriebswirtschaftslehre handelt ethisch." (KLINK (2008), S. 58.) Damit wird allerdings die menschliche Existenz den

Sicht sind „wenigstens vier Elemente für ein weitergehendes Verständnis des ehrbaren Kaufmanns hin zu einer umfassenderen Unternehmensverantwortung notwendig".[71] Dazu gehöre nicht nur die Ergänzung der Individualethik des ehrbaren Kaufmanns um institutionelle Regeln und Strukturen oder die durch den Pluralismus geforderten offenen Mittel der Wertebestimmung, wie beispielsweise den gesellschaftlichen Dialog darüber. Ebenso müssten die Werte aufgrund der zunehmenden Globalisierung eine überregionale Bedeutung haben. Darüber hinaus dürfe die Figur des heutigen Unternehmers nicht im Sinne eines braven Amtmanns verstanden werden, wie es das ursprüngliche Bild vom ehrbaren Kaufmann tue. Vielmehr bedürfe dieser stets auch der Kreativität und Innovation.

Wird das Leitbild vom ehrbaren Kaufmann in dieser Weise aktualisiert, fällt es nicht so leicht der Gefahr anheim, einzig der ethischen Legitimierung oder Verwirklichung ökonomischer Realitäten des Unternehmens zu dienen. Wie sich am Beispiel der TeamBankAG zeigt, bleibt ehrenvolles Verhalten damit nicht nur eine wichtige Möglichkeit, das eigene Vermögen zu steigern. Vielmehr wird die Idee des ehrbaren Kaufmanns zum zentralen und fest verankerten Element in einer kreativ gelebten Unternehmenskultur. Deutlich wird dies nicht zuletzt am Modell von EasyTown oder dem Kundenbeirat als Plattform eines offenen Dialogs, der die Wertediskussion auf eine breite Basis stellt. Als Oberbegriff für verschiedene Werte wie Anstand, Ehrlichkeit oder Fairness kann das Leitbild vom ehrbaren Kaufmann also bei der Suche danach, wie menschliches Leben im Kontext unternehmerischen Handelns als geschöpfliches erscheinen kann, durchaus weiterhelfen.[72]

4.3   Diehl Stiftung & Co. KG

4.3.1   Über das Unternehmen

Das als Diehl Stiftung & Co. KG firmierende Unternehmen kann bereits auf eine über 100jährige Geschichte zurückblicken.[73] Gegründet wurde es ursprünglich als kleine Kunstgießerei im September 1902 von Heinrich DIEHL und seiner Frau Margarete in Nürnberg. Nach und nach entwickelte sich die Kunstgießerei zu einem namhaften Industriebetrieb, der durch An- und Verkauf anderer Firmen beziehungsweise Firmenanteile und dem Ausbau der eigenen Produktionsstätten bis zum heutigen Tag stets weiter wuchs. So hat

---

ökonomischen Realitäten unterworfen, denn die kritische Kraft der Ethik fehlt. Die mit dem ehrbaren Kaufmann verbundenen Werte dienen dazu die ökonomischen Ziele „gut" zu erreichen.

71   BESCHORNER/HAJDUK (2012), S. 5, rechte Spalte.

72   So erinnert auch die Denkschrift *Unternehmerisches Handeln in evangelischer Perspektive* an die christlichen Werte eines ehrbaren Kaufmanns. Vgl. 2.4.3.1.

73   Eine ausführliche Darstellung der Unternehmensgeschichte und ihrer Besitzer findet sich auf der Internetseite des Unternehmens (vgl. *Diehl Tradition und Geschichte*) und in SCHÖLLGEN (2002). Das Buch entstand anlässlich des 100jährigen Firmenjubiläums.

sich der Mischkonzern der Metall- und Elektroindustrie[74] im Laufe der Zeit zu einem weltweit agierenden Unternehmen mit rund 14.000 Mitarbeitern und 2,8 Milliarden Euro Umsatz bei einem Jahresüberschuss von 30,2 Millionen Euro entwickelt.[75]

Die Diehl Stiftung & Co. KG ist heute in fünf Teilkonzerne aufgegliedert, die Bereiche Metall[76], Controlls[77], Aerosystems[78], Metering[79] und Defence[80]. Deren Produktpaletten sind entsprechend vielfältig und reichen von Synchronringen und Messingstangen über Hausgerätesteuerungen, die Innenausstattung von Flugzeugkabinen sowie Wassermesstechnik bis hin zu Verteidigungs- und Sicherheitssystemen für militärische Zwecke.[81]

Doch trotz einer wechselvollen Geschichte und zahlreicher Umstrukturierungen ist das Unternehmen bis zum heutigen Tag und ohne Unterbrechung bereits in dritter Generation vollständig in Familienbesitz. Nach dem überraschenden Tod Heinrich DIEHLs 1938 übernahm für mehrere Jahrzehnte dessen einziges Kind Karl DIEHL mit patriarchischem Führungsstil die Leitung des Unternehmens.[82] Erst nach über fünf Jahrzehnten zog er sich offiziell aus dem operativen Geschäft zurück und trat 2002 schließlich auch als Aufsichtsratsvorsitzender zurück. Heute geben seine drei Söhne Werner, Peter und Thomas im Vorstand beziehungsweise Aufsichtsrat der Firma die Richtung vor.

Stammsitz der Diehlgruppe ist entsprechend der langjährigen Familientradition nach wie vor die mittelfränkische Stadt Nürnberg.

4.3.2 Unternehmensethik in der Mitteilung und Erprobung

4.3.2.1 *Wurzeln*

Insgesamt ist der gesamte Bereich der Unternehmensethik in der Diehl Stiftung & Co. KG ein mit der Unternehmensgeschichte gewachsener Prozess,

---

[74] Entsprechend ist die Industriegewerkschaft Metall (IG Metall) der Gesprächspartner, wenn es um Fragen der Arbeitnehmervertretung geht.

[75] Stand 2012. Vgl. *Diehl Kennzahlen*.

[76] Vgl. *Diehl Metall*.

[77] Vgl. *Diehl Controls*.

[78] Vgl. *Diehl Aerosystems*.

[79] Vgl. *Diehl Metering*.

[80] Vgl. *Diehl Defence*.

[81] Gerade die Produktion von Rüstungsgütern, wie z. B. Waffen, steht häufig im Fokus ethischer Diskussionen. Vgl. zur theologischen Diskussion um eine Friedensethik z. B. die Aufsätze in JUSTENHOVEN/ARAUJO (2012) oder WERKNER/LIEDHEGENER (2009).

Damit erhält die Unternehmensethik von Diehl eine besondere Brisanz im Vergleich zu anderen Firmen, deren Produkte an sich allgemein hin als nicht-ethisch-fragwürdig gelten, wie beispielsweise von PUMA. Vgl. 4.4.

Bei der späteren Analyse der Unternehmensethik der Diehl-Stiftung in ihrer Mitteilung und Erprobung werden die Quellen entsprechend auch danach zu befragen sein, inwiefern sich dieses ethische Konfliktthema darin niederschlägt.

[82] Vgl. SCHÖLLGEN (2002), S. 60; 290; 316.

ohne dass er jedoch lange Zeit als solcher explizit benannt worden wäre. So übernahm Karl DIEHL bereits kurz nach Ende des Zweiten Weltkriegs soziale Verantwortung für seine Mitarbeiter und gründete anlässlich des 50jährigen Firmenjubiläums den „Heinrich-Diehl-Gedächtnisfond". Im Angedenken an den Firmengründer wurde damit eine freiwillige betriebliche Altersversorgung etabliert, die bis zum heutigen Tag aufrechterhalten wird.[83] Zu seinem 80. Geburtstag rief Karl DIEHL 1987 darüber hinaus die „Karl-Diehl-Stiftung für Menschen in Not in Nürnberg und Umgebung" ins Leben. Diese dient, wie der Name bereits ausdrückt, nach wie vor der finanziellen Unterstützung von unverschuldet in Not geratenen Diehl-Mitarbeitern oder ehemaligen Beschäftigten beziehungsweise deren Angehörigen. „Darüber hinaus können auch bedürftige Mitbürger aus dem Stadtgebiet Nürnberg und dem Landkreis Nürnberger Land Unterstützung in besonders begründeten Fällen erfahren."[84] Als dritte große Stiftung gründete schließlich 2008 der älteste Sohn Karl DIEHLS, Werner DIEHL, im Gedenken an seine Mutter die „Irmgard Diehl Kinderstiftung". „Sie will Kinder unterstützen, die aus einem schwierigen familiären Umfeld kommen, die Missbrauchs- oder Gewalterfahrungen machen mussten oder an einer schweren Krankheit oder Behinderung leiden."[85]

Neben diesen sozialen Projekten haben auch die mäzenatischen Tätigkeiten der Familie und der Firma bereits eine lange Tradition. So erfährt beispielsweise der Verein der Nürnberger Altstadtfreunde[86] bis heute immer wieder Unterstützung durch Diehl bei der Erhaltung und Restaurierung historischer Gebäude der Nürnberger Altstadt.[87]

Eine konkrete und bewusste Auseinandersetzung mit dem Themenkomplex der Unternehmensethik fand jedoch erst in jüngster Zeit statt. Aufgerüttelt durch die sogenannte Schmiergeldaffäre des Siemenskonzerns, die seit Ende 2006 zunehmend publik geworden war,[88] wurden im Vorstand und Aufsichtsrat von Diehl die Bedeutung von Compliance und Unternehmensethik erkannt. Nicht nur, aber auch als Reaktion darauf wurden im Diehl-Konzern alle unternehmensethischen Richtlinien noch einmal systematisch überprüft, überarbeitet und als fester Bestandteil in den für alle Mitarbeiter geltenden Konzernvorgaben implementiert.[89]

4.3.2.2   Allgemeine Geschäftsgrundsätze

Als Ergebnis dessen stehen heute bei der Diehl Stiftung & Co. KG nicht mehr nur verschiedene Projekte der Corporate Citizenship oder der Corporate Social Responsibility im Mittelpunkt. Als Selbstverpflichtung unterstellt sie ihr

---

[83]   Vgl. Ders. (2002), S. 144.

[84]   *Diehl Nachhaltigkeit: Soziale Projekte.*

[85]   *Diehl Nachhaltigkeit: Soziale Projekte.*

[86]   Nähere Informationen über den Verein finden sich beispielsweise im Internet unter *Altstadtfreunde Nürnberg e. V.*

[87]   Vgl. *Diehl Nachhaltigkeit: Mäzenatisches.*

[88]   Vgl. dazu z. B. *1,5 Milliarden Euro bei Siemens im Dunkeln. Manager magazin online vom 21.09.2007.*

[89]   Vgl. A.2.

gesamtes Wirtschaften gewissen Corporate Compliance-Richtlinien, den sogenannten Allgemeinen Geschäftsgrundsätzen,[90] die unumstößlich und ausnahmslos von allen Mitarbeitern eingehalten werden müssen.[91]

Darin wird zum einen die Legalität, die „Übereinstimmung mit den Gesetzen und behördlichen Regeln"[92], von wirtschaftlichen Interaktionen betont. Dementsprechend „untersagt [Diehl] jede Art von Bestechung"[93] sowie unlauteren Wettbewerb und Verstöße gegen geltendes Kartellrecht in seinen gesamten Geschäftspraktiken. Stattdessen sollen alle Aktionen mit „fairen und legalen Mitteln"[94] vonstatten gehen und von „Integrität"[95], „Transparenz"[96], Redlichkeit und Korrektheit[97] geprägt sein.[98]

Was den zwischenmenschlichen Bereich des wirtschaftlichen Handelns angeht, so liegt hier der Fokus vor allem auf den äußeren Faktoren. In den Abschnitten zwei und drei der Allgemeinen Geschäftsgrundsätze[99] werden Regelungen zur Arbeitssicherheit, zur Arbeitszeit und zur Entlohnung festgehalten und das Verbot von Kinder- wie Zwangsarbeit betont. Auch auf gegenseitigen Respekt und ein Verbot von Diskriminierung wird hier noch explizit hingewiesen. Der darüber hinaus gehende zwischenmenschliche Umgang im Betrieb wird vom Text jedoch weitgehend ausgespart.

Aussagen zum Miteinander finden sich lediglich an anderer Stelle auf der Homepage des Unternehmens, nämlich im Kontext der Mitarbeitergewinnung. Hier wird allgemein betont, dass im Familienunternehmen Diehl „der Mensch im Mittelpunkt steht"[100] und ganz besonders das „Vertrauen in den Menschen zählt".[101] Dementsprechend vertritt die Diehlgruppe eine Kultur des Miteinanders, die denselben Werten unterliegt, wie ihre Geschäftsaktivitäten, nämlich der „Transparenz, Integrität und Fairness".[102] Darüber hinaus zeichnet sie mit ihrer Rede vom „Menschen mit Potenzial"[103] ein positives Menschenbild, das die Fähigkeiten betont und nicht die Defizite. Anerkennung gehöre deshalb genauso zum Miteinander wie die Eigenverantwortung des Einzelnen.[104]

---

90 Vgl. *Diehl Corporate Compliance.*
91 Vgl. *Diehl Corporate Compliance*, Vorbemerkung; Abschnitt 5.
92 *Diehl Corporate Compliance*, Vorbemerkung.
93 *Diehl Corporate Compliance*, Abschnitt 1.1.
94 *Diehl Corporate Compliance*, Abschnitt 1.3. Zur Fairness-Gerechtigkeit vgl. 4.2.3.
95 *Diehl Corporate Compliance*, Abschnitt 1. Die besondere Bedeutung der Integrität hebt auch P. ULRICH in seinem wirtschaftswissenschaftlichen Ansatz hervor. Für ihn solle ein Unternehmen zur Sicherung seiner Existenz und seines Erfolgs innerhalb der ordnungspolitischen Rahmenbedingungen ausschließlich integer arbeiten. Damit wird Integrität zur Basisnorm aller unternehmerischen Entscheidungen, die wiederum auf Lebensdienlichkeit abzielen. Vgl. dazu 3.2.2.2.
96 *Diehl Corporate Compliance*, Abschnitt 1.3.
97 Vgl. *Diehl Corporate Compliance*, Abschnitt 1.5.
98 Eine nähere Erläuterung oder Konkretisierung der einzelnen Begriffe fehlt allerdings.
99 Vgl. *Diehl Corporate Compliance*, Abschnitt 2.1–2.3; Abschnitt 3.1–3.4.
100 *Diehl Menschen und Karriere: Einsteigen.*
101 *Diehl Menschen und Karriere: Arbeiten.*
102 *Diehl Menschen und Karriere: Arbeiten.*
103 *Diehl Menschen und Karriere: Weiterentwickeln.*
104 Vgl. *Diehl Menschen und Karriere: Arbeiten.*

Neben den wirtschaftlichen Interaktionen und zwischenmenschlichen Beziehungen geht das Unternehmen in seinen Allgemeinen Geschäftsgrundsätzen auch explizit auf den Besitz von Eigentum als geistigem Eigentum ein. „Ein bedeutender Vermögenswert von Diehl ist sein geistiges Eigentum"[105], das es verantwortungsvoll zu nutzen, zu schützen und gegebenenfalls auch zu verteidigen gilt.

Der Themenkomplex des Umweltschutzes wird in den Richtlinien ebenfalls hervorgehoben. So sind über die Einhaltung der Gesetze hinaus die „Umweltbelastungen (...) zu minimieren und der Umweltschutz kontinuierlich zu verbessern".[106]

Was im Text hingegen nicht explizit aufgegriffen wird, sind die Produktion und der Handel von Rüstungsgütern. Wie oben bereits angemerkt,[107] stehen insbesondere diese Produkte häufig im Fokus ethischer Diskussionen. Doch weder in den Allgemeinen Geschäftsgrundsätzen noch an anderer Stelle setzt sich die Diehl Stiftung offiziell aus ethischer Perspektive damit auseinander. Stattdessen verweist sie für ihr Wirtschaften in allen Bereichen auf den Maßstab der Legalität, so auch für ihren Teilkonzern Defence.[108] Für die ethische Auseinandersetzung mit dem Thema Rüstung wird letztlich also nur auf die besonderen staatlichen Vorgaben und Sicherheitsvorschriften verwiesen und das wirtschaftliche Handeln in diesem Bereich von dort her legitimiert.

4.3.2.3 Leitbild

Das Leitbild der Diehl Stiftung & Co. KG betont insgesamt verschiedene Qualitätsmerkmale des Unternehmens. So ist darin beispielsweise festgehalten, dass „Solidität und Nachhaltigkeit oberstes Ziel allen Handelns"[109] sind, ohne allerdings diese beiden Aspekte hier konkreter auszuführen.[110]

Darüber hinaus wird im Leitbild darauf hingewiesen, dass entsprechend der implementierten Compliance Organisation „die Geschäftsaktivitäten aller Mitarbeiter durch ein hohes Maß an Transparenz, Integrität und Fairness gekennzeichnet sind".[111] Mit dieser Formulierung wird das Verhalten der Mitarbeiter auf ein hohes, aber kein absolut ethisches Verhalten festgelegt und somit letztlich relativiert.[112] Es impliziert, dass ein lückenlos korrektes, menschliches Handeln nicht möglich ist. Vielmehr müssen Dilemmasituationen,[113] in denen Entscheidungen ethisch fragwürdig bleiben, genauso als real

---

[105] *Diehl Corporate Compliance*, Abschnitt 1.6.

[106] *Diehl Corporate Compliance*, Abschnitt 4.

[107] Vgl. 81.

[108] Vgl. *Diehl Corporate Compliance*, Vorbemerkung; Abschnitt 1.3.

[109] *Diehl Nachhaltigkeit*.

[110] Zur Nachhaltigkeit bei Diehl vgl. 4.3.2.4. Zum Thema Nachhaltigkeit allgemein vgl. auch 4.4.3.

[111] *Diehl Nachhaltigkeit*.

[112] In den Allgemeinen Geschäftsgrundsätzen ist diese Relativierung nicht enthalten. Hier ist ganz allgemein davon die Rede, dass „Diehl (...) auf Integrität und Fairness bei allen Geschäftsaktivitäten" (*Diehl Corporate Compliance*, Abschnitt 1) setzt.

[113] Zur Problematik von Dilemmasituationen vgl. auch die Überlegungen in 3.1.1.4.

angenommen werden, wie Momente des Scheiterns oder gar des absichtlichen Fehlverhaltens aufgrund eigener Vorteilsnahme.

Neben diesen unterschiedlichen explizit ethischen Aspekten tritt in den Formulierungen des Leitbildes ein Merkmal der Firma besonders deutlich hervor: Es ist die Bedeutung der Familie DIEHL und der mit ihr verbundenen Unternehmenstradition. So wird gleich in den ersten beiden Sätzen festgehalten: „Diehl ist ein finanziell unabhängiges und rechtlich eigenständiges Familienunternehmen", dessen Erfolg vor allem „auf den Erfahrungen einer langen Tradition" beruhe.[114] Diese Grundgegebenheit hat entscheidende (implizite wie explizite) Konsequenzen für das gesamte Unternehmen und seine Mitarbeiter, denn sie begründet ein besonderes Beziehungsverhältnis zwischen den jeweiligen Akteuren.[115] So ist das Unternehmen beispielsweise „[b]esonders stolz (...) auf die hohe Motivation seiner Mitarbeiter und ihre beeindruckende Loyalität, die sich auch in einer überdurchschnittlichen Betriebstreue ausdrückt".[116] Umgekehrt bekennt sich die Firma Diehl zur „besonderen Verantwortung für die Arbeitsplätze in Deutschland".[117] Und auch auf die Außenkontakte des Konzerns hat die Familientradition Einfluss. Dementsprechend wird im Leitbild nicht nur die Qualität der Produkte betont, sondern explizit festgehalten, dass das Unternehmen seine „Kunden auch durch ein auf Kontinuität angelegtes partnerschaftliches Zusammenwirken"[118] überzeugt. Ebenso sind die Projekte aus den Bereichen der Corporate Citizenship und Corporate Social Responsibility, also die mäzenatische Tätigkeit sowie die drei Stiftungen der Firma, aufs Engste mit der Familie DIEHL verwoben. Sie tragen nicht nur den Namen einzelner Familienmitglieder oder wurden von ihnen gegründet, sondern werden nach wie vor in besonderer Weise durch die Familie unterstützt.[119] An alledem wird deutlich, dass die Familientradition des Unternehmens nicht nur ein besonderes Beziehungsverhältnis zwischen den Akteuren begründet, sondern auch für dessen Realisierung und Wertefundament, also die gesamte Unternehmensethik, entscheidend ist.[120]

---

[114] *Diehl Nachhaltigkeit.*

[115] Dies erkennt auch Gregor SCHÖLLGEN: „Diehl [ist] ein Familienunternehmen im doppelten Sinne des Wortes — geführt von einer Familie und selbst eine Familie." (SCHÖLLGEN (2002), S. 320.)

[116] *Diehl Nachhaltigkeit.*

[117] *Diehl Nachhaltigkeit.* Weshalb hier die Einschränkung auf die Arbeitsplätze in Deutschland gemacht wird, bleibt offen. Zwar ist dies aufgrund der Heimatverbundenheit des Unternehmens nachvollziehbar, es kann allerdings auch kritisch hinterfragt werden, weshalb Arbeitsplätze in Deutschland scheinbar mehr Wert sind also an den anderen Standorten und welche Konsequenzen dies für die Mitarbeiter in den anderen Ländern gegebenenfalls hat.

[118] *Diehl Nachhaltigkeit.*

[119] Vgl. *Diehl Nachhaltigkeit: Mäzenatisches* und *Diehl Nachhaltigkeit: Soziale Projekte.* Vgl. dazu auch oben 4.3.2.1.

[120] „Diehl ist ein Familienunternehmen mit Konzernstruktur, das seine Kraft und Werte aus einer mehr als 100-jährigen Tradition bezieht." (*Diehl Menschen und Karriere: Arbeiten.*) Vgl. dazu 4.3.3.

4.3.2.4 Nachhaltigkeit

Wie direkt auf der Startseite des Internetauftritts der Diehl Stiftung zu erkennen ist, begründet diese Tradition aber gleichzeitig auch den Ausblick in die Zukunft des Unternehmens: „Aus Tradition: Zukunft!"[121] Dementsprechend legt die Firma, wie sie in ihrem Leitbild festhält,[122] Wert auf verschiedene Projekte der Nachhaltigkeit.[123] Neben den bereits genannten Bereichen der Corporate Citizenship und sozialen Verantwortung sind es vor allem Umweltthemen[124] und der Aspekt der Elektromobilität[125], die hier vorangebracht werden sollen. So wird in diesem Zusammenhang auf exemplarische Maßnahmen der einzelnen Standorte hingewiesen, die zu einer konkreten Senkung von Strom- oder Wasserverbrauch führten. „[F]ür weitere Entwicklungen und neue Produkte im Feld der alternativen Energieversorgungskonzepte"[126] sieht Diehl seinen Beitrag vor allem durch seine breite Palette an Produkten und deren Kooperationsmöglichkeiten im Bereich der Elektromobilität gegeben. Hierzu gehört beispielsweise die Entwicklung und Fertigung von Metall-Kunststoff-Verbundsystemen.

4.3.2.5 Implementierung

All diese Projekte und Maßnahmen, seien es Umweltthemen und Elektromobilität, Mäzenatisches oder Soziales wie auch Leitbild und Allgemeine Geschäftsgrundsätze, geben bereits Zeugnis von den Implementierungsversuchen einer Unternehmensethik im Betriebsalltag. Hier geht es nicht nur um Mitteilung, sondern immer auch schon um Erkundung und Erprobung des Ethos.

„Zur Verankerung von Compliance in der Diehl-Gruppe und zur Durchsetzung der ‚Allgemeinen Geschäftsgrundsätze des Diehl-Konzerns' haben Vorstand und Aufsichtsrat eine Compliance Organisation ins Leben gerufen."[127] Diese wird durch den konzernweiten Corporate Compliance Officer geleitet, der Ansprechpartner für Fragen und Probleme in diesem Themenbereich ist. „Die Compliance Organisation bei Diehl wird zudem durch einen neutralen, zu strikter Vertraulichkeit verpflichteten, externen Ombudsmann (...) ergänzt. An den Ombudsmann als neutrale Stelle können sich Diehl Mitarbeiter und Dritte vertrauensvoll wenden, wenn sie unkorrekte Geschäftspraktiken in Unternehmen der Diehl-Gruppe beobachtet haben."[128] Auf diese Weise erhält die Ethik im Unternehmen ein konkretes Gesicht und die Verantwortung

---

[121] *Diehl.*
[122] Vgl. dazu oben 4.3.2.3.
[123] Zur Nachhaltigkeitsthematik vgl. insbesondere auch 4.4.3.
[124] Vgl. *Diehl Nachhaltigkeit: Umwelt.* Unter dem Begriff der Umwelt werden hier die natürlichen Ressourcen der Erde verstanden. Ein umfassenderes Verständnis der (Um-)Welt als Schöpfung Gottes ist nicht zu erkennen. Zur Schöpfung aus biblischer Perspektive vgl. 2.1.1.
[125] Vgl. *Diehl Nachhaltigkeit: Elektromobilität.*
[126] *Diehl Nachhaltigkeit: Elektromobilität.*
[127] *Diehl Corporate Compliance,* Abschnitt Organisation.
[128] *Diehl Corporate Compliance,* Abschnitt Organisation.

des einzelnen Mitarbeiters oder Kunden wird in eine personale Beziehung gestellt. Dies geschieht auch durch das verankerte Compliance Committee. Dieses Komitee berät in Konfliktfällen und besteht aus dem Corporate Compliance Officer, der Leitung der Rechtsabteilung, der Leitung Revision sowie dem Personal- und dem Finanzvorstand.[129] Unterstützt wird es insbesondere durch die weltweite Compliance Organisation.[130] Dazu gehören beispielsweise die Compliance-Beauftragten, Mitarbeiter, die in den einzelnen Werken gut vernetzt sind und auf diese Weise als Multiplikatoren dienen. Sie können für das Thema Unternehmensethik und Compliance vor Ort sensibilisieren und geben gleichzeitig einmal pro Quartal Rückmeldung an den Corporate Compliance Officer.[131]

Diese Betonung des kommunikativen Aspekts setzt sich auch in anderen Implementierungsmaßnahmen von Diehl fort.[132] So liegt beispielsweise ein zentraler Bestandteil des Ethikmanagements in den persönlichen Besuchen der einzelnen Standorte durch den Corporate Compliance Officer. Darüber hinaus gibt es Rundschreiben von ihm in der jeweiligen Landessprache, sowie Schulungen, Führungskräftetagungen oder Artikel in der Konzern-Zeitung zum Thema Unternehmensethik. Ziel soll sein, die positive Verantwortung der Mitarbeiter, ihre Vorbildfunktion, anzusprechen und Multiplikatoren zu gewinnen. Allerdings stellt dies ein weltweit agierendes Unternehmen wie Diehl vor die Herausforderung, stets mit unterschiedlichen kulturellen Gepflogenheiten und Werten konfrontiert zu werden.[133] Dem versucht das Unternehmen durch adäquate Formen der Kommunikation und Implementierung zu begegnen. Allerdings können die unterschiedlichen Wertvorstellungen in letzter Konsequenz auch dazu führen, dass mögliche Geschäfte ausgeschlagen werden. Sofern sie den ethischen Grundsätzen des Konzerns widersprechen, dürfen sie nicht realisiert werden, da die Allgemeinen Geschäftsgrundsätze des Diehl-Konzerns „von allen Mitarbeitern auf allen hierarchischen Ebenen ausnahmslos einzuhalten"[134] sind.

Dabei steht aber nicht nur die Achtung der ethischen Werte im Vordergrund, sondern vor allem auch der untadelige Ruf des Namens „Diehl". Dieser ist Marken- oder Firmenname, vor allem aber zugleich auch Familienname, dessen Reputation es uneingeschränkt zu schützen gilt.[135] So wird also

---

[129] Vgl. A.2.
[130] Vgl. *Diehl Corporate Compliance*, Abschnitt 5.
[131] Vgl. A.2.
[132] Vgl. A.2.
[133] Gehören beispielsweise großzügige Geschenke im arabischen Sprachraum nach wie vor „zum guten Ton", unterliegen sie heute in Deutschland in der Regel dem Vorwurf der Bestechlichkeit und sind als unredliche Geschäftspraxis abzulehnen.

In einem Land des ehemaligen Ostblocks wurde im Unternehmen zudem die Erfahrung gemacht, dass Briefe mit der Bitte um Meldung von Compliance-Verstößen mit äußerster Skepsis aufgenommen wurden. Erinnern sie die Menschen dort doch sehr an ehemalige Staatssicherheitssysteme und Bespitzelungen. Hier müssen also andere Wege der Implementierung gefunden werden.

[134] *Diehl Corporate Compliance*, Vorbemerkung.
[135] Vgl. A.2.

auch hier die besondere Bedeutung und untrennbare Verbindung von Unternehmen und Familie erneut deutlich. Unternehmensethik gewinnt durch die Familie eine konkrete Gestalt und wird deshalb für die Firma und ihre Mitarbeiter zu einer „persönlichen" Angelegenheit.

4.3.2.6 Controlling

Nicht zuletzt deshalb bedient sich der Konzern verschiedener Mechanismen, die helfen sollen, ethisches Fehlverhalten zu vermeiden. So gibt es neben der gesetzlichen Überprüfung der Compliance-Standards durch unabhängige Wirtschaftsprüfer standardmäßig eine freiwillige Revision im Haus.

Auch zukünftige Geschäftspartner werden vorab einer eingehenden Prüfung durch den Corporate Compliance Officer unterzogen. Falls dieser Bedenken äußert, beziehungsweise einen potentiellen Geschäftspartner ablehnt, wird diese Entscheidung in festgelegter Reihenfolge zuerst im Compliance Committee, dann im Vorstand und bei den Gesellschaftern und schließlich im Aufsichtsrat behandelt und überdacht.[136]

Darüber hinaus werden alle Vorwürfe von unkorrektem beziehungsweise unethischem Verhalten einzeln und ohne Ausnahme durch den Corporate Compliance Officer überprüft und gegebenenfalls weitere rechtliche wie disziplinarische Schritte eingeleitet.[137]

4.3.3 Impulse

Die Unternehmensethik in ihrer Erprobung und Mitteilung im Hause der Diehl Stiftung & Co. KG, wie sie sich aktuell zeigt, soll laut eigenen Angaben noch immer weiter vorangebracht, bedacht und ausgebaut werden.[138] Dennoch kann sie bereits jetzt einige wichtige Impulse für eine christliche Ethik geschöpflichen Lebens geben.[139]

Ein besonderes Merkmal des Unternehmens ist seine jahrzehntelange Familientradition. „Diehl [ist] ein Familienunternehmen im doppelten Sinne des Wortes — geführt von einer Familie und selbst eine Familie", so formuliert Gregor SCHÖLLGEN pointiert.[140] Wie bereits oben angesprochen, hat dies Einfluss auf verschiedene Dimensionen des Firmenalltags und Konsequenzen für das wirtschaftliche Handeln der einzelnen Akteure, also auch für die Unternehmensethik des Konzerns.[141] Zum einen lebt die Eigentümerfamilie in und mit dem Unternehmen, zum anderen lebt das Unternehmen, also seine

---

[136] Jedoch kommt ein Veto zur Entscheidung des Corporate Compliance Officer (CCO) laut eigenen Angaben so gut wie nicht vor. Vgl. A.2.

[137] Vgl. *Diehl Corporate Compliance*, Abschnitt 5.

[138] Vgl. A.2.

[139] Dabei sollen im Folgenden die prägnanten und für das Unternehmen spezifischen Impulse aufgegriffen werden.

[140] SCHÖLLGEN (2002), S. 320. Zu den Grundzügen von Familienunternehmen vgl. z. B. KLEIN (2004) oder SCHLIPPE et al. (2009).

[141] Vgl. 4.3.2.3.

gesamten Stakeholder, mit der Familie DIEHL und ihrer Tradition. Die Unternehmerfamilie ist sozusagen die Personifizierung des Konzerns. Es kommt zu einem hohen Grad an Identifikation, Motivation und Verantwortung sowohl auf Seiten der Eigentümer als auch der Mitarbeiter.

Allerdings ist festzuhalten, dass diese Konstellation nicht zu einer Vermischung oder gar Synchronisierung der Lebenswirklichkeit Familie und der Lebenswirklichkeit Unternehmen sowie ihres je eigenen Ethos führen darf. Die Familie und ihr Ethos ist etwas spezifisch Existenzielles und damit nicht identisch auf andere Beziehungen übertragbar. „Die Lebensgestalt Familie kommt nicht zum Selbst des Menschen hinzu. Wir finden uns mit unserem Beginn schon in ihr vor"[142] und sind damit hineingestellt in eine Folge von Generationen. Dies bedeutet, dass Familie im Gegensatz zur Lebenswirklichkeit „Unternehmen" keine Wahl-Beziehung ist,[143] sondern auch in seiner leiblichen Dimension als unersetzbares Kennzeichen menschlicher Existenz zu verstehen ist.[144]

Dennoch können die Lebenswirklichkeit Familie und die Lebenswirklichkeit Unternehmen an einigen Punkten ihres je eigenen Ethos analog sein. Dort, wo die Akteure eines Unternehmens den anderen quasi als Familienmitglied verstehen, erfährt die gemeinsame Sorge für das Leben[145] als zentraler Aufgabe von Unternehmen einen neuen Begründungszusammenhang. Die Sorge für den Nächsten wird zur Sorge für den Bruder und geschieht damit aus existenzieller Verbundenheit. Dadurch wird der menschlichen Existenzform des geschöpflichen Lebens auf besondere Weise Rechnung getragen. Diese impliziert immer schon entsprechend der christlichen Rede von Gott als Vater die Gotteskindschaft des Menschen sowie die geschwisterliche Verbundenheit mit Jesus Christus und der Menschen untereinander im Glauben.

Fraglich ist nun, ob ein solches Ethos mit familiärer Prägung auch in anderen Unternehmen gelebt werden könnte, unabhängig von den Eigentümerverhältnissen und der Rechtsform einer Firma. Da beispielsweise bei einer Aktiengesellschaft die Bezugsgröße der Eigentümerfamilie fehlt und an ihrer statt verschiedene (austauschbare) Manager fungieren, wird dies in der Praxis sicherlich sehr viel schwerer fallen als in Familienunternehmen. Dennoch bleibt der Impuls der geschwisterlichen Verbundenheit auch dort als Forderung bestehen, stellt er doch einen zentralen Bestandteil einer Ethik geschöpflichen Lebens dar.

Ein weiterer Punkt, der in der Erprobung und Mitteilung der Unternehmensethik des Diehl-Konzerns auffällt, ist die Betonung der Solidität als

---

[142] ULRICH-ESCHEMANN (2005), S. 32.

[143] Hier ist die familiäre Beziehung in ihrer Generationenfolge gemeint. Bei Paarbeziehungen sieht das anders aus, sie beinhalten auch die Aspekte der Wahlfreiheit und Egalität. Vgl. Ders. (2005), S. 34.

[144] Dementsprechend hätten eine Vermischung oder gar Synchronisierung der Lebenswirklichkeit Familie und der Lebenswirklichkeit Unternehmen sowie ihres je eigenen Ethos in der Praxis schwerwiegende Folgen. So wäre beispielsweise eine Kündigung in letzter Konsequenz unmöglich, denn schließlich kann niemand aus seiner genealogischen Abstammung entlassen werden bzw. diese von sich aus aufkündigen.

[145] Zur Sorge für das Leben im biblischen Kontext vgl. 2.1.5.

oberstes Ziel allen Handelns der Firma. Dies steht den in der heutigen Wirtschaftswelt weit verbreiteten (extremen) Bestrebungen zur Expansion und Gewinnsteigerung vollkommen entgegen. Stattdessen liegt hier der Fokus auf dem Erhalt des Unternehmens und letztlich einer „Ökonomie des Genug", wie sie auch in den biblischen Impulsen zur Unternehmensethik zu finden ist.[146] Auf diese Weise können Maß und Ziel ökonomischer Vorgaben im Unternehmensalltag auf die Erprobung der geschöpflichen Existenz des Menschen bezogen bleiben.

Auffällig ist darüber hinaus die umfassende Verwendung des Eigentumsbegriffs in Abschnitt 1.6 der Allgemeinen Geschäftsgrundsätze der Diehl-Gruppe. Hier betont der Konzern ausdrücklich, dass Eigentum nicht nur als materielles, sondern genauso auch als geistiges Eigentum zu verstehen ist, das es zu schützen gilt. Kein Wirtschaftsprodukt kann also hergestellt und gehandelt werden, ohne vorherige Überlegung, Planung oder Forschung. Auch die Ergebnisse dieser Tätigkeiten gehören zum Eigentum einer Firma.[147] Damit erfährt das biblisch-lutherische Verständnis von Eigentum eine entscheidende Erweiterung.[148] Zugleich spiegelt sich in der Rede vom geistigen Eigentum die Mehrdimensionalität der Geschöpflichkeit des Menschen wider.[149] Er ist ein Wesen mit Armen und Beinen, aber eben auch mit Kopf und Verstand, mit Emotionen, Geschlechtlichkeit und Geschichte. Daran anschließend lässt sich sagen, dass dies nicht nur im Rahmen der Eigentumsthematik in den Blick kommen darf. Vielmehr gilt es, die Mehrdimensionalität der Geschöpflichkeit des Menschen in ihren vielfältigen Bezügen im Unternehmen immer wieder wahrzunehmen, um ihr umfassend gerecht werden zu können. Gerade im Bereich der Personalentwicklung dürfen deshalb beispielsweise nicht nur „äußere" Qualifikationen wie Noten oder die Betriebszugehörigkeit zum Tragen kommen, sondern vor allem auch individuelle Kompetenzen.

Zuletzt sei hier noch auf den besonderen Stellenwert der Kommunikation für die Unternehmensethik im Hause Diehl eingegangen.[150] Wie die Beauftragung eines Corporate Compliance Officers und eines externen Ombudsmanns zeigen, gibt es für ethische Fragen im Haus dezidierte Ansprechpartner. Diese sind aber nicht nur Anlaufstelle für Rückfragen oder zur Anzeige von Missständen. Insbesondere der Corporate Compliance Officer hat auch die Funktion, unternehmensethische Themen im Konzern zu erkennen und in vielfältiger Art und Weise zu kommunizieren.[151] Deutlich wird dieses kommunikative System auch an den weltweiten Compliancebeauftragten, die ebenfalls An-

---

[146] Vgl. dazu oben 2.1.1 und 2.1.5.

[147] Dies macht nicht zuletzt auch die nationalen wie internationalen Regelungen des Patentrechts deutlich. Inwiefern es eine Idee als geistiges Eigentum des Einzelnen oder eines Unternehmens zu bewerten ist und inwiefern es hierdurch zu Konflikten kommen kann, kann hier nicht näher erläutert werden.

[148] Die biblische und lutherische Rede vom Eigentum umfasst nämlich nur den materiellen Aspekt, kennt also nur Gegenstände oder Vermögenswerte wie Geld und Landbesitz als Eigentum. Vgl. 2.1.4 und 2.2.3.4.

[149] Vgl. dazu auch 2.1.1.

[150] Vgl. A.2.

[151] Zu den Aufgaben des CCO bei Diehl vgl. oben 4.3.2.5.

sprechpartner für unternehmensethische Fragestellungen sind, und den verschiedenen Ebenen, wie Compliance Committee oder Vorstand, die in die Diskussion um ethische Themen fest eingebunden sind. Damit wird in der Diehl Stiftung ähnlich wie im Ansatz von P. ULRICH die Bedeutung des Diskurses für die Unternehmensethik betont.[152] Auch in Bezug auf den Diehl-Konzern kann entsprechend gesagt werden, dass der Dialog den von moralischen Fragen Betroffenen Raum gibt und zur „rationalen Klärung und Ordnung der Präferenzen"[153] beiträgt. Implizit wird damit der Tatsache Rechnung getragen, dass der Mensch als Geschöpf Gottes ein schon immer auf Kommunikation angelegtes Wesen ist. Deshalb entspricht es ihm, im Dialog immer wieder neu zu erkunden und mitzuteilen, was es heißt, im Medium des Unternehmens als eben solches Geschöpf zu leben.

4.4 PUMA SE

4.4.1 Über das Unternehmen

Die Wurzeln des heutigen Sportlifestyle-Unternehmens, das in erster Linie Schuhe, Textilien und Accessoires entwickelt und herstellt, reichen bis weit ins letzte Jahrhundert zurück.[154] Anfang der 1920er Jahre begann Rudolf DASSLER gemeinsam mit seinem Bruder Adolf Sportschuhe zu produzieren, und so gründeten sie gemeinsam im fränkischen Herzogenaurach die „Gebrüder Dassler Schuhfabrik". Allerdings kam es aufgrund privater Streitigkeiten zum Bruch zwischen den beiden Brüdern.[155] Daraufhin gründete Adolf DASSLER seine Firma „adidas", während am 1. Oktober 1948 die „PUMA Schuhfabrik Rudolf Dassler" ins Handelsregister eingetragen wurde.[156] Elf Jahre später wurde die Firma schließlich in eine Kommanditgesellschaft, die „PUMA-Sportschuhfabriken Rudolf Dassler KG", umgewandelt. Nach dem Tod des Firmengründers 1974 übernahmen dessen Söhne die Firmenleitung. 1986 kam es zur erneuten Umfirmierung, und der Konzern ging als PUMA AG an die Börse. Allerdings geriet das Unternehmen Anfang der 1990er Jahre zusehends in finanzielle Schwierigkeiten.

Erst mit der Ernennung des damals 30-jährigen Jochen ZEITZ zum Vorstandsvorsitzenden der PUMA AG wendete sich das Blatt. Die weltweite Umstrukturierung, die er einleitete, bewirkte in der Folgezeit einen kontinuierlichen Anstieg von Aktienkurs, Umsätzen und Gewinn. „Zeitz schafft[e] es, aus PUMA ein Premium Sportlifestyle-Unternehmen zu machen und PUMA

---

[152] Vgl. 3.2, hier insbesondere 3.2.1.3 und 3.2.3.

[153] ULRICH (1990c), S. 206. Im Original teilw. kursiv gedruckt.

[154] Zur Geschichte des Unternehmens vgl. *PUMA Geschichte*. Im gesamten Kapitel ist in der Regel der Stand des Frühjahrs 2013 widergegeben.

[155] Die daraus resultierende Konkurrenzsituation ist für PUMA bis heute ein entscheidender Faktor beim Kampf um die Vormachtstellung auf dem Sportartikelmarkt.

[156] Bis heute haben beide Sportartikelhersteller, adidas und PUMA, ihren Hauptsitz in Herzogenaurach.

als eine der drei führenden Marken in der Sportartikelindustrie zu etablieren."[157] Nicht zuletzt hing dies damit zusammen, dass der Sportartikelhersteller auf seine Initiative hin seit 1998 mit verschiedenen namhaften Designern kooperierte und sich so zunehmend auch zu einer Lifestyle-Marke entwickelte. Doch darüber hinaus wurde bei PUMA mit dem noch jungen Manager erstmals ernsthaft das Thema Unternehmensethik aufgeworfen und von ihm durch verschiedene Maßnahmen intensiviert.

Die Potentiale von PUMA erkannte 2007 schließlich auch der französische Luxusgüterkonzern Pinault-Printemps Redoute (PPR)[158], der mehr als 60 Prozent der Anteile des Unternehmens erwarb und bis heute mehrheitlicher Anteilseigner ist. Doch in jüngerer Zeit geriet der Konzern erneut in finanzielle Turbulenzen. Weitere Umstrukturierungsmaßnahmen wurden geplant, und es kam zu einschneidenden personellen Veränderungen. Mit der Änderung der Rechtsform in PUMA SE im Jahr 2011 wechselte Jochen ZEITZ für die Zeit bis Ende 2012 auf die Stelle des Vorsitzenden des Verwaltungsrats, um sich seitdem verstärkt seinem Engagement im Bereich der Nachhaltigkeit zu widmen.[159] Franz KOCH, bis dahin Leiter der konzernweiten Strategie, wurde sein Nachfolger als Vorsitzender Geschäftsführender Direktor. Allerdings schied er bereits zum April 2013 aus dem Unternehmen aus.[160] Seitdem hat der Norweger Björn GULDEN die operative Leitung des Konzerns inne.[161]

In ihrer bewegten Geschichte war die PUMA SE Ausstatter zahlreicher bekannter Spitzensportler, Weltmeister und Olympiasieger, wie beispielsweise Fußballstar PELÉ, Tennisspielerin Serena WILLIAMS oder Formel-1-Pilot Michael SCHUMACHER. 2012 vertrieb der fränkische Sportartikelhersteller seine Produkte in über 120 Ländern der Welt und beschäftigte ca. 11.300 Mitarbeiter weltweit. Dabei erwirtschaftete das Unternehmen einen Gewinn von rund 70 Millionen Euro.[162]

4.4.2 Unternehmensethik in der Mitteilung und Erprobung

4.4.2.1 Wurzeln

Die Wurzeln des Leitbilds PUMAVision, das auf einem älteren Nachhaltigkeitsprogramm basiert, sind aufs Engste mit der Person Jochen ZEITZ verbunden.[163] Er selbst ist, wie er sagte, „ein sehr naturverbundener Mensch und zudem viel in Afrika unterwegs. Gerade dort wird einem viel stärker als

---

[157] *PUMA Geschichte*, Jahr 1993.

[158] Zu PPR gehören u. a. die Luxusmarken Gucci und Yves Saint Laurent.

[159] Vgl. z. B. HAGE/NOÉ.

[160] Vgl. z. B. *Puma-Chef Franz Koch muss gehen. Manager magazin online vom 12.12.2012* oder *Puma-Vorstandschef muss nach weniger als zwei Jahren gehen. Handelsblatt vom 12.12.2012.*

[161] Vgl. *PUMA Pressemitteilung vom 18.04.2013.*

[162] Allerdings verzeichnete das Unternehmen von 2011 auf 2012 einen Einbruch um rund 70%. (Vgl. *PUMA Pressemitteilung vom 14.02.2013.*)

[163] Vgl. A.3.

hierzulande bewusst, was die Zerstörung von Natur und Tierarten wirklich bedeutet und welch negative Auswirkungen unsere heutige Art und Weise zu wirtschaften hat. Da passiert es ganz von selbst, dass man überlegt, welchen persönlichen Beitrag man leisten kann."[164] Themen wie nachhaltiges Wirtschaften, Umweltschutz und soziale Verantwortung haben für den ehemaligen PUMA-Chef also ganz persönlich einen hohen Stellenwert.[165] Und so machte er seine Sache zur Sache des Unternehmens, das er leitete. Schließlich ist er sich sicher, dass gerade Wirtschaftsunternehmen „die Verantwortung [zukommt], ganzheitlicher zu denken und zu wirtschaften. Sie verfügen über die Ressourcen, einen Sinneswandel in der Industrie oder Gesellschaft einzuleiten, indem sie etwa Verbraucher zu einem nachhaltigeren Konsum inspirieren."[166] Entscheidend war für ZEITZ bei alledem immer die Vision dahinter: „Es wird nicht lange dauern, da werden wir Unternehmen sehen, die wie Google oder Facebook Milliarden erwirtschaften – aber eben im Bereich Umwelt und Nachhaltigkeit. Die werden das alte Paradigma des Wirtschaftens auf den Kopf stellen."[167]

Mit seiner Ernennung zum Chief Executive Officer von PUMA im Jahre 1993 reorganisierte er deshalb nicht nur die Strukturen des Konzerns, sondern auch die unternehmensethischen Richtlinien. Bereits im selben Jahr wurde ein Verhaltenskodex als Bestandteil der Produktionsverträge für Schuh- und Textilbekleidung in Fernost eingeführt.[168] Dieser ist (nach mehrfacher Überarbeitung) bis heute fester Bestandteil der Unternehmensethik bei PUMA SE. Er regelt vor allem die Einhaltung der Menschenrechte für den Sportartikelhersteller selbst als auch für seine Vertragspartner und Zulieferer.[169]

4.4.2.2 Leitbild – PUMA Vision

Doch bei einem einzelnen Verhaltenskodex sollte es nicht bleiben. Immer wieder wurden zahlreiche weitere Schritte zu einer umfassenden Unternehmensethik bei PUMA unternommen.[170] All diese Projekte und Maßnahmen finden sich in den seit 2002 regelmäßig herausgegebenen Nachhaltigkeitsberichten.[171]

---

[164] GRABITZ.
[165] So war er beispielsweise 2011/2012 auch Mitglied im Rat für Nachhaltigkeit der Bundesregierung. Vgl. *Rat für Nachhaltige Entwicklung, Pressemitteilung vom 28.09.2012.*
[166] GRABITZ.
[167] Ders..
[168] Vgl. *PUMA Nachhaltigkeitsbericht 2002 (Download)*, S. 20f.
[169] Vgl. *PUMA Verhaltenskodex (Download).*
[170] Auch hierbei war stets Jochen ZEITZ die treibende Kraft: „Manchmal scheint es, als würden die Grenzen zwischen Marke und Chef verschwimmen. Wie ein Puma zieht Zeitz seine Runden." (FROMM.) Eine Übersicht über die einzelnen Schritte und Maßnahmen im Zeitraum von 1993 bis 2002 findet sich in *PUMA Nachhaltigkeitsbericht 2002 (Download)*, S. 20f. Der derzeit aktuelle Stand ist im Nachhaltigkeitsbericht von 2013 wiedergegeben. Im Folgenden können nicht alle Schritte aufgeführt werden. Vielmehr sollen die wichtigsten Punkte herausgegriffen werden.
[171] Sie stehen als Download zur Verfügung unter *Puma Geschäfts- und Nachhaltigkeitsberichte.* Umfasste der erste Nachhaltigkeitsbericht nur rund 30 Seiten, so waren es 10

Im fünften Nachhaltigkeitsbericht, der im September 2009 erschien, stellte der Konzern sein unternehmensweites Leitbild PUMAVision vor.[172] Darin wurden alle bisherigen Schritte und Initiativen von PUMA im Bereich der Unternehmensethik integriert und zu einem umfassenden Konzept ausgebaut. Leitend für die PUMAVision ist der Gedanke der Nachhaltigkeit. Dies spiegelt sich auch in der Formulierung der Unternehmensstrategie wider, denn PUMAs „Mission ist es, das begehrteste und nachhaltigste Sportlifestyle-Unternehmen der Welt zu werden".[173] Damit ist Nachhaltigkeit sowohl strategischer als auch ethischer Leitgedanke für alle Aktivitäten von PUMA SE. Dies bedeutet, dieser ist in den Unternehmenszielen verankert, weist als visionärer Gedanke aber auch darüber hinaus.

In seinem Unternehmensleitbild bestimmte der Sportartikelhersteller davon ausgehend vier zentrale Werte, die helfen sollen, die Vision zu realisieren. „PUMAVision definiert für unser Unternehmen, unsere Mitarbeiterinnen und Mitarbeiter, unsere Anteilseigner und all unsere Partner die sogenannten ‚4Keys', das heißt die vier Schlüsselwerte fair, ehrlich, positiv und kreativ."[174] Alle Entscheidungen, Prozesse und Handlungen des Sportartikelherstellers sind nach diesen „4Keys" zu gestalten.

Realisiert wird die PUMAVision in der Praxis „in den drei Programmen puma.safe mit dem Schwerpunkt Umwelt und Soziales, puma.peace mit (...) [dem] Einsetzen für Frieden auf der ganzen Welt und puma.creative mit der Unterstützung von Künstlern und kreativen Organisationen".[175] Damit vereint das Leitbild der PUMAVision in sich die verschiedenen Initiativen aus dem Bereich der Corporate Social Responsibility und des Umweltschutzes, beinhaltet aber darüber hinaus auch weitere Projekte.

PUMA.Safe So gehört zum Bereich PUMA.Safe[176] neben dem bereits oben genannten Verhaltenskodex[177] beispielsweise auch das im Jahr 1999

Jahre später schon ca. 225 Seiten (davon ca. 1/3 Geschäftsbericht). Seit 2010 erscheinen die Nachhaltigkeitsberichte zusammen mit den aktuellen Geschäftsberichten des Konzerns in einem Heft. Hieran wird deutlich, dass für PUMA ethische und finanzielle Werte, Nachhaltigkeit und Geschäftszahlen nicht getrennt voneinander betrachtet werden können. Vgl. dazu auch 4.1.2.

[172] Vgl. _PUMA Geschäfts- und Nachhaltigkeitsbericht 2007/2008_ und auch _PUMA Pressemitteilung vom 10.09.2010_. Im Jahr 2010 erhielt PUMA dafür den Deutschen Nachhaltigkeitspreis in der Kategorie „Nachhaltigste Zukunftsstrategie. Besonders gelobt wurde die Vereinigung des Gedankens der Nachhaltigkeit mit Kreativität und Modernität. Vgl. _PUMA Pressemitteilung vom 27.11.2010_.

[173] _PUMA Geschäfts- und Nachhaltigkeitsbericht 2012 (Download)_, S. 5. Im Original farbig und in Großbuchstaben gedruckt.

[174] _PUMA Geschäfts- und Nachhaltigkeitsbericht 2007/2008_, S. 10. Eine nähere Beschreibung der vier Schlüsselbegriffe findet sich in GRÜN/ZEITZ (2010), S. 120f.

[175] _PUMA Geschäfts- und Nachhaltigkeitsbericht 2007/2008_, S. 10. Die Schreibweise der drei Programme variiert in den Texten des Unternehmens. Mehrheitlich wird die folgende Schreibweise verwendet: PUMA.Safe, PUMA.Peace und PUMA.Creative. Diese soll auch hier Verwendung finden.

[176] Das Wort „Safe" steht ursprünglich als Abkürzung für **S**ocial **A**ccountability and **F**undamental **E**nvironmental Standards.

[177] Vgl. 4.4.2.1.

erstmals veröffentlichte Handbuch produktbezogener Umwelt- und Sozialstandards. Es wurde bereits mehrfach überarbeitet und gilt für den gesamten
Konzern samt seinen Zulieferbetrieben und deren Subunternehmen. Darin
werden unter anderem die Einhaltung von sozialverträglichen Arbeitsbedingungen oder das Einsatzverbot von schädlichen chemischen Stoffen in der
Produktherstellung geregelt.[178]

Dieses Verbot ist auch Thema der *Joint Roadmap Towards Zero Discharge
of Hazardous Chemicals*, die PUMA im November 2011 gemeinsam mit anderen Unternehmen der Textilbranche unterzeichnete. In diesem Fahrplan werden verschiedene Schritte benannt, „bis 2020 sämtliche besonders gefährlichen
Chemikalien aus dem Lebenszyklus und aus der gesamten Beschaffungskette
zu verbannen".[179] Er ist Teil der von Greenpeace initiierten globalen Detox-
Kampagne, die darauf abzielt, die Verschmutzung von Gewässern durch Chemikalien aus der Textilindustrie zu minimieren.

Im Jahr 2009 entwarf der Konzern darüber hinaus seine *Sustainability
Scorecard*, um bis 2015 „die CO2-Emissionen, Energie, Wasser und Abfall um
25% in allen PUMA Niederlassungen, Stores, Lagern und bei direkten Zulie-
ferern weltweit zu reduzieren".[180] Dazu gehört unter anderem die Einführung
papierloser Büros oder die Entwicklung der *Clever Little Bag*, eines umwelt-
freundlichen und zukunftsweisenden Verpackungssystems.[181] Auch die Produkte selbst sollen bis 2015 zu 50% aus nachhaltigen Materialien hergestellt
werden, worauf bereits hingearbeitet wird.[182]

Als Fortsetzung all dessen stellte Jochen ZEITZ schließlich die Frage in
den Raum: „[I]f our planet was a business, how much would it ask to be
paid for the services it provides to a company in order to operate?"[183] So
wurde von PUMA für das Jahr 2010 erstmals eine ökologische Gewinn- und
Verlustrechnung[184] vorgelegt, die die Umweltbelastungen des Konzerns auf
monetäre Weise wiedergab. „[I]n becoming a truly sustainable business we
must adress the cost of our business to nature and value it accordingly",[185]
hieß es zur Begründung für diesen in der Wirtschaft bis dahin einmaligen
Schritt. Dass diese Vorgehensweise nicht ohne Risiko war, ist offenkundig,

---

[178] Das PUMA.Safe Handbuch steht in seiner aktuellsten Version als Download zur Verfügung unter *PUMA.Safe Handbuch*.

[179] *PUMA Geschäfts- und Nachhaltigkeitsbericht 2011 (Download)*, S. 39.

[180] *PUMA Pressemitteilung vom 27.11.2010*.

[181] Vgl. z. B. *PUMA Geschäfts- und Nachhaltigkeitsbericht 2011 (Download)*, S. 65.

[182] Vgl. *PUMA Geschäfts- und Nachhaltigkeitsbericht 2011 (Download)*, S. 41f.

[183] *PUMAs ökologische Gewinn- und Verlustrechnung 2010 (Download)*, Vorwort von
Jochen ZEITZ.

[184] Zur Begriffserklärung heißt es vom Unternehmen: „An Environmental Profit & Loss
Account [E P&L] is a means of placing a monetary value on the environmental impacts along the entire supply chain of a given business. The E P&L measures and
values both reductions in ecosystem services and increases in environmental impacts
which occur as a result of PUMA's operational and supply chain activities." (*PUMAs
ökologische Gewinn- und Verlustrechnung 2010 (Download)*, S. 2. Im Original teilw.
farbig gedruckt.)

[185] *PUMAs ökologische Gewinn- und Verlustrechnung 2010 (Download)*, Vorwort von
Jochen ZEITZ.

schließlich könnte der „ökologische Fußabdruck"[186], den der Konzern durch die Herstellung seiner Produkte hinterlässt, auch zur Negativwerbung für das Unternehmen werden. Dennoch ging PUMA dieses Risiko ein in der Hoffnung, dass irgendwann ein neues Paradigma erwachse, das das veraltete Modell der Industriellen Revolution endlich hinter sich lasse und stattdessen auch die Belange der Umwelt berücksichtige.

PUMA.Peace Zur Rubrik PUMA.Peace gehören die verschiedenen, vor allem sportlichen Aktivitäten, die das Unternehmen organisierte, um das friedliche Miteinander von Menschen zu stärken. Hier ist vor allem PUMAs Initiative „One Day One Goal" hervorzuheben, die am 21. September, am Weltfriedenstag weltweite Fußballspiele organisiert.[187] Ähnliches gilt für die *PUMA/adidas Peace Day Games*, eine ebenfalls am Weltfriedenstag ausgetragene Serie von Fussballspielen zwischen den beiden Konkurrenten.[188]

PUMA.Creativ Wie aus den „4Keys" der PUMAVision bereits ersichtlich ist, stellt insbesondere die Kreativität einen wichtigen Aspekt dar. So engagierte sich PUMA in der jüngsten Vergangenheit beispielsweise unter anderem für Dreharbeiten von Dokumentarfilmen. „Mit finanziellen Fördermitteln, Kreativ-Beratung und Unterstützung bei der Branchenanerkennung unterstützt das PUMA.Creative-Filmprogramm internationale Dokumentarfilmer, deren künstlerische Arbeiten Themen der sozialen Gerechtigkeit, des Friedens oder des Umweltschutzes aufnehmen."[189]

Darüber hinaus lobte der Konzern in der Vergangenheit schon mehrfach verschiedene *PUMA.Creativ Awards* in unterschiedlichen Bereichen von Kunst und Kultur aus.[190]

Auch das Projekt „Creative Art Network" hat kreative Talente zur Zielgruppe und dient weltweit als virtuelle wie reale Plattform, auf der sich bekannte Künstler austauschen, aber auch neue entdeckt werden können.[191]

4.4.2.3 Implementierung und Controlling

Von besonderer Bedeutung ist die zentrale Vision, die hinter dem Leitbild steht. In einem Interview formulierte Jochen Zeitz sie folgendermaßen: „Es geht bei Puma nicht darum, ein Budget für eine grüne nachhaltige Produktlinie oder die Unterstützung eines einzelnen sozialen Projektes bereitzustellen. Das Thema Nachhaltigkeit soll einfach Teil unseres Selbstverständnisses werden, Teil der DNA von Puma."[192] Solange diese Vision noch nicht voll-

---

[186] Gemeint sind die Verschmutzungen und Beschädigungen der Umwelt, die PUMA hinterlässt. Vgl. *PUMA Geschäfts- und Nachhaltigkeitsbericht 2011 (Download)*, S. 37f.

[187] Vgl. *PUMA Geschäfts- und Nachhaltigkeitsbericht 2007/2008*, S. 18ff.

[188] Vgl. *PUMA Geschäfts- und Nachhaltigkeitsbericht 2007/2008*, S. 14-19 und *PUMA Geschäfts- und Nachhaltigkeitsbericht 2011 (Download)*, S. 75f.

[189] *PUMA Geschäfts- und Nachhaltigkeitsbericht 2011 (Download)*, S. 79.

[190] Vgl. *PUMA Geschäfts- und Nachhaltigkeitsbericht 2011 (Download)*, S. 80-82.

[191] Vgl. *PUMA Geschäfts- und Nachhaltigkeitsbericht 2011 (Download)*, S. 83f.

[192] Grabitz.

kommen Teil der DNA von PUMA ist, also noch nicht von allen Mitarbeitern und Vertragspartnern selbstverständlich gelebt wird, bedarf es immer neuer Implementierungsversuche von Maßnahmen und ethischen Standards sowie geregelte Controllingverfahren.

In diesem Bewusstsein führte der Konzern bereits von Anfang an zu den einzelnen Projekten entsprechende Kontroll- und Auditierungssysteme ein. So wurde beispielsweise „[s]eit der ersten Veröffentlichung des Handbuches der produktbezogenen Umwelt- und Sozialstandards (...) eine eigene Arbeitsgruppe, die sogenannte S.A.F.E.-Abteilung, etabliert. Diese Arbeitsgruppe ist für die Einhaltung der in diesem Handbuch festgelegten Standards bei der Produktion von PUMA Artikeln verantwortlich."[193] Allerdings liege ihr Fokus nicht nur auf Controlling-Maßnahmen und Auditierungen, sondern auch auf der Durchführung von Schulungen in den Produktionsstätten vor Ort.[194]

Teilweise griff PUMA auch auf die Unterstützung von externen Organisationen zurück. So schloss sich der Sportartikelhersteller unter anderem freiwillig der *Fair Labor Association* an. Auf diese Weise signalisierte er die Bereitschaft, sich auch externen Vorgaben und Kontrollen zu stellen.[195]

Des weiteren richtete PUMA 2003 mit seinen jährlichen Stakeholderdialogen in Kloster Banz ein Gesprächsforum für ethische Themen und Fragestellungen ein. So kamen dort bereits zahlreiche und ganz unterschiedliche Stakeholder aus Wirtschaft, Wissenschaft, Verbänden oder Kirchen zusammen, um über die verschiedenen Aspekte nachhaltigen Wirtschaftens zu diskutieren.

4.4.3 Impulse

Innerhalb der vergangenen 20 Jahre setzte sich die PUMA SE bereits auf vielfältige und umfassende Weise mit dem Thema der Unternehmensethik und insbesondere deren Umsetzung in der Praxis auseinander. Dabei kristallisierte sich besonders der Aspekt der Nachhaltigkeit als zentraler Aspekt heraus, der auch für eine Unternehmensethik im Sinne einer christlichen Ethik geschöpflichen Lebens relevante Impulse geben kann.

Der ursprünglich aus der Forstwirtschaft stammende Begriff der „Nachhaltigkeit" beziehungsweise der „nachhaltigen Entwicklung"[196] ist spätestens seit der ersten Konferenz der Vereinten Nationen über Umwelt und Entwicklung in Rio de Janeiro (1992) zum global verpflichtenden Leitbild geworden.[197] Dabei meint das Paradigma der Nachhaltigkeit heute mehr als nur

---

[193] *PUMA Nachhaltigkeitsbericht 2002 (Download)*, S. 9.
[194] Vgl. *PUMA Nachhaltigkeitsbericht 2002 (Download)*, S. 10; 22. Zu S.A.F.E. vgl. auch oben 4.4.2.2.
[195] Vgl. *PUMA Nachhaltigkeitsbericht 2004 (Download)*, S. 33.
[196] Während „Nachhaltigkeit" den angestrebten Endzustand betont, verweist der Begriff der „nachhaltigen Entwicklung" auf den Prozess.
[197] Zur jüngeren Geschichte des Leitbilds der Nachhaltigkeit vgl. HAUFF/KLEINE (2009), S. 1—11 und GRUNWALD/KOPFMÜLLER (2006), S. 14—26. Ein umfassender kulturgeschichtlicher Aufriss findet sich bei GROBER (2010).

die Bewahrung ökologischer Ressourcen,[198] denn in den aktuellen integrativen Nachhaltigkeitskonzepten geht es stets um ein Zusammenspiel mehrerer Dimensionen. „Nachhaltige Entwicklung betrifft damit [gleichzeitig] das Verhältnis von menschlicher Wirtschaftsweise, den sozialen Grundlagen einer Gesellschaft und den verfügbaren natürlichen Ressourcen auf globaler Ebene."[199] Aufgrund ihres doppelten ethischen Fundaments, nämlich der Verteilungsgerechtigkeit in der Gegenwart und der Verantwortung für die Zukunft, kommt der Nachhaltigkeitsidee eine innere Dualität zu. Der aktuellen Sorge um den Erhalt von Ressourcen steht die auf Zukunft ausgerichtete Verbesserung der Situation, gegenüber.[200] Daran wird deutlich, welch hohes Maß an Komplexität dem Leitbild der Nachhaltigkeit zukommt, denn „[d]ie Menschheit bzw. Weltgesellschaft ‚als Ganzes' wird [in ihm] zum Objekt von bewusster Gestaltung".[201] Dies kann nur als ständiger, ethisch orientierter Prozess des Suchens, Lernens und Erfahrens gelingen, die Bereitschaft zum Lernen bei allen Beteiligten, gemeinsame Ziele und geeignete politische wie institutionelle Rahmenbedingungen vorausgesetzt.[202]

In diesem Such-, Lern- und Erprobungsprozess spiegelt sich im Leitbild der Nachhaltigkeit der Ansatz einer explorativen Ethik wider. Darüber hinaus beinhaltet es aufgrund seiner Komplexität gleich mehrere Aspekte, die zentral für einen christlichen Ansatz von Unternehmensethik sind.[203] Insbesondere der (globale) Solidaritäts- und Schöpfungsgedanke werden in der Nachhaltigkeitsidee deutlich, geht es doch um eine „Zukunftsvorsorge, deren motivierende Hoffnung nicht Fortschrittsoptimismus ist, sondern die Vision eines gelungenen Lebens in den Grenzen der Belastungsfähigkeit der Natur".[204] Darüber hinaus kommt aber auch der Aspekt der Ewigkeit durch die für eine nachhaltige Entwicklung notwendige Fähigkeit zum langfristigen Denken zum Ausdruck. So lässt sich festhalten, dass eine christliche Unternehmensethik ohne den Aspekt der Nachhaltigkeit unvollständig wäre. Vielmehr sind Unternehmen im Sinne einer Ethik des geschöpflichen Lebens verpflichtet, den Prozess der nachhaltigen Entwicklung in seinen komplexen Dimensionen immer wieder neu und umfassend zu erkunden und zu erproben.

Was das geforderte Ausmaß der Nachhaltigkeit angeht, finden sich in der Regel drei Positionen: Neben den beiden Extrempositionen der schwachen und starken Nachhaltigkeit, bei der natürliche Ressourcen großteils bzw. fast gar nicht durch Human- und Sachkapital ersetzt werden dürfen, wird von der mittleren Position die „begrenzte Substitution von Naturkapital durch künstliches Kapital für zulässig gehalten, sofern die grundlegenden Funktionen der Natur erhalten bleiben." (GRUNWALD/ KOPFMÜLLER (2006), S. 39). Nicht zuletzt hierin unterscheiden sich die Positionen der einzelnen UN-Mitgliedstaaten.

[198]   Dies war in den Anfängen anders: „Nachhaltigkeit ist in Industrieländern über viele Jahre durch die ökologische Nachhaltigkeit dominiert worden" (HAUFF/KLEINE (2009), S. 10).

[199]   GRUNWALD/KOPFMÜLLER (2006), S. 11.

[200]   Ders. (2006), S. 7f; 10; vgl. auch die Prämissen S. 27−36.

[201]   Ders. (2006), S. 11.

[202]   Vgl. Ders. (2006), S. 106.

[203]   Vgl. VOGT (2009), S. 27f.

[204]   Ders. (2009), S. 28.

Antrieb dafür ist die Vision des PUMA-Konzerns, durch Nachhaltigkeit „etwas auf eine Weise umzusetzen, die zum Ziel hat, die Welt besser aussehen zu lassen als zuvor".[205] Dabei darf es allerdings nicht um eine oberflächliche Zielsetzung gehen. Vielmehr muss die Vision in den Unternehmensstrukturen verankert und „Teil der DNA von Puma"[206] sein. Hier wird deutlich, dass Unternehmensethik mehr sein kann als nur die Konzeptionierung oder Implementierung einzelner Projekte. Sie wird nicht nur mitgeteilt oder kontrolliert, sondern im alltäglichen Leben tatsächlich erprobt. Gerade und nur durch diese grundsätzliche Verankerung von Ethik kann ein Unternehmen der explorativen Aufgabe einer christlichen Ethik geschöpflichen Lebens gerecht werden. Ethische Erprobung meint nämlich nicht (in erster Linie) die Steigerung des ökonomischen Werts einer Firma durch „gute" Maßnahmen, sondern aufgrund ihres Eigenwerts gelebte ethische Werte.[207] Nur auf diese Weise kann etwas von den biblischen Forderungen zu einem der Geschöpflichkeit des Menschen adäquaten Leben aufscheinen. Zwar bleibt dabei stets die Spannung des eschatologischen Vorbehalts auszuhalten.[208] Doch gerade dieser auf Zukunft ausgerichtete Vorbehalt unterstreicht die Notwendigkeit einer Vision im Hier und Jetzt. Unternehmensethik im Sinne einer christlichen Ethik bedarf also der Vision vom geschöpflichen Leben in Gegenwart und Zukunft und ihrer echten Erprobung.

Der Aspekt der Kreativität, wie ihn die PUMA SE explizit betont, kann dabei hilfreich sein und neue, andere Perspektiven für die Vision eröffnen. Zudem nimmt er den Menschen in seinen Fähigkeiten nicht nur als Arbeitskraft wahr, sondern wird zugleich seiner geschöpflich gegebenen Mehrdimensionalität gerecht.

---

[205] GRÜN/ZEITZ (2010), S. 13.

[206] GRABITZ. Stefan SEIDEL von PUMA.Safe Ecology weist hierzu darauf hin, dass das Unternehmen zwar auf einem guten Weg sei, das Ziel aber noch lange nicht erreicht ist. Vgl. A.3.

[207] Zu Werten im Unternehmen allgemein vgl. 4.1.2.

[208] Zur soteriologischen Perspektive einer neuen Schöpfung vgl. 2.1.1.

Kapitel 5

Ausblick — Unternehmensethik im Vollzug

Die unternehmensethische Diskussion betrifft den Menschen immer schon in seiner Existenz, so dass es in ihr nicht nur um juristische und politische Fragen, wie beispielsweise des Umweltschutzes oder des Arbeitsrechts, gehen kann. Vielmehr enthält die Suche nach geeigneten unternehmensethischen Werten und Handlungsrichtlinien sowie das Bestreben, diese im Unternehmensalltag zu realisieren, stets auch eine theologische Dimension.

Dementsprechend wird in den vorangehenden Abschnitten der Versuch unternommen, der Unternehmensethik aus theologischer Perspektive nachzuspüren. Dabei geht es nicht um die Rechtfertigung menschlicher Handlungen oder die Entwicklung von Theorien christlicher Lebensführung. Vielmehr kommt christlicher Ethik stets die explorative Aufgabe zu, innerhalb der *conditio humana* nach Unterscheidungen zu suchen, was den Menschen Mensch sein lässt und was nicht.[1] Es geht darum, die menschliche Existenzform des geschöpflichen Lebens in allen Bereichen, in denen sie sich zu bewähren hat, zu reflektieren und darin zu bezeugen. Sie ist „explorative Rechenschaft vom geschöpflichen Leben".[2] Auf diese Weise werde die Dialektik des Empfangens und Handelns sowie die damit verbundene fortwährende Suche und das Verstehen geschöpflicher Existenz sichtbar. Die von Theologie und Kirche sowie von wirtschaftsethischen Ansätzen und konkreten Firmen ausgehenden Impulse, wie sie in diesem Buch dargestellt sind, spiegeln selbst eine solche fortwährende Suche geschöpflicher Existenz im Medium der Unternehmen wider.

---

[1] Vgl. H.G. ULRICH (2010a), S. 215f und auch 1.1.1.
[2] H.G. ULRICH (2007), S. 40.

Manche der skizzierten Impulse stellen (kleine) Einzelhinweise dar, wie beispielsweise der Verweis auf die Mehrdimensionalität des Eigentumsbegriffs oder die Betonung der Kreativität.[3] Andere wiederum finden sich in vielen Aussagen, Theorien und Texten wieder, jedoch mit ganz unterschiedlicher Akzentuierung. Dies bedeutet exemplarisch am Begriff der Gerechtigkeit, dass zwar deren Bedeutung im Zusammenhang mit unternehmensethischen Überlegungen vielfach betont wird, jedoch in unterschiedlicher Hinsicht. Die biblischen Zeugnisse, wie zum Beispiel das Jeremiabuch oder der Jakobusbrief, verweisen auf die Frage der Gerechtigkeit im Kontext menschlicher Arbeit und deren Bedingungen.[4] Im Amosbuch hingegen wird sie explizit mit den Aussagen zur Armut verbunden.[5] LUTHER betont ebenfalls die Bedeutung von Gerechtigkeit und fordert, sie bei wirtschaftlichen Transaktionen vor Profit und Zins an erste Stelle zu rücken.[6] Bei RICH kommt immer wieder das „Menschen-Gerechte" in den Blick und damit auch die Unterscheidung von menschlicher und göttlicher Gerechtigkeit, wie sie schon biblisch bezeugt ist.[7] Demgegenüber rücken die Denkschriften der Kirche den gesellschaftlichen Aspekt von Gerechtigkeit in den Fokus ihrer Aufmerksamkeit. Im Gegensatz zur gemeinschaftsbezogenen Gerechtigkeit des Alten Testaments, die rückgebunden ist an die Gerechtigkeit Gottes, also seine Bundestreue zum Volk Israel beziehungsweise durch Jesus Christus zu allen Menschen und als Konsequenz dessen von der Gemeinschaftstreue aller zueinander geprägt ist,[8] ist sie hier stark teleologisch ausgerichtet. Gerechtigkeit fordert mehr Teilhabe oder mehr Chancengleichheit in beziehungsweise an der Gesellschaft.[9] P. ULRICH wiederum möchte eine Gerechtigkeit etablieren, die in einer im Sinne des Politischen Liberalismus wohlgeordneten Gesellschaft, ihren festen Platz hat und nicht erst nachträglich eine ungleiche materielle Verteilung kompensiert und korrigiert.[10] Und die TeamBank AG als Experte für Ratenkredite versteht Gerechtigkeit in erster Linie als Fairness, die stets auch den größtmöglichen Vorteil für den Schwächeren im Blick hat.[11] All dies macht deutlich, wie viele Facetten allein dem Aspekt der Gerechtigkeit zukommen können. Ähnliches gilt beispielsweise auch für Fragen der Verantwortung.

So ist festzuhalten, dass die hier herausgearbeiteten Impulse in ihrer Differenziertheit immer wieder aufs Neue mitzuteilen, zu erkunden und erproben sind. Sie sollen als Anregung dafür dienen, wie der Komplexität der jeweiligen (ethischen) Fragestellungen und Kontexte in den Unternehmen begegnet werden kann. Doch letztlich kann sich eine christliche Unternehmensethik geschöpflichen Lebens nur im Vollzug als solche erweisen. Sie bedarf der stän-

---

[3] Vgl. dazu 4.3.3 und 4.4.3.
[4] Vgl. 2.1.2.
[5] Vgl. 2.1.3.
[6] Vgl. 2.2.3.5.
[7] Vgl. 2.3.5.
[8] Vgl. 2.1.3.
[9] Vgl. dazu insbesondere die Aussagen der Denkschrift *Gerechte Teilhabe* in 2.4.2.
[10] Vgl. 3.2.2 und 3.2.3.
[11] Vgl. 4.2.3.

digen Praxis, der immer neuen Mitteilung, Erkundung und Erprobung im Medium des Unternehmens. Das bedeutet, dass die Impulse immer schon über sich hinausweisen auf ihre Umsetzung in der Lebenswirklichkeit von Menschen.

Dies stellt Firmen vor eine komplexe Aufgabe. Wichtig ist, dass die für eine geschöpfliche Ethik relevanten Impulse nicht zu allgemein gültigen Handlungsnormen erstarren. Auch darf die fortwährende Suche und Erprobung in der Unternehmenspraxis nicht dazu führen, die ethischen Handlungen an die ökonomischen Gegebenheiten anzupassen oder ihnen unterzuordnen. Vielmehr geht es darum, im praktischen Unternehmensalltag Rechenschaft vom geschöpflichen Leben zu geben. Allerdings ist dabei zu berücksichtigen, dass dies durch verschiedene Faktoren beeinflusst werden kann, die nicht allein in der Macht der Unternehmen liegen. So spielen neben den firmeninternen Strukturen beispielsweise auch immer übergeordnete Strukturen und firmenexterne Gruppen, wie Konkurrenzunternehmen, Gesellschaft oder Staat, eine entscheidende Rolle. Wohl gerade deshalb ist die Erprobung einer Ethik geschöpflichen Lebens stets mit unternehmerischen Risiken verbunden und der messbare (finanzielle) Gewinn nicht unbedingt gegeben. Auch Dilemmasituationen können mit ihrer Hilfe sicher nur bedingt vermieden werden. Dennoch ist es unerlässlich, dass sich Unternehmen auf die ständige Einübung und Spurensuche einer christlichen Unternehmensethik geschöpflichen Lebens einlassen.

Dafür kann die ethische Diskussion in Lehre und Wissenschaft sicherlich hilfreich sein und einen wertvollen Beitrag leisten. Allerdings verbleibt sie bisher in der Regel auf der Metaebene der Reflexion *über* die Lebenswirklichkeit des Menschen. Die Erprobung in der Praxis ist jedoch die einzige Möglichkeit, die Existenz des Menschen als Geschöpf Gottes im Medium des Unternehmens erfahrbar werden zu lassen. Deshalb scheint ein Umdenken in der unternehmensethischen Diskussion notwendig. Statt eines Dialogs *über* Möglichkeiten für die Praxis sollten, wie hier bereits begonnen, vielmehr die Erfahrungen *aus* der Praxis im Mittelpunkt der Gespräche stehen. Welche Erfahrungen haben Unternehmen mit diesen und jenen Strukturen gemacht? Welche Form von Gerechtigkeit hat Eingang gefunden in den Unternehmensalltag? Wo fehlt sie gänzlich? Wofür kann ein konkreter Betrieb in seinem je eigenen Umfeld Verantwortung übernehmen und wofür nicht? Wie kann ein anderer Betrieb aus den gemachten Erfahrungen anderer profitieren? Solche und andere Fragen betreffen nicht nur die Metaebene, sondern die konkrete Lebenswirklichkeit vor Ort. Damit können sie gewinnbringend[12] für alle Diskussionspartner sein und richtungsweisend für die zukünftige Unternehmenspraxis.

Schließlich müssen sich an ihr die Werte, Normen und Leitsätze der unternehmensethischen Diskussion als realisierbar und tragfähig erweisen. Nur im Vollzug unternehmerischen Handelns in seinen je unterschiedlichen Kontex-

---

[12]   Der ökonomische Begriff des (finanziellen) Gewinns bekommt für ein Unternehmen somit eine neue und weiterführende Bedeutung.

ten und Bezügen kann wirklich werden, was den Menschen Mensch sein lässt und was nicht. Diese Differenzierung gewinnt nur in der Lebenswirklichkeit ihre eindeutige Gestalt. Und gerade sie ist es, die eine Unternehmensethik als explorative Ethik des geschöpflichen Lebens ausmacht.

Anhang A

Gesprächsnotizen

A.1 TeamBank AG

Das Gespräch fand am 20. September 2012 in den Räumen der TeamBank AG in Nürnberg statt. Anwesend war neben der Autorin der Bereichsleiter Personal, Philipp BLOMEYER.[1]

Im Gespräch, das circa eine Stunde dauerte, ging es neben der Historie auch um mögliche Ziele und Perspektiven des Themas Unternehmensethik im Bankhaus. Ausführlich wurden die verschiedenen Maßnahmen zur Implementierung und Konkretisierung der ethischen Werte erläutert.

Anlass für die ersten Überlegungen zum Thema Unternehmensethik gab die Aufnahme des Vorläufers der TeamBank AG, der norisbank AG, in die Genossenschaftliche FinanzGruppe 2003. Als 2006/2007 die Filialen und das Retail-Geschäfts der norisbank AG an die Süddeutsche Bank GmbH abgegeben wurden, entstand aus der übrig gebliebenen Konsumentenkreditsparte die TeamBank AG als Spezialistin für die Vergabe von privaten Ratenkrediten. Um den genossenschaftlichen Werten wirklich entsprechen zu können, forderte der Vorstand der TeamBank AG daraufhin eine Neupositionierung. So überarbeiteten Personalchef, Betriebsrat und Führungskreis das Produkt easyCredit umfassend. Die genossenschaftlichen Werte stets im Blick, wurden nun die Ideen von Fairness und Transparenz zentral. Bereits im darauffolgenden Jahr kam es zu einer erneuten Überarbeitung, da die erste Fassung nicht prägnant genug erschien. Hier wurde das Bild vom ehrbaren Kaufmann zentral. Trotz Skepsis im Betriebsrat und obwohl zu diesem Zeitpunkt noch nicht absehbar war, ob sich diese Schwerpunktsetzung (finanziell) auszahlen würde, wurde das Ergebnis schließlich in den Führungskreis des Unternehmens eingebracht und im Rahmen einer Wertemesse ausführlich diskutiert. Die Wertemesse diente als didaktisches Mittel, um die substanziellen Inhalte der Werte innerhalb der Führungsmannschaft zu verankern. Mitarbeiter formu-

---

[1] Der Text wurde vor der Veröffentlichung mit Herrn Philipp BLOMEYER durchgesprochen.

lierten im Anschluss daran den Leitsätzen entsprechende Markenregeln. Die Ergebnisse einer Strategieklausur 2009, in der die gefundenen Unternehmenswerte weiter überarbeitet und vereinfacht worden waren, wurden allerdings verworfen. Zu sehr wären die Inhalte und Aussagen verkürzt worden. Derzeit sei eine erneute Überprüfung der Unternehmenswerte im Führungskreis, allerdings als offener Prozess, vorgesehen.

Parallel zur Erarbeitung der Werte und Markenregeln wurde bereits begonnen, den Ethikprozess im Unternehmen zu verankern und auch zu visualisieren. So ließ die TeamBank AG beispielsweise ein Fairnessquartett für ihre Mitarbeiter drucken und zum Spielen verteilen. Als bildhafte Darstellung der Vision der Bank entstand 2008 als größtes Projekt die Version von EasyTown, deren dritte Version gerade im Entstehen ist. Die Idee ist, dass die Gebäude und Plätze der Stadt Kernkompetenzen und strategische Ziele repräsentieren, wie beispielsweise die automatisierten Prozesse bei der Kreditvergabe. Um die gesamte Belegschaft am unternehmensethischen Prozess zu beteiligen, wurde das entworfene Bild als dreidimensionales Modell umgesetzt, das heute im Erdgeschoss der TeamBank-Zentrale, aber auch im Intranet zu finden ist.[2] Auf diese Weise kann jede Abteilung an EasyTown „mitbauen" und dazu beitragen, dass die Vision des verantwortungsbewussten Partners für faire Verbraucherkredite weiter verwirklicht werde. Mit jeder umgesetzten Maßnahme wird bei den einzelnen Themen im Modell ein weiterer Baustein farbig eingesetzt und im Intranet entsprechend angezeigt. Auch können Gebäude je nach aktuellem Bedarf erweitert oder umgebaut werden.

Zusätzlich führt die Bank jährliche Mitarbeiterbefragungen durch, teils als offene Befragung via Intranet, um hausintern den Stand der Unternehmensethik zu eruieren und zu verbessern. So ergab eine der letzten Befragungen unter anderem, dass der gesamte Themenbereich der Führungskultur weiter verbessert werden sollte. In einer Konferenz der obersten Führungskräfte wurde deshalb überlegt und beschlossen, dass zukünftig jede Führungskraft mit allen ihren Mitarbeitern quartalsweise explizite Mitarbeiter- beziehungsweise Feedbackgespräche führen müsse. Darüber hinaus sollte jeder Vorgesetzte vier Führungsversprechen bezüglich des eigenen Verhaltens geben können: Fairness, Entwicklung, Verantwortung und Orientierung. Dieser Prozess stellt aktuell einen der zentralen Entwicklungspunkte im Bereich der Unternehmensethik dar. Dabei hält das Unternehmen an seiner Entscheidung fest, alle Fragen, die den Bereich der Unternehmenswerte und -kultur angehen, im Bereich Human Resources anzusiedeln und nicht in der Unternehmensstrategie.

---

[2] Die Autorin konnte sich während bzw. im Anschluss an das Gespräch den Intranetauftritt sowie das Modell von EasyTown ansehen.

A.2 Diehl Stiftung und Co. KG

Das Gespräch fand am 14. November 2012 in den Räumen der Diehl Stiftung & Co. KG in Nürnberg statt. Anwesend waren neben der Autorin Dr.-Ing. Martin SOMMER, Vorstand für Personal- und Sozialwesen, und der Corporate Compliance Officer des Konzerns, RA Axel ESSER.[3]

Im Gespräch, das circa eineinhalb Stunden dauerte, ging es sowohl um den aktuellen Stand der unternehmensethischen Diskussion im Hause Diehl also auch um die verschiedenen unternehmensethischen Implementierungsmaßnahmen und -prozesse und schließlich um die Frage nach den Zielen oder Perspektiven, die angestrebt seien.

Nicht nur, aber auch als Reaktion auf die Siemens-Schmiergeldaffäre wurden im Diehl-Konzern alle unternehmensethischen Richtlinien noch einmal systematisch überprüft, überarbeitet und als fester Bestandteil in den für alle Mitarbeiter geltenden Konzernvorgaben implementiert.

Neben den „Allgemeinen Geschäftsgrundsätzen", die für die tägliche Wirtschaftspraxis im Unternehmen, aber auch für ihre Außenbeziehungen gedacht seien, verwiesen die beiden Firmenvertreter vor allem auf das kommunikative System, das in diesem Zusammenhang bereits im Unternehmen etabliert sei. Hierzu wurden verschiedene Beispiele genannt. So gebe es nicht nur alle unternehmensethischen Texte in der jeweiligen Landessprache, sondern auch einen Corporate Compliance Officer und einen externen Ombudsmann als Ansprechpartner sowie ein fest eingerichtetes Compliance Committee bestehend aus Corporate Compliance Officer, der Leitung der Rechtsabteilung, der Leitung Revision sowie dem Personal- und dem Finanzvorstand. Darüber hinaus würden konzernweite Schulungen durchgeführt und gut vernetzte Personen als weltweite Compliancebeauftragte in den einzelnen Werken eingesetzt, die quartalsweise an den Corporate Compliance Officer berichten. Außerdem würde das Thema in Führungstagungen oder in E-Learning-Programmen angeboten und Artikel dazu in der hauseigenen Zeitung erscheinen. Der Schwerpunkt liege dabei vorrangig auf der Sensibilisierung für das Thema, weniger auf einer Wissensvermittlung. Ziel sei es, die positive Verantwortung der Mitarbeiter anzusprechen und auf diese Weise immer mehr Multiplikatoren und gute Vorbilder zu gewinnen. Unerlässlich seien aber vor allem die persönlichen Gespräche des Corporate Compliance Officer in den einzelnen Werken vor Ort, denn dieser sollte bei etwaigen Fragen oder kritischen Punkten in der Praxis erste Anlaufstelle sein.

Allerdings wurde von den beiden Firmenvertretern auch darauf hingewiesen, dass dieser Implementierungsprozess aufgrund des unterschiedlichen kulturellen Hintergrunds der Mitarbeiter weltweit nicht unproblematisch sei. Es bedürfe immer wieder einer Harmonisierung der differierenden Auffassungen von Gerechtigkeit und der unterschiedlichen Traditionen in den jeweiligen Ländern. So sei beispielsweise in einem Land ein Infobrief, der über das

---

[3] Der Text wurde vor der Veröffentlichung mit Herrn Dr. Martin SOMMER durchgesprochen.

Compliance-Programm informiert und die entsprechenden Ansprechpartner bei Problemen nennt, als Aufruf zu Denunzierung missverstanden und mit großer Skepsis aufgenommen worden.

In der Regel würden aber die Mitarbeiter den Corporate Compliance Officer gerne als Ansprechpartner für kritische Situationen nutzen. Dabei zeige die Erfahrung, dass gerade in Deutschland die Mitarbeiter die Sachlage oftmals richtig einschätzten und das Gespräch mit dem Corporate Compliance Officer in erster Linie als Rückversicherung der eigenen Einschätzung suchten.

Doch auch in den Außenbeziehungen seien unternehmensethische Richtlinien unerlässlich, um die Zusammenarbeit mit den externen Partnern von vornherein auf eine klare Compliance-gerechte Basis zu stellen, so die beiden Führungskräfte im Gespräch. Zum einen gebe es gerade in Deutschland mittlerweile eine hohe Sensibilisierung für das Thema. Zum anderen wären für die Diehl-Stiftung die Konsequenzen bei Verstößen (auch einer kleinen Unternehmenseinheit) überaus weitreichend. So könnten beispielsweise (halb-)staatliche Auftraggeber ihre Aufträge stornieren, und die üblicherweise drakonischen Strafen der Kartellbehörde zusammen mit Schadensersatzzahlungen das Unternehmen finanziell ruinieren. Deshalb achte Diehl auch darauf, alle potentiellen Geschäftspartner einer Überprüfung durch den Corporate Compliance Officer zu unterziehen. Falls dieser Bedenken äußere, beziehungsweise einen potentiellen Geschäftspartner ablehne, werde diese Entscheidung in festgelegter Reihenfolge zuerst im Compliance Committee, dann im Vorstand und mit den Gesellschaftern im Aufsichtsrat behandelt und überdacht. Eine Revision der Entscheidung des Corporate Compliance Officer sei in der Praxis aber bisher noch nicht vorgekommen.

Zentral sei in jedem Fall der uneingeschränkte Erhalt der Reputation der Familie Diehl. Der Name beziehungsweise die Marke „Diehl" seien mehr wert als alles andere und ein untadeliger Ruf überaus wichtig, so die beiden Firmenvertreter. Hier stehe die gegenseitige Verantwortung der Familie und der Mitarbeiter füreinander im Vordergrund. Deshalb würden mögliche Geschäfte, die den ethischen Grundsätzen des Konzerns widersprechen, eben ausgeschlagen.

Dementsprechend müssen inzwischen alle Geschäfte in kritischen Ländern mit einem Korruptionswahrnehmungsindex[4] von weniger als 40 Punkten durch den Vorstand genehmigt werden. Außerdem kann der Vorstand bei Compliance-Verstößen in einzelnen Unternehmenseinheiten beschließen, dort

---

[4]   Der Korruptionswahrnehmungsindex (engl.: Corruption Perceptions Index, abgekürzt CPI) wird jährlich von der nicht-staatlichen Organisation Transparency International veröffentlicht. Er listet 176 Länder auf und gibt auf einer Skala von 100 (keine Korruption) bis 0 Punkten (hohe Korruption) den Grad der Korruption wieder, die bei Amtsträgern und Politikern wahrgenommen wurde. Dabei stützt sich der Index auf verschiedene Umfragen und Untersuchungen, die von mehreren unabhängigen Institutionen durchgeführt wurden. Im Jahr 2012 sind beispielsweise auch die Wirtschaftsmächte China und Russland mit weniger als 40 Punkten bewertet worden. Aber auch europäische Länder wie Italien (42 Punkte) oder Griechenland (36 Punkte) schnitten sehr schlecht ab. Deutschland liegt mit 79 Punkten auf Platz 13. Vgl. *Corruption Perceptions Index 2012: In detail* und *Corruption Perceptions Index 2012: Results.*

keine Bonus-Zahlungen zu leisten. Letzte Vision sei es, dass der Corporate Compliance Officer für die Mitarbeiter im Hause überflüssig werde.

A.3 PUMA SE

Im Frühjahr 2013 gab es verschiedene E-Mails zwischen der Autorin und der PUMA SE. Unter anderem kamen dabei folgende Fragen zur Sprache und wurden von Herrn Stefan D. SEIDEL, dem Leiter der Abteilung PUMA.Safe Ecology, beantwortet.[5]

Autorin: Mein Eindruck ist, dass vor allem Herr ZEITZ Initiator des gesamten unternehmensethischen Programms der Firma war. Trügt dieser Eindruck? Gab es Mit-Initiatoren?

PUMA: Das Nachhaltigkeitsprogramm ist älter als PUMAVision und wurde ursprünglich vom damaligen Stellvertretenden Vorstandsvorsitzenden Martin GÄNSLER und Dr. Reiner HENGSTMANN eingeführt. Das Programm PUMAVision geht dagegen hauptsächlich auf die Initiative von Hrn. ZEITZ zurück, obschon natürlich auch hier andere Akteure beteiligt waren.

Autorin: Welchen Stellenwert hat das Thema im Unternehmen nach seinem Weggang letztes Jahr?

PUMA: Das Thema Nachhaltigkeit genießt nach wie vor einen hohen Stellenwert.

Autorin: Ist es bereits soweit verankert, dass PUMA gar nicht mehr ohne PUMAVision denkbar wäre?

PUMA: Nachhaltigkeit ist Teil der Unternehmensmission. Diese könnte natürlich theoretisch wieder geändert werden, dazu sehe ich momentan aber keine Anzeichen. Ggf. werden wir das Programm PUMAVision aber etwas aktualisieren und näher an das Kerngeschäft führen.

Autorin: Wer ist jetzt der Hauptverantwortliche/die Hauptverantwortliche Abteilung, die das Thema voranbringen (HR/Strategie/...)?

PUMA: Strategie und Safe.

Autorin: Herr ZEITZ sprach einmal davon, dass das Thema Unternehmensethik und Nachhaltigkeit „Teil der DNA" von PUMA werden müsse. Inwieweit ist dies Ihrer Einschätzung nach schon passiert? Oder ist dies ein immer noch andauernder Prozess?

PUMA: Wir sind auf einem guten Weg dazu, aber noch lange nicht am Ziel.

---

[5] Der Text wurde vor der Veröffentlichung mit Herrn Stefan D. SEIDEL durchgesprochen.

Literaturverzeichnis

1,5 Milliarden Euro bei Siemens im Dunkeln. Manager magazin online vom 21.09.2007. ⟨URL: `http://www.manager-magazin.de/unternehmen/artikel/0,2828,507025,00.html;oder:http://www.manager-magazin.de/unternehmen/artikel/0,2828,555093,00.html`⟩ – Zugriff am 26.11.2012.

Altstadtfreunde Nürnberg e.V. ⟨URL: `http://altstadtfreunde-nuernberg.de`⟩ – Zugriff am 26.11.2012.

Audit berufundfamilie. ⟨URL: `http://www.beruf-und-familie.de/index.php?c=21`⟩ – Zugriff am 07.01.2013.

Corruption Perceptions Index 2012: In detail. ⟨URL: `http://cpi.transparency.org/cpi2012/in_detail/`⟩ – Zugriff am 28.12.2012.

Corruption Perceptions Index 2012: Results. ⟨URL: `http://cpi.transparency.org/cpi2012/results/`⟩ – Zugriff am 22.04.2013.

Diehl. ⟨URL: `http://www.diehl.com`⟩ – Zugriff am 06.12.2012.

Diehl Aerosystems. ⟨URL: `http://www.diehl.com/de/diehl-aerosystems.html`⟩ – Zugriff am 26.02.2013.

Diehl Controls. ⟨URL: `http://www.diehl.com/de/diehl-controls.html`⟩ – Zugriff am 26.02.2013.

Diehl Corporate Compliance. ⟨URL: `http://www.diehl.com/de/diehl-gruppe/unternehmen/corporate-compliance.html`⟩ – Zugriff am 27.11.2012.

Diehl Defence. ⟨URL: `http://www.diehl.com/de/diehl-defence.html`⟩ – Zugriff am 26.02.2013.

Diehl Kennzahlen. ⟨URL: `http://www.diehl.com/de/diehl-gruppe/unternehmen/kennzahlen.html`⟩ – Zugriff am 19.05.2014.

Diehl Menschen und Karriere: Arbeiten. ⟨URL: `http://www.diehl.com/de/diehl-gruppe/menschen-karriere/arbeiten.html`⟩ – Zugriff am 30.11.2012.

Diehl Menschen und Karriere: Einsteigen. ⟨URL: http://www.diehl.com/ de/diehl-gruppe/menschen-karriere/einsteigen.html⟩ – Zugriff am 30.11.2012.

Diehl Menschen und Karriere: Weiterentwickeln. ⟨URL: http://www. diehl.com/de/diehl-gruppe/menschen-karriere/weiterentwickeln. html⟩ – Zugriff am 30.11.2012.

Diehl Metall. ⟨URL: http://www.diehl.com/de/diehl-metall.html⟩ – Zugriff am 26.02.2013.

Diehl Metering. ⟨URL: http://www.diehl.com/de/diehl-metering. html⟩ – Zugriff am 26.02.2013.

Diehl Nachhaltigkeit. ⟨URL: http://www.diehl.com/de/diehl-gruppe/ unternehmen/nachhaltigkeit.html⟩ – Zugriff am 30.11.2012.

Diehl Nachhaltigkeit: Elektromobilität. ⟨URL: http://www.diehl.com/ de/diehl-gruppe/unternehmen/nachhaltigkeit/elektromobilitaet. html⟩ – Zugriff am 06.12.2012.

Diehl Nachhaltigkeit: Mäzenatisches. ⟨URL: http://www.diehl.com/de/ diehl-gruppe/unternehmen/nachhaltigkeit/maezenatisches.html⟩ – Zugriff am 26.11.2012.

Diehl Nachhaltigkeit: Soziale Projekte. ⟨URL: http://www.diehl. com/de/diehl-gruppe/unternehmen/nachhaltigkeit/soziale-projekte.html⟩ – Zugriff am 26.11.2012.

Diehl Nachhaltigkeit: Umwelt. ⟨URL: http://www.diehl.com/de/diehl-gruppe/unternehmen/nachhaltigkeit/umwelt.html⟩ – Zugriff am 06.12.2012.

Diehl Tradition und Geschichte. ⟨URL: http://www.diehl.com/de/ diehl-gruppe/unternehmen/tradition-geschichte.html⟩ – Zugriff am 26.02.2013.

DZ BANK Gruppe. ⟨URL: http://www.dzbank-gruppe.de/⟩ – Zugriff am 01.01.2013.

Genossenschaftliche FinanzGruppe Volksbanken Raiffeisenbanken. ⟨URL: http://werte-schaffen-werte.de/⟩ – Zugriff am 01.01.2013.

Genossenschaftliche FinanzGruppe Volksbanken Raiffeisenbanken: Werte. ⟨URL: http://werte-schaffen-werte.de/unsere-werte.html⟩ – Zugriff am 01.01.2013.

Initiative Fair Company. ⟨URL: http://faircompany.karriere.de/⟩ – Zugriff am 07.01.2013.

Der Kredit, der Verantwortung übernimmt. Stand: 12/2012 (Download). ⟨URL: `http://www.easycredit.de/dokumente/easyCredit_Infobroschuere.pdf`⟩ – Zugriff am 03.05.2013.

KulturRucksack: Idee des Projekts. ⟨URL: `http://www.theater-mummpitz.de/kulturrucksack/idee.html`⟩ – Zugriff am 05.01.2013.

Puma-Chef Franz Koch muss gehen. Manager magazin online vom 12.12.2012. ⟨URL: `http://www.manager-magazin.de/unternehmen/handel/0,2828,872402,00.html`⟩ – Zugriff am 15.02.2013.

PUMA Geschäfts- und Nachhaltigkeitsbericht 2007/2008. ⟨URL: `http://ir2.flife.de/data/puma_csr/igb_html/index.php?bericht_id=1000001&index=&lang=DEU`⟩ – Zugriff am 22.02.2013.

PUMA Geschäfts- und Nachhaltigkeitsbericht 2011 (Download). ⟨URL: `http://about.puma.com/wp-content/themes/aboutPUMA_theme/financial-report/pdf/2011/PUMAGeschaeftsbericht2011_DEU.pdf`⟩ – Zugriff am 13.02.2013.

PUMA Geschäfts- und Nachhaltigkeitsbericht 2012 (Download). ⟨URL: `http://about.puma.com/wp-content/themes/aboutPUMA_theme/financial-report/pdf/2012/PUMAGeschaeftsbericht2012_de.pdf`⟩ – Zugriff am 13.05.2013.

Puma Geschäfts- und Nachhaltigkeitsberichte. ⟨URL: `http://about.puma.com/category/sustainability/sustainability-report/`⟩ – Zugriff am 28.05.2013.

PUMA Geschichte. ⟨URL: `http://about.puma.com/category/company/history/`⟩ – Zugriff am 14.02.2013.

PUMA Nachhaltigkeitsbericht 2002 (Download). ⟨URL: `http://about.puma.com/wp-content/themes/aboutPUMA_theme/financial-report/pdf/106.pdf`⟩ – Zugriff am 13.02.2013.

PUMA Nachhaltigkeitsbericht 2004 (Download). ⟨URL: `http://about.puma.com/wp-content/themes/aboutPUMA_theme/financial-report/pdf/uet5jx5mfqdj5dgf.pdf`⟩ – Zugriff am 02.03.2013.

PUMA Pressemitteilung vom 10.09.2010. ⟨URL: `http://about.puma.com/puma-issues-sustainability-report/`⟩ – Zugriff am 22.02.2013.

PUMA Pressemitteilung vom 14.02.2013. ⟨URL: `http://about.puma.com/pumas-2012-sales-meet-expectations-transformation-and-cost-reduction-program-impact-profitability/`⟩ – Zugriff am 15.02.2013.

PUMA Pressemitteilung vom 18.04.2013. ⟨URL: `http://about.puma.com/puma-appoints-bjorn-gulden-as-new-ceo/de`⟩ – Zugriff am 28.05.2013.

PUMA Pressemitteilung vom 27.11.2010. ⟨URL: http://about.puma. com/puma-receives-german-sustainability-award-for-ambitious-sustainability-strategy/?lang=de⟩ – Zugriff am 22.02.2013.

PUMA Verhaltenskodex (Download). ⟨URL: http://about.puma.com/wp-content/themes/aboutPUMA_theme/media/pdf/Verhaltenskodex.pdf⟩ – Zugriff am 13.02.2014.

Puma-Vorstandschef muss nach weniger als zwei Jahren gehen. Handelsblatt vom 12.12.2012. ⟨URL: http://www.handelsblatt.com/unternehmen/management/koepfe/beschluss-des-verwaltungsrats-puma-vorstandschef-muss-nach-weniger-als-zwei-jahren-gehen-seite-all/7510018-all.html⟩ – Zugriff am 15.02.2013.

PUMAs ökologische Gewinn- und Verlustrechnung 2010 (Download). ⟨URL: http://about.puma.com/wp-content/themes/aboutPUMA_theme/media/pdf/2014/EPL_Report_Final_09062014.pdf⟩ – Zugriff am 13.06.2014.

PUMA.Safe Handbuch. ⟨URL: http://about.puma.com/category/sustainability/puma-standard/⟩ – Zugriff am 13.05.2013.

Rat für Nachhaltige Entwicklung, Pressemitteilung vom 28.09.2012. ⟨URL: http://www.nachhaltigkeitsrat.de/presseinformationen/pressemitteilungen/abschied-zeitz-28-09-2012/⟩ – Zugriff am 15.02.2013.

TeamBank. ⟨URL: http://www.easycredit.de/⟩ – Zugriff am 02.01.2013.

TeamBank Auszeichnungen und Zertifikate. ⟨URL: http://www.easycredit.de/easyCredit-AuszeichnungenundZertifikate.htm⟩ – Zugriff am 01.01.2013.

TeamBank easyCredit: Produktinformation. ⟨URL: http://www.easycredit.de/easyCredit-Produktinformation.htm⟩ – Zugriff am 01.01.2013.

TeamBank Engagement und Sponsoring. ⟨URL: http://www.easycredit.de/Engagement.htm⟩ – Zugriff am 01.01.2013.

TeamBank Fairness. ⟨URL: http://www.easycredit.de/easyCredit-Fairness.htm⟩ – Zugriff am 02.01.2013.

TeamBank Geschichte. ⟨URL: http://www.easycredit.de/Geschichte.htm⟩ – Zugriff am 01.01.2013.

TeamBank Kundenbeirat. ⟨URL: http://www.easycredit.de/Kundenbeirat.htm⟩ – Zugriff am 05.01.2013.

TeamBank Pressemitteilung vom 24.05.2012. ⟨URL: http://www.easycredit.de/Pressemitteilung_2973.htm⟩ – Zugriff am 03.01.2013.

TeamBank Pressemitteilung vom 27.11.2012. ⟨URL: http://www. easycredit.de/Pressemitteilung_3189.htm⟩ – Zugriff am 03.01.2013.

TeamBank Produkte. ⟨URL: http://www.easycredit.de/Produkte. htm⟩ – Zugriff am 01.01.2013.

TeamBank Standorte. ⟨URL: http://www.easycredit.de/Standorte. htm⟩ – Zugriff am 01.01.2013.

TeamBank Unternehmenskultur. ⟨URL: http://www.easycredit.de/ Unternehmenskultur.htm⟩ – Zugriff am 01.01.2013.

TeamBank Zahlen und Fakten. ⟨URL: http://www.easycredit.de/ ZahlenundFakten.htmv⟩ – Zugriff am 01.01.2013.

TÜV Süd Informationen ISO 9001. ⟨URL: http://www.tuev-sued.de/ management-systeme/iso-9001⟩ – Zugriff am 07.01.2013.

Alwart, Heiner (Hrsg.) **(1998):** Verantwortung und Steuerung von Unternehmen in der Marktwirtschaft. München u. a.: Hampp, Deutsches Netzwerk Wirtschaftsethik - EBEN Deutschland e.V.: DNWE-Schriftenreihe Folge 3.

Apel, Karl-Otto (1988a): Das Apriori der Kommunikationsgemeinschaft und die Grundlagen der Ethik: Zum Problem einer rationalen Begründung der Ethik im Zeitalter der Wissenschaft. In **Apel** (1988c), S. 358–435.

Apel, Karl-Otto (1988b): Diskurs und Verantwortung: Das Problem des Übergangs zur postkonventionellen Moral. Frankfurt am Main: Suhrkamp.

Apel, Karl-Otto (1988c): Transformation der Philosophie. Band 2: Das Apriori der Kommunikationsgemeinschaft. 4. Auflage. Frankfurt am Main: Suhrkamp, Suhrkamp-Taschenbuch Wissenschaft 165.

Apel, Karl-Otto (1991): Transformation der Philosophie. Band 1: Sprachanalytik, Semiotik, Hermeneutik. 4. Auflage. Frankfurt am Main: Suhrkamp, Suhrkamp-Taschenbuch Wissenschaft 164.

Aßländer, Michael Stefan/Ulrich, Peter (Hrsg.) **(2009):** 60 Jahre Soziale Marktwirtschaft: Illusionen und Reinterpretationen einer ordnungspolitischen Integrationsformel. Bern u. a.: Haupt, Sankt Galler Beiträge zur Wirtschaftsethik Bd. 44.

Barth, Hans-Martin (2009): Die Theologie Martin Luthers: Eine kritische Würdigung. Gütersloh: Gütersloher Verl.-Haus.

Becker, Gary S. (1982): Der ökonomische Ansatz zur Erklärung menschlichen Verhaltens. Tübingen: Mohr Siebeck, Die Einheit der Gesellschaftswissenschaften Band 32.

Berges, Ulrich/Hoppe, Rudolf (2009): Arm und Reich. Würzburg: Echter, Die neue Echter-Bibel Themen Band 10.

Beschorner, Thomas/Hajduk, Thomas (2011): Der ehrbare Kaufmann - Unternehmenseverantwortung „light"? CSR Magazin, Heft 3, S. 6–8.

Beschorner, Thomas/Hajduk, Thomas (2012): Vom ehrbaren Kaufmann zur Unternehmensverantwortung. forum wirtschaftsethik, Heft 2, S. 2–7.

Bloomquist, Karen L. (Hrsg.) **(2005):** Lutheran ethics at the Intersections of God's one world. Geneva: The Lutheran World Federation, Lutheran World Federation Studies.

Boockmann, Hartmut (2007): Einführung in die Geschichte des Mittelalters. 8. Auflage. München: Beck, C. H. Beck Studium.

Bosch, Gerhard (Hrsg.) **(2007):** Arbeiten für wenig Geld: Niedriglohnbeschäftigung in Deutschland. Frankfurt am Main u. a.: Campus.

Buchanan, James M. (1984): Die Grenzen der Freiheit: Zwischen Anarchie und Leviathan. Tübingen: Mohr Siebeck, Die Einheit der Gesellschaftswissenschaften Band 38.

Buchanan, James M. (1985): Constitutional Democracy, Individual Liberty and Political Economy. Die Vertragstheorie als Grundlage der parlamentarischen Demokratie, Tübingen: Mohr Siebeck, Jahrbuch für neue politische Ökonomie Band 4, S. 35–47.

Coase, Ronald (1937): The Nature of the Firm. Economica N.S. 4, S. 386–405.

Dietzfelbinger, Daniel (2008): Praxisleitfaden Unternehmensethik: Kennzahlen, Instrumente, Handlungsempfehlungen. Wiesbaden: Gabler.

Duchrow, Ulrich/Segbers, Franz/Crüsemann, Frank/Falcke, Heino (Hrsg.) **(2008):** Frieden mit dem Kapital?: Wider die Anpassung der evangelischen Kirche an die Macht der Wirtschaft; Beiträge zur Kritik der Unternehmerdenkschrift der EKD. Oberursel: Publik-Forum-Verl.-Ges., Publik-Forum Edition.

Ebach, Jürgen (1982): Art. Eigentum I. In Theologische Realenzyklopädie Band 9. Berlin u.a., S. 404–407.

Ebach, Jürgen (1998): Art. Arbeit II. In Religion in Geschichte und Gegenwart Band 1. 4. Auflage. Tübingen, Sp. 678–680..

Ebner, Martin (Hrsg.) **(2011):** Wie biblisch ist die Theologie? Neukirchen-Vluyn: Neukirchener Verlagsges., Jahrbuch für biblische Theologie 25.

Edel, Susanne (1998): Wirtschaftsethik im Dialog: Der Beitrag Arthur Richs zur Verständigung zwischen Theologie und Ökonomik. Stuttgart: Calwer, Arbeiten zur Theologie 88.

EKD (1991): Gemeinwohl und Eigennutz: Wirtschaftliches Handeln in Verantwortung für die Zukunft. Eine Denkschrift der Evangelischen Kirche in Deutschland. 2. Auflage. Gütersloh: Gütersloher Verl.-Haus Mohn.

EKD (2006): Gerechte Teilhabe: Befähigung zu Eigenverantwortung und Solidarität. Eine Denkschrift des Rates der Evangelischen Kirche in Deutschland zur Armut in Deutschland. 2. Auflage. Gütersloh: Gütersloher Verl.-Haus.

EKD (2008): Unternehmerisches Handeln in evangelischer Perspektive. Eine Denkschrift des Rates der Evangelischen Kirche in Deutschland. 2. Auflage. Gütersloh: Gütersloher Verl.-Haus.

EKD (2009): Umkehr zum Leben: Nachhaltige Entwicklung im Zeichen des Klimawandels: Eine Denkschrift des Rates der Evangelischen Kirche in Deutschland. Gütersloh: Gütersloher Verl.-Haus.

EKD/ÖRK (1997): Für eine Zukunft in Solidarität und Gerechtigkeit: Wort des Rates der Evangelischen Kirche in Deutschland und der Deutschen Bischofskonferenz zur wirtschaftlichen und sozialen Lage in Deutschland; eingeleitet und kommentiert von Marianne Heimbach-Steins und Andreas Lienkamp (Hrsg.). Unter Mitarb. von Gerhard Kruip und Stefan Lunte. München: Bernward bei Don Bosco, Deutsche Bischofskonferenz; Gemeinsame Texte 9.

Evang, Martin (Hrsg.) **(1997):** Eschatologie und Schöpfung: Festschrift für Erich Gräßer zum siebzigsten Geburtstag. Berlin u.a.: De Gruyter, Zeitschrift für die neutestamentliche Wissenschaft und die Kunde der älteren Kirche; Beihefte 89.

Fischer, Joachim (2010): Luther in der Wirtschaftswissenschaft des 19. Jahrhunderts: Auswirkungen auf moderne Wirtschaftsethik. Münster u. a.: Lit, Philosophie und Ökonomik 9.

Frick, Frank S. (1999): Art. Eigentum II. In Religion in Geschichte und Gegenwart Band 2. 4. Auflage. Tübingen, Sp. 1144–1146..

Friedrichs, Jürgen (1990): Methoden empirischer Sozialforschung. 14. Auflage. Opladen: Westdeutscher Verlag, WV-Studium 28.

Fromm, Erich (1982): Ihr werdet sein wie Gott: Eine radikale Interpretation des Alten Testaments und seiner Tradition. Stuttgart: Deutsche Verlags-Anstalt.

Fromm, Thomas: 1. Platz: Jochen Zeitz, Puma — Immer auf dem Sprung. In Financial Times Deutschland vom 08.09.2005. ⟨URL: http://www.ftd.de/karriere/management/:1-platz-jochen-zeitz-puma-immer-auf-dem-sprung/21668.html⟩ – Zugriff am 16.02.2013.

Gigon, Olof (1978): Art. Aristoteles/Aristotelismus I. In Theologische Realenzyklopädie Band 3. Berlin u.a., S. 726–768.

Grabitz, Ileana: Puma-Chef Zeitz rechnet mit höheren Preisen. In Die Welt vom 11.07.2011. ⟨URL: http://www.welt.de/ dieweltbewegen/article13480695/Puma-Chef-Zeitz-rechnet-mit-hoeheren-Preisen.html⟩ – Zugriff am 16.02.2013.

Grober, Ulrich (2010): Die Entdeckung der Nachhaltigkeit: Kulturgeschichte eines Begriffs. München: Kunstmann.

Grün, Anselm/Zeitz, Jochen (2010): Gott, Geld und Gewissen: Mönch und Manager im Gespräch. Münsterschwarzach: Vier-Türme-Verl.

Grunwald, Armin/Kopfmüller, Jürgen (2006): Nachhaltigkeit. Frankfurt am Main u. a.: Campus, Campus Einführungen.

Habermas, Jürgen (1991a): Diskursethik: Notizen zu einem Begründungsprogramm. In **Habermas** (1991b), S. 53–125.

Habermas, Jürgen (1991b): Erläuterungen zur Diskursethik. Frankfurt am Main: Suhrkamp, Suhrkamp-Taschenbuch Wissenschaft 975.

Hage, Simon/Noé, Martin: Puma-Chefkontrolleur: Jochen Zeitz kündigt Rückzug an. In Spiegel online vom 19.09.2012. ⟨URL: http://www.spiegel.de/wirtschaft/unternehmen/puma-jochen-zeitz-kuendigt-rueckzug-an-a-856730.html⟩ – Zugriff am 15.02.2013.

Hauff, Michael von/Kleine, Alexandro (2009): Nachhaltige Entwicklung: Grundlagen und Umsetzung. München: Oldenbourg.

Heeg, Andreas (2002): Ethische Verantwortung in der globalisierten Ökonomie: Kritische Rekonstruktion der Unternehmensethikansätze von Horst Steinmann, Peter Ulrich, Karl Homann und Josef Wieland. Frankfurt am Main u. a.: Lang, Moderne, Kulturen, Relationen 2.

Herms, Eilert (2008a): Theologische Wirtschaftsethik: Das Problem ihrer bibeltheologischen Begründung und ihres spezifischen Beitrags zum wirtschaftsethischen Diskurs. In **Herms** (2008b), S. 133–162.

Herms, Eilert (2008b): Die Wirtschaft des Menschen: Beiträge zur Wirtschaftsethik. Tübingen: Mohr Siebeck.

Hobbes, Thomas (1651): Leviathan, or the Matter, Forme and Power of a Common-Wealth, Ecclesiastical and Civil. London.

Homann, Karl; Lütge, Christoph (Hrsg.) **(2002a):** Die Bedeutung von Anreizen in der Ethik (1997). In **Homann, Karl; Lütge, Christoph** (Hrsg.) **(2002h)**, S. 187–210.

Homann, Karl; Lütge, Christoph (Hrsg.) **(2002b):** Die Bedeutung von Dilemmastrukturen für die Ethik (2000). In **Homann, Karl; Lütge, Christoph** (Hrsg.) **(2002h),** S. 94–106.

Homann, Karl; Lütge, Christoph (Hrsg.) **(2002c):** Ethik und Ökonomik: Zur Theoriestrategie der Wirtschaftsethik (1994). In **Homann, Karl; Lütge, Christoph** (Hrsg.) **(2002h),** S. 45–66.

Homann, Karl; Lütge, Christoph (Hrsg.) **(2002d):** Homo oeconomicus und Dilemmastrukturen (1994). In **Homann, Karl; Lütge, Christoph** (Hrsg.) **(2002h),** S. 69–93.

Homann, Karl; Lütge, Christoph (Hrsg.) **(2002e):** Moralität und Vorteil (1999). In **Homann, Karl; Lütge, Christoph** (Hrsg.) **(2002h),** S. 176–186.

Homann, Karl; Lütge, Christoph (Hrsg.) **(2002f):** Normativität angesichts systemischer Sozial- und Denkstrukturen (1998). In **Homann, Karl; Lütge, Christoph** (Hrsg.) **(2002h),** S. 139–175.

Homann, Karl; Lütge, Christoph (Hrsg.) **(2002g):** Ökonomik: Fortsetzung der Ethik mit anderen Mitteln. In **Homann, Karl; Lütge, Christoph** (Hrsg.) **(2002h),** S. 243–266.

Homann, Karl; Lütge, Christoph (Hrsg.) **(2002h):** Vorteile und Anreize: Zur Grundlegung einer Ethik der Zukunft. Tübingen: Mohr Siebeck.

Homann, Karl; Lütge, Christoph (Hrsg.) **(2002i):** Wider die Erosion der Moral durch Moralisieren (1993). In **Homann, Karl; Lütge, Christoph** (Hrsg.) **(2002h),** S. 3–20.

Homann, Karl; Lütge, Christoph (Hrsg.) **(2002j):** Zur Grundlegung einer modernen Gesellschafts- und Sozialpolitik: Das Problem der „sozialen Ordnung" (1999). In **Homann, Karl; Lütge, Christoph** (Hrsg.) **(2002h),** S. 211–239.

Homann, Karl; Lütge, Christoph (Hrsg.) **(2003a):** Anreize und Moral: Gesellschaftstheorie - Ethik - Anwendungen. Münster u. a.: Lit, Philosophie und Ökonomik 1.

Homann, Karl; Lütge, Christoph (Hrsg.) **(2003b):** Die Funktion von Werten in der modernen Gesellschaft (2001). In **Homann, Karl; Lütge, Christoph** (Hrsg.) **(2003a),** S. 69–85.

Homann, Karl; Lütge, Christoph (Hrsg.) **(2003c):** Legitimation und Verfassungsstaat: Vertragstheoretische Interpretation der Demokratie (1985). In **Homann, Karl; Lütge, Christoph** (Hrsg.) **(2003a),** S. 29–58.

Homann, Karl; Lütge, Christoph (Hrsg.) **(2003d):** Ökonomik und De-mokratie: Perspektiven nach dem Ende des Sozialismus. In **Homann, Karl; Lütge, Christoph** (Hrsg.) **(2003a)**, S. 87−119.

Homann, Karl/Blome-Drees, Franz (1992): Wirtschafts- und Unter-nehmensethik. Göttingen: Vandenhoeck & Ruprecht, UTB für Wissenschaft: Uni-Taschenbücher 1721.

Homann,   Karl/Kirchner,   Christian;   Lütge,   Christoph (Hrsg.) **(2002):** Ordnungsethik (1995). In **Homann, Karl; Lütge, Christoph** (Hrsg.) **(2002h)**, S. 137−165.

Homann, Karl/Suchanek, Andreas (2005): Ökonomik: Eine Einfüh-rung. Überarb. 2. Auflage. Tübingen: Mohr Siebeck, Neue ökonomische Grundrisse.

Horst, Friedrich; Wolff, Hans Walter (Hrsg.) **(1961a):** Das Ei-gentum nach dem AT. In **Horst, Friedrich; Wolff, Hans Walter** (Hrsg.) **(1961b)**, S. 203−221.

Horst, Friedrich; Wolff, Hans Walter (Hrsg.) **(1961b):** Gottes Recht: gesammelte Studien zum Recht im Alten Testament; aus Anlaß der Voll-endung seines 65. Lebensjahres. München: Kaiser, Theologische Bücherei 12: Altes Testament.

Hübner, Jörg (2013): „Notwendige Abschiede" leben!: Sozialethische Perspetiven für eine Postwachstumsgesellschaft. Deutsches Pfarrerblatt, Heft 3, S. 139–143.

Idowu, Samuel O. (Hrsg.) **(2011):** Theory and practice of corporate social responsibility. Berlin u. a.: Springer.

Janowski, Bernd (2004): Art. Schöpfung II. In Religion in Geschichte und Gegenwart Band 7. 4. Auflage. Tübingen, Sp. 970−972..

Janowski, Bernd (2008): Die Welt als Schöpfung. Neukirchen-Vluyn: Neukirchener Verlagsges., Beiträge zur Theologie des Alten Testaments 4.

Jonas, Hans (2003): Das Prinzip Verantwortung: Versuch einer Ethik für die technologische Zivilisation. Frankfurt am Main: Suhrkamp, Suhrkamp-Taschenbuch 3492.

Junghans, Helmar (Hrsg.) **(1983):** Leben und Werk Martin Luthers von 1526 bis 1546: Festgabe zu seinem 500. Geburtstag. Göttingen: Vandenhoeck & Ruprecht.

Justenhoven, Heinz-Gerhard/Araujo, Robert John (Hrsg.) **(2012):** From just war to modern peace ethics. Berlin u. a.: De Gruyter, Arbeiten zur Kirchengeschichte 120.

Kaiser, Otto (2000): Art. Freiheit I. In Religion in Geschichte und Gegenwart Band 3. 4. Auflage. Tübingen, Sp. 304–306..

Kant, Immanuel; Weischedel, Wilhelm (Hrsg.) **(2000a):** Grundlegung zur Metaphysik der Sitten (1785). In **Kant, Immanuel; Weischedel, Wilhelm** (Hrsg.) **(2000b)**, S. 7–102.

Kant, Immanuel; Weischedel, Wilhelm (Hrsg.) **(2000b):** Immanuel Kant: Werkausgabe in 12 Bänden. Band 7. Frankfurt am Main: Suhrkamp, Suhrkamp-Taschenbuch Wissenschaft 56.

Kant, Immanuel; Weischedel, Wilhelm (Hrsg.) **(2000c):** Kritik der praktischen Vernunft (1788). In **Kant, Immanuel; Weischedel, Wilhelm** (Hrsg.) **(2000b)**, S. 103–302.

Klein, Sabine B. (2004): Familienunternehmen: Theoretische und empirische Grundlagen. 2. Auflage. Wiesbaden: Gabler.

Klink, Daniel (2007): Der ehrbare Kaufmann. Berlin, Diplomarbeit, Institut für Management, Humboldt-Universität zu Berlin ⟨URL: http://www.der-ehrbare-kaufmann.de/zum-leitbild-des-ehrbaren-kaufmanns/forschung-und-lehre/forschungsarbeiten-des-instituts-fuer-management/zum-ehrbaren-kaufmann/⟩ – Zugriff am 13.01.2013.

Klink, Daniel (2008): Der Ehrbare Kaufmann: Das ursprüngliche Leitbild der Betriebswirtschaftslehre und individuelle Grundlage für die CSR-Forschung. Zeitschrift für Betriebswirtschaft, Heft 3, S. 57–79.

Koch, Hans-Gerhard (2011): Biblisch Wirtschaften: Menschengemäßes Management nach bilblischen Grundsätzen. Nürnberg: Mabase.

Korsch, Dietrich (Hrsg.) **(2010):** Martin Luther: Biographie und Theologie. Tübingen: Mohr Siebeck, Spätmittelalter, Humanismus, Reformation 53.

Koslowski, Peter/Priddat, Birger P. (Hrsg.) **(2006):** Ethik des Konsums. Paderborn u. a.: Fink.

Kramer, Rolf (2009): In Verantwortung für das Leben: Sozialethische Perspektiven. Berlin: Duncker und Humblot, Wissenschaftliche Abhandlungen und Reden zur Philosophie, Politik und Geistesgeschichte 53.

Kratz, Reinhard/Spieckermann, Hermann (1999): Art. Schöpfung II. In Theologische Realenzyklopädie Band 30. Berlin u.a., S. 259–283.

Krystek, Ulrich (Hrsg.) **(1997):** Internationalisierung: eine Herausforderung für die Unternehmensführung. Berlin u. a.: Springer.

Kümmel, Werner G.; Derselbe (Hrsg.) **(1965a):** Der Begriff des Eigentums im NT. In Ders. (Hrsg.) **(1965b),** S. 271–277.

Derselbe (Hrsg.) **(1965b):** Heilsgeschehen und Geschichte: gesammelte Aufsätze 1933-1964. Marburg: Elwert, Marburger theologische Studien Band 1.

Küpper, Hans-Ulrich (2006): Unternehmensethik: Hintergründe, Konzepte, Anwendungsbereiche. Stuttgart: Schäffer-Poeschel.

Leyk, Wolfgang (2009): Mehrwertigkeit: Neue Kriterien für wirtschaftliche Entscheidungen. Münster u. a.: Lit, Ethik im theologischen Diskurs 17.

Lin-Hi, Nick (2010): Der ehrbare Kaufmann: Tradition und Verpflichtung. Nürnberg: Industrie- und Handelskammer Nürnberg für Mittelfranken, S. 4–21.

Liwak, Rüdiger (2004): Art. Reichtum II. In Religion in Geschichte und Gegenwart Band 7. 4. Auflage. Tübingen, Sp. 231–232..

Loch, Christoph H./Sting, Fabian J./Huchzermeier, Arnd/Decker, Christiane (2012): Fairness zahlt sich aus. Harvard Business Manager, Heft 10, S. 64–70.

Lohfink, Norbert (1985): „Option für die Armen“: Das Leitwort der Befreiungstheologie im Lichte der Bibel. Stimmen der Zeit, 203, S. 449–464.

Luhmann, Niklas (1994): Soziale Systeme: Grundriss einer allgemeinen Theorie. 5. Auflage. Frankfurt am Main: Suhrkamp, Suhrkamp-Taschenbuch Wissenschaft 666.

Luhmann, Niklas (1997a): Die Gesellschaft der Gesellschaft. Band 1, Frankfurt am Main: Suhrkamp.

Luhmann, Niklas (1997b): Die Gesellschaft der Gesellschaft. Band 2, Frankfurt am Main: Suhrkamp.

Luhmann, Niklas; Baecker, Dirk (Hrsg.) **(2009):** Einführung in die Theorie der Gesellschaft. 2. Auflage. Heidelberg: Carl-Auer.

Luhmann, Niklas; Baecker, Dirk (Hrsg.) **(2011):** Einführung in die Systemtheorie. 6. Auflage. Heidelberg: Auer.

Luther, Martin (1883ff.): D. Martin Luthers Werke: Schriften. Band 1ff., Krit. Gesamtausgabe. Weimar: Hermann Böhlau bzw. Hermann Böhlaus Nachfolger.

Luther, Martin (1912ff.): D. Martin Luthers Werke: Tischreden. Band 1ff., Krit. Gesamtausgabe. Weimar: Hermann Böhlaus Nachfolger.

Luther, Martin (1930ff.): D. Martin Luthers Werke: Briefwechsel. Band 1ff., Krit. Gesamtausgabe. Weimar: Hermann Böhlaus Nachfolger.

Martin, Karl/Kessler, Wolfgang/Prien, Hans-Jürgen/Segbers, Franz (Hrsg.) **(2004):** Wirtschaft im Dienst des Lebens: Biblische Impulse, reformatorische Orientierungen, gegenwärtige Herausforderungen für eine theologische Wirtschaftsethik; eine Vortragsreihe. 2. Auflage. Bad Harzburg u. a.: Fenestra.

Matthiessen, Christian/Koslowski, Peter (Hrsg.) **(1990):** Ökonomie und Ethik: Moral des Marktes oder Kritik der reinen ökonomischen Vernunft. Freiburg im Breisgau: Hochschulverlag.

Meadows, Donella H./Randers, Jørgen/Meadows, Dennis L. (2011): Grenzen des Wachstums: das 30-Jahre-Update: Signal zum Kurswechsel. 4. Auflage. Stuttgart: Hirzel.

Meireis, Torsten (2008): Tätigkeit und Erfüllung: Protestantische Ethik im Umbruch der Arbeitsgesellschaft. Tübingen: Mohr Siebeck.

Moeller, Bernd (1999): Deutschland im Zeitalter der Reformation. Durchges. und bibliogr. erneuerte 4. Auflage. Göttingen: Vandenhoeck & Ruprecht, Deutsche Geschichte Band 4. Kleine Vandenhoeck-Reihe 1432.

Neubäumer, Renate/Hewel, Brigitte/Lenk, Thomas (Hrsg.) **(2011):** Volkswirtschaftslehre: Grundlagen der Volkswirtschaftstheorie und Volkswirtschaftspolitik. Vollst. überarb. 5. Auflage. Wiesbaden: Gabler, Lehrbuch.

Noll, Bernd (2002): Wirtschafts- und Unternehmensethik in der Marktwirtschaft. Stuttgart: Kohlhammer.

Noll, Bernd (2010): Grundriss der Wirtschaftsethik: von der Stammesmoral zur Ethik der Globalisierung. Stuttgart: Kohlhammer.

North, Douglass C. (1992): Institutionen, institutioneller Wandel und Wirtschaftsleistung. Tübingen: Mohr Siebeck, Die Einheit der Gesellschaftswissenschaften Band 76.

Nutzinger, Hans G. (Hrsg.) **(1991):** Wirtschaft und Ethik. Wiesbaden: Dt. Univ.-Verl., DUV: Sozialwissenschaft.

Pawlas, Andreas (1991): Welche Beträge leistet Martin Luther zu einer Unternehmensethik?: Auf der Suche nach einer evangelischen Unternehmensethik. Zeitschrift für Betriebswirtschaft, Heft 3, S. 379–398.

Pawlas, Andreas (1994): Ist „Kaufhandel" immer „Wucher"?: Luther zu kaufmännischem Handel und Wucher als Beitrag zu einer evangelischen Wirtschaftsethik. Kerygma und Dogma: Zeitschrift für theologische Forschung und kirchliche Lehre, 40, S. 282–304.

Pawlas, Andreas (2000): Die lutherische Berufs- und Wirtschaftsethik: eine Einführung. Neukirchen-Vluyn: Neukirchener Verlagsges..

Pelikan, Roland (2009): Ethik lernen in der Arbeitswelt : Perspektiven einer missionarischen Ethik am Beispiel des Industriepraktikums für Theologiestudierende der Evangelisch-Lutherischen Kirche in Bayern. Münster u. a.: Lit, Ethik im theologischen Diskurs Band 16.

Pohl, Gerd (Hrsg.) **(1996):** Niedriglöhne: Die unbekannte Realität: Armut trotz Arbeit; empirische Bestandsaufnahme und politische Lösungsvorschläge. Hamburg: VSA-Verl.

Polanyi, Karl (1995): The great transformation: Politische und ökonomische Ursprünge von Gesellschaften und Wirtschaftssystemen. 3. Auflage. Frankfurt am Main: Suhrkamp, Suhrkamp-Taschenbuch Wissenschaft 260.

Preuß, Horst D. (1978): Art. Arbeit I. In Theologische Realenzyklopädie Band 3. Berlin u.a., S. 613–618.

Priddat, Birger P. (2005): Unvollständige Akteure: Komplexer werdende Ökonomie. Wiesbaden: VS, Verl. für Sozialwiss.

Prien, Hans-Jürgen (1992): Luthers Wirtschaftsethik. Göttingen: Vandenhoeck & Ruprecht.

Prien, Hans-Jürgen; Martin, Karl/Kessler, Wolfgang/Prien, Hans-Jürgen/Segbers, Franz (Hrsg.) **(2004):** Wirtschaftsethik der Reformationszeit bei Martin Luther. In **Martin, Karl/Kessler, Wolfgang/Prien, Hans-Jürgen/Segbers, Franz** (Hrsg.) **(2004)**, S. 42–75.

Raupp, Juliana (Hrsg.) **(2011):** Handbuch CSR: Kommunikationswissenschaftliche Grundlagen, disziplinäre Zugänge und methodische Herausforderungen; mit Glossar. Wiesbaden: VS, Verl. für Sozialwiss.

Rawls, John (1975): Eine Theorie der Gerechtigkeit. 1. Auflage. Frankfurt am Main: Suhrkamp.

Rawls, John (1993): Political liberalism. New York u. a.: Columbia Univ. Press, The John Dewey essays in philosophy 4.

Rawls, John; Kelly, Erin (Hrsg.) **(2003):** Gerechtigkeit als Fairness: Ein Neuentwurf. Frankfurt am Main: Suhrkamp.

Rehm, Johannes/Reihs, Sigrid (Hrsg.) **(2010):** Kirche und unternehmerisches Handeln - neue Perspektiven der Dialogarbeit. Stuttgart: Kohlhammer.

Rehm, Johannes/Ulrich, Hans G. (Hrsg.) **(2009):** Menschenrecht auf Arbeit?: sozialethische Perspektiven. Stuttgart: Kohlhammer.

Rich, Arthur (1991): Wirtschaftsethik. Band 1: Grundlagen in theologischer Perspektive. 4. Auflage. Gütersloh: Gütersloher Verl.-Haus Mohn.

Rich, Arthur (1992): Wirtschaftsethik. Band 2: Marktwirtschaft, Planwirtschaft, Weltwirtschaft aus sozialethischer Sicht. Durchges. und verb. 2. Auflage. Gütersloh: Gütersloher Verl.-Haus Mohn.

Rüsen, Tom A./Schlippe, Arist von/Groth, Torsten (Hrsg.) **(2009):** Familienunternehmen: Exploration einer Unternehmensform. Lohmar u. a.: Eul Verl., Schriften zu Familienunternehmen Band 2.

Schlippe, Arist von/Buberti, Constanze/Groth, Torsten/Plate, Markus; Rüsen, Tom A./Schlippe, Arist von/Groth, Torsten (Hrsg.) **(2009):** Die Zehn Wittener Thesen. In **Rüsen, Tom A./Schlippe, Arist von/Groth, Torsten** (Hrsg.) **(2009)**, S. 1–24.

Schmid, Konrad (Hrsg.) **(2012):** Schöpfung. Tübingen: Mohr Siebeck, Themen der Theologie 4.

Schöllgen, Gregor (2002): Diehl: Ein Familienunternehmen in Deutschland 1902 - 2002. Berlin u. a.: Propyläen.

Schottroff, Luise/Schottroff, Willy (Hrsg.) **(1983):** Mitarbeiter der Schöpfung: Bibel und Arbeitswelt. München: Kaiser.

Schrey, Heinz-Horst (1985): Art. Goldene Regel III. In Theologische Realenzyklopädie Band 13. Berlin u.a., S. 575ff.

Schweiker, William/Mathewes, Charles (Hrsg.) **(2004):** Having: Property and possession in religious and social life. Grand Rapids, Mich. u. a.: Eerdmans.

Sedláček, Tomáš (2012): Die Ökonomie von Gut und Böse. München: Hanser.

Segbers, Franz (2002): Die Hausordnung der Tora: Biblische Impulse für eine theologische Wirtschaftsethik. Durchges. 3. Auflage. Luzern: Ed. Exodus, Theologie in Geschichte und Gesellschaft 7.

Segbers, Franz; Martin, Karl/Kessler, Wolfgang/Prien, Hans-Jürgen/Segbers, Franz (Hrsg.) **(2004):** Biblische Impulse für eine theologische Wirtschaftsethik. In **Martin, Karl/Kessler, Wolfgang/Prien, Hans-Jürgen/Segbers, Franz** (Hrsg.) **(2004)**, S. 28–39.

Segbers, Franz; Rehm, Johannes/Ulrich, Hans G. (Hrsg.) **(2009):** „Erinnere dich daran, dass du selbst ein Sklave, eine Sklavin in Ägypten warst…" (Dtn 5,15): Biblische Impulse für Humanität in der Arbeit. In **Rehm, Johannes/Ulrich, Hans G.** (Hrsg.) **(2009)**, S. 11–38.

Sölle, Dorothee; Schottroff, Luise/Schottroff, Willy (Hrsg.) **(1983):** Kleine Theologie der Arbeit. In **Schottroff, Luise/Schottroff, Willy** (Hrsg.) **(1983)**, S. 33–47.

Stegemann, Wolfgang (1998): Art. Armut III. In Religion in Geschichte und Gegenwart Band 1. 4. Auflage. Tübingen, Sp. 780..

Stolz-Willig, Brigitte/Christoforidis, Jannis (Hrsg.) **(2011):** Hauptsache billig?: Prekarisierung der Arbeit in den sozialen Berufen. Münster: Westfälisches Dampfboot.

Strohm, Theodor; Junghans, Helmar (Hrsg.) **(1983):** Luthers Wirtschafts- und Sozialethik. In Ders. (Hrsg.) **(1983)**, S. 205–223; 787–792.

Studer, Peter (2005): Fairness - Leerformel oder durchsetzbare Forderung?: Das Wertwort Fairness in ausgewählten Bereichen der ethischen und juristischen Praxis; am 6. November 2003 an der Universität Konstanz gehaltene Gastvorlesung, überarbeitet und erweitert. Konstanz: UVK Univ.-Verl. Konstanz, Konstanzer Universitätsreden 219.

Suthaus, Christiane (1997): Sonntagsarbeit aus wirtschaftlichen Gründen? Münster u. a.: Lit, Marktwirtschaft und Ethik Band 2.

Thielicke, Helmut (1951): Theologische Ethik. Band 1: Dogmatische, philosophische und kontroverstheologische Grundlegung. Tübingen: Mohr Siebeck.

Ulrich, Hans G.; Derselbe (Hrsg.) **(1990a):** Evangelische Ethik - gegenwärtige Perspektiven. In Ders. (Hrsg.) **(1990b)**, S. 382–411.

Derselbe (Hrsg.) **(1990b):** Evangelische Ethik: Diskussionsbeiträge zu ihrer Grundlegung und ihren Aufgaben. München: Kaiser, Theologische Bücherei 83.

Ulrich, Hans G.; Nutzinger, Hans G. (Hrsg.) **(1991):** Die Ökonomie Gottes und das menschliche Wirtschaften: Theologische Zugänge zur Wirtschaftsethik. In Ders. (Hrsg.) **(1991)**, S. 37–60.

Ulrich, Hans G.; Bloomquist, Karen L. (Hrsg.) **(2005):** On the Grammar of Lutheran Ethics. In Ders. (Hrsg.) **(2005)**, S. 27–48.

Ulrich, Hans G. (2007): Wie Geschöpfe leben: Konturen evangelischer Ethik. 2. Auflage. Münster u. a.: Lit, Ethik im theologischen Diskurs Band 2.

Ulrich, Hans G.; Wieland, Josef (Hrsg.) **(2010a):** Ethos (Moral-) Profile - ihre Generierung und Regenerierung im Kontext der Governanceethik. In Ders. (Hrsg.) **(2010)**, S. 199–232.

Ulrich, Hans G.; Rehm, Johannes/Reihs, Sigrid (Hrsg.) **(2010b):** „Sorget nicht..." - Wirtschaften in Gottes Ökonomie: Unternehmensethik in theologischer Perspektive. In **Rehm, Johannes/Reihs, Sigrid** (Hrsg.) **(2010)**, S. 178–198.

Ulrich, Peter (1987): Transformation der ökonomischen Vernunft: Fortschrittsperspektiven d. modernen Industriegesellschaft. Durchges. 2. Auflage. Bern u. a.: Haupt.

Derselbe (Hrsg.) **(1990c):** Auf der Suche nach einer modernen Wirtschaftsethik: Lernschritte zu einer reflexiven Ökonomie. Bern u. a.: Haupt, St. Galler Beiträge zur Wirtschaftsethik Band 4.

Ulrich, Peter; Matthiessen, Christian/Koslowski, Peter (Hrsg.) **(1990d):** Wirtschaftsethik als Kritik der „reinen" ökonomischen Vernunft. In **Matthiessen, Christian/Koslowski, Peter** (Hrsg.) **(1990)**, S. 111–138.

Ulrich, Peter; Derselbe (Hrsg.) **(1990e):** Wirtschaftsethik auf der Suche nach der verlorenen ökonomischen Vernunft. In Ders. (Hrsg.) **(1990c)**, S. 179–226.

Ulrich, Peter; Derselbe (Hrsg.) **(1999a):** Republikanische Unternehmensethik - Facetten einer „fesselnden" Perspektive unternehmerischer Selbstbindung. In Ders. (Hrsg.) **(1999b)**, S. 167–177.

Derselbe (Hrsg.) **(1999b):** Unternehmerische Freiheit, Selbstbindung und politische Mitverantwortung: Perspektiven republikanischer Unternehmensethik. München u. a.: Hampp, Deutsches Netzwerk Wirtschaftsethik - EBEN Deutschland e.V.: DNWE-Schriftenreihe Folge 4.

Ulrich, Peter (2001): Integrative Wirtschaftsethik: Grundlagen einer lebensdienlichen Ökonomie. Rev. 3 Auflage. Bern u. a.: Haupt.

Ulrich, Peter (2002): Der entzauberte Markt: Eine wirtschaftsethische Orientierung. Freiburg im Breisgau u. a.: Herder.

Ulrich, Peter (2004): Unternehmensethik - integrativ gedacht: Was ethische Orientierung in einem „zivilisierten" Wirtschaftsleben bedeutet. St. Gallen: IWE, Institut für Wirtschaftsethik Sankt Gallen: Berichte des Instituts für Wirtschaftsethik Nr. 102.

Ulrich, Peter (2008): Integrative Wirtschaftsethik: Grundlagen einer lebensdienlichen Ökonomie. Vollst. neu bearb. 4. Auflage. Bern u. a.: Haupt.

Ulrich, Peter (2009): Die gesellschaftliche Einbettung der Marktwirtschaft als Kernproblem des 21. Jahrhunderts: Eine wirtschaftsethische Fortschrittsperspektive. St. Gallen: IWE, Institut für Wirtschaftsethik Sankt Gallen: Berichte des Instituts für Wirtschaftsethik Nr. 115.

Ulrich, Peter (2010c): Zivilisierte Marktwirtschaft: eine wirtschaftsethische Orientierung. Aktualisierte und erw. Auflage. Bern u. a.: Haupt.

Ulrich, Peter/Thielemann, Ulrich (1992): Ethik und Erfolg: Unternehmensethische Denkmuster von Führungskräften; eine empirische Studie. Bern u. a.: Haupt, St. Galler Beiträge zur Wirtschaftsethik Band 6.

Ulrich-Eschemann, Karin (2005): Lebensgestalt Familie - miteinander werden und leben: Eine phänomenologisch-theologisch-ethische Betrachtung. Münster u. a.: Lit, Ethik im theologischen Diskurs Band 11.

Väth, Markus (2011): Feierabend hab ich, wenn ich tot bin: Warum wir im Burnout versinken. Offenbach: GABAL.

Verlautbarung (1998): Apostolisches Schreiben Dies Domini Seiner Heiligkeit Papst Johannes Paul II. an die Bischöfe, den Klerus, die Ordensleute und an die Gläubigen über die Heiligung des Sonntags: 31. Mai 1998. Bonn: Sekretariat der Dt. Bischofskonferenz, Verlautbarungen des Apostolischen Stuhls 133.

Vogt, Markus (2009): Prinzip Nachhaltigkeit: Ein Entwurf aus theologisch-ethischer Perspektive. München: Oekom-Verl., Hochschulschriften zur Nachhaltigkeit 39.

Vollenweider, Samuel (2000): Art. Freiheit II. In Religion in Geschichte und Gegenwart Band 4. Auflage, Tübingen, Sp. 306–308..

Wagenhofer, Alfred; Derselbe/Bassen, Alexander (Hrsg.) (2009): Corporate Governance and Controlling. In **Wagenhofer, Alfred/Bassen, Alexander (Hrsg.) (2009)**, S. 1–22.

Wagenhofer, Alfred/Bassen, Alexander (Hrsg.) (2009): Controlling und Corporate-Governance-Anforderungen: Verbindungen, Maßnahmen, Umsetzung. Berlin: Erich Schmidt.

Wallacher, Johannes/Blasch, Julia (Hrsg.) (2011): Die globale Finanzkrise als ethische Herausforderung. Stuttgart: Kohlhammer, Globale Solidarität - Schritte zu einer neuen Weltkultur Band 20.

Wallacher, Johannes/Wieland, Josef (Hrsg.) (2006): Unternehmensethik im Spannungsfeld der Kulturen und Religionen. Stuttgart: Kohlhammer, Globale Solidarität - Schritte zu einer neuen Weltkultur Band 14.

Weber, Hartmut (1962): Art. Wirtschaftsethik. In Religion in Geschichte und Gegenwart Band 6. 3. Auflage. Tübingen, Sp. 1740–1747..

Wegner, Gerhard/Wieland, Josef (Hrsg.) (1998): Formelle und informelle Institutionen: Genese, Interaktion und Wandel. Marburg: Metropolis-Verl., Institutionelle und evolutorische Ökonomik Band 6.

Weisser, Gerhard (1951): Politik als System aus normativen Urteilen: Sinn, Möglichkeit, Haupterfordernisse. Göttingen: Schwartz, Monographien zur Politik 1.

Weisser, Gerhard; Katterle, Siegfried (Hrsg.) **(1978):** Beiträge zur Gesellschaftspolitik: Philosophische Vorfragen, beratende Sozialwissenschaft, soziale Sicherung, Mitbestimmung, Verteilungs- und Vermögenspolitik, Ordnungspolitik, besonders Einzelwirtschaftspolitik. Göttingen: Schwartz.

Werder, Axel von; Wagenhofer, Alfred/Bassen, Alexander (Hrsg.) **(2009):** Aktuelle Entwicklungen in der Corporate Governance. In **Wagenhofer, Alfred/Bassen, Alexander** (Hrsg.) **(2009)**, S. 23–41.

Werkner, Ines-Jacqueline/Liedhegener, Antonius (Hrsg.) **(2009):** Gerechter Krieg - gerechter Frieden: Religionen und friedensethische Legitimationen in aktuellen militärischen Konflikten. Wiesbaden: VS, Verl. für Sozialwiss, Politik und Religion.

Werner, Folke (2002): Vom Wert der Werte: Die Tauglichkeit des Wertbegriffs als Orientierung gebende Kategorie menschlicher Lebensführung; eine Studie aus evangelischer Perspektive. Münster u. a.: Lit, Entwürfe zur christlichen Gesellschaftswissenschaft Band 13.

Wieland, Josef; Krystek, Ulrich (Hrsg.) **(1997):** Unternehmensethik als Erfolgsfaktor in globalen Kooperationen. In Ders. (Hrsg.) **(1997)**, S. 527–541.

Wieland, Josef; Alwart, Heiner (Hrsg.) **(1998a):** Globalisierung und rechtliche Verantwortung: Die Unternehmen als Akteure der Gesellschaft. In Ders. (Hrsg.) **(1998)**, S. 46–59.

Wieland, Josef; Wegner, Gerhard/Wieland, Josef (Hrsg.) **(1998b):** Kooperationsökonomie: Die Ökonomik der Diversifität, Abhängigkeit und Atmosphäre. In **Wegner, Gerhard/Wieland, Josef** (Hrsg.) **(1998)**, S. 9–34.

Derselbe (Hrsg.) **(2000):** Dezentralisierung und weltweite Kooperationen: die moralische Herausforderung der Unternehmen. Marburg: Metropolis-Verl..

Derselbe (Hrsg.) **(2001a):** Human capital und Werte: Die Renaissance des menschlichen Faktors. Marburg: Metropolis-Verl.

Wieland, Josef (2001b): Eine Theorie der Governanceethik. Zeitschrift für Wirtschafts- und Unternehmensethik, Heft 1, S. 8–33.

Wieland, Josef; Derselbe/**Hubig, Christoph** (Hrsg.) **(2001c):** Die Tugend kollektiver Akteure. In **Wieland, Josef/Hubig, Christoph** (Hrsg.) **(2001)**, S. 22–40.

Wieland, Josef (2005): Normativität und Governance: Gesellschafts-theoretische und philosophische Reflexionen der Governanceethik. Marburg: Metropolis-Verl., Studien zur Governanceethik Band 3.

Wieland, Josef; Wallacher, Johannes/Wieland, Josef (Hrsg.) **(2006a):** Gesellschaftliche Verantwortung der Unternehmen. In **Wallacher, Johannes/Wieland, Josef** (Hrsg.) **(2006),** S. 2–10.

Derselbe (Hrsg.) **(2006b):** Die Tugend der Governance. Marburg: Metropolis-Verl., Studien zur Governanceethik Band 4.

Wieland, Josef; Derselbe (Hrsg.) **(2006c):** Die Tugend der Governance: Reflexion und Kritik. In Ders. (Hrsg.) **(2006b),** S. 7–22.

Wieland, Josef (2007): Die Ethik der Governance. Neu durchges. 5. Auflage. Marburg: Metropolis-Verl., Studien zur Governanceethik Band 1.

Derselbe (Hrsg.) **(2010):** Behavioural Business Ethics: Psychologie, Neu-roökonomik und Governanceethik. Marburg: Metropolis-Verl., Studien zur Governanceethik Band 8.

Wieland, Josef/Grüninger, Stephan; Wieland, Josef (Hrsg.) **(2000):** EthikManagementSysteme und ihre Auditierung: Theoretische Einordnung und praktische Erfahrungen. In Ders. (Hrsg.) **(2000),** S. 123–164.

Derselbe/**Hubig, Christoph** (Hrsg.) **(2001):** Die moralische Verantwor-tung kollektiver Akteure. Heidelberg: Physica-Verl., Ethische Ökonomie Band 6.

Williamson, Oliver E. (1984): The Economic of Governance: Framework and Implication. Zeitschrft für die gesamte Staatswissenschaft, Heft 140, S. 195–223.

Williamson, Oliver E. (1990): Die ökonomischen Institutionen des Kapi-talismus: Unternehmen, Märkte, Kooperationen. Tübingen: Mohr Siebeck, Die Einheit der Gesellschaftswissenschaften Bd. 64.

Wischmeyer, Oda (2004): Art. Schöpfung IV. In Religion in Geschichte und Gegenwart Band 7. 4. Auflage. Tübingen, Sp. 973f..

Wünsch, Georg (1927): Evangelische Wirtschaftsethik. Tübingen: Mohr Siebeck.